O Negócio do Jair

Juliana Dal Piva

O Negócio do Jair

A história proibida do clã Bolsonaro

4ª reimpressão

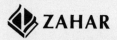

Copyright © 2022 by Juliana Dal Piva

*Grafia atualizada segundo o Acordo Ortográfico da Língua Portuguesa de 1990,
que entrou em vigor no Brasil em 2009.*

Capa
Celso Longo + Daniel Trench

Pesquisa
Pedro Capetti

Preparação
Maria Emília Bender

Checagem
Erico Melo

Índice remissivo
Probo Poletti

Revisão
Adriana Bairrada
Jane Pessoa
Angela das Neves

Dados Internacionais de Catalogação na Publicação (CIP)
(Câmara Brasileira do Livro, SP, Brasil)

Piva, Juliana Dal
  O Negócio do Jair : A história proibida do clã Bolsonaro / Juliana Dal
Piva. — 1ª ed. — Rio de Janeiro : Zahar, 2022.

  ISBN 978-65-5979-080-7

  1. Bolsonaro, Jair Messias, 1955- 2. Brasil – Política e governo 3. Livro-
-reportagem 4. Presidentes – Brasil I. Título.

22-117937   CDD: 321.00981

Índice para catálogo sistemático:
1. Brasil : Presidentes : História : Ciência política   321.00981

Cibele Maria Dias – Bibliotecária – CRB-8/9427

Todos os direitos desta edição reservados à
EDITORA SCHWARCZ S.A.
Praça Floriano, 19, sala 3001 — Cinelândia
20031-050 — Rio de Janeiro — RJ
Telefone: (21) 3993-7510
www.companhiadasletras.com.br
www.blogdacompanhia.com.br
facebook.com/editorazahar
instagram.com/editorazahar
twitter.com/editorazahar

Para Cezar e Eloir,
que me transformaram no que sou.
Para Mauricio e Sofia,
pela vida que me ensinaram.

Histórias podem destruir a dignidade de um povo, mas histórias também podem reparar essa dignidade perdida.

CHIMAMANDA NGOZI ADICHIE

Sumário

1. "A verdade vos libertará" 11
O lado proibido do clã Bolsonaro vem à tona

2. Vida secreta 24
O clã se prepara para as eleições de 2018

3. Um vereador "contra" os fantasmas da Câmara do Rio 39
Jair Bolsonaro inicia carreira na política

4. As origens do Negócio 45
Bolsonaro insere a mãe dos três filhos mais velhos na política
e cria seu sistema

5. O casamento com uma antiga miss 53
A união com Ana Cristina Siqueira Valle

6. A formação do clã Bolsonaro 65
Jair e Cristina administram a entrada de Carlos e Flávio na política

7. O braço direito 87
De PM a faz-tudo do clã, a trajetória de Fabrício Queiroz

8. Um fugitivo 103
Escândalo do relatório do Coaf faz Queiroz submergir

9. O advogado em off 121
Escondido, Frederick Wassef coordena defesa de Flávio a pedido de Jair

10. Marionetes do "Anjo" 140
Família Queiroz tensa com as promessas vazias de Wassef

11. Mensagem na madrugada 151
"Madalena" revela caminho do esquema até Jair

12. O pedido ao miliciano amigo 171
Queiroz pede ajuda a Adriano da Nóbrega para acabar
com caso da rachadinha

13. O prisioneiro do sítio em Atibaia 182
MP faz busca e apreensão e descobre esconderijo de Queiroz
para prendê-lo

14. O caminho dos milhões em espécie 220
Flávio depõe e promotores mostram provas;
Nunes Marques é escolhido para o STF

15. O clã contra-ataca 243
STJ anula provas e trocas no MP-RJ paralisam caso; viúva de
Nóbrega tenta delação. Carlos e Cristina viram alvo

Agradecimentos 285
Notas 287
Cronologia 297
Índice remissivo 301

1. "A verdade vos libertará"

O lado proibido do clã Bolsonaro vem à tona

BRASÍLIA, 20 DE OUTUBRO DE 2020

Os gritos que vinham do gabinete presidencial no início da noite deixaram os funcionários do terceiro andar do Palácio do Planalto apreensivos. Jair Bolsonaro espumava. Era fim de expediente, e ninguém entendia direito o que estava acontecendo. O presidente tinha cumprido a agenda. O último compromisso, por volta das cinco da tarde, foi com o senador Alessandro Vieira (Cidadania-SE).

Passados mais de sete meses de pandemia, o Brasil, que fechava aquela terça-feira com um total de 154 888 mortos de covid-19 desde o surgimento do vírus, já estava entre os países com as piores estatísticas da doença. Apesar de tudo, aqueles eram dias de certa estabilidade nos casos e nos óbitos. O que o país precisava era se organizar para comprar as vacinas que estavam sendo produzidas — logo elas estariam prontas e seriam uma questão decisiva para muitos brasileiros. No Ministério da Saúde, havia quem soubesse dessa realidade. Por isso, naquele 20 de outubro de 2020 a pasta anunciou a aquisição de 46 milhões de doses da CoronaVac, o imunizante que estava sendo produzido em uma parceria entre o Instituto Butantan paulista e a empresa chinesa Sinovac.

As semanas eram tensas nos arredores do gabinete do presidente. Bolsonaro não queria saber de compra de vacina alguma e brincava com a saúde dos brasileiros defendendo o uso de medicamentos ineficazes como cloroquina e ivermectina. Só em junho de 2020, 92 servidores do palácio foram diagnosticados com covid-19.[1] Uma pessoa que testasse positivo e recorresse ao serviço médico do prédio arriscava sair de lá com uma receita de cloroquina, apesar de o enorme contingente de cientistas em todo o mundo já ter descartado o uso desse medicamento para a doença. E nos corredores do terceiro andar, pobre de quem usasse máscara — certamente seria visto como um crítico de Bolsonaro. Quem não defendesse o governo, inclusive pondo a própria vida em risco ao dispensar a máscara, era malvisto e teria de enfrentar as consequências. Inclusive, perseguição.

No dia seguinte, 21 de outubro, o Senado iria sabatinar o primeiro indicado para o STF. De modo imprevisível, o presidente havia indicado o desembargador Kassio Nunes Marques, do TRF-1, deixando para trás um grupo de nomes conhecidos e bastante cotados. Ao mesmo tempo, inconsistências no currículo do candidato, entretanto, ameaçavam sua aprovação.

Mas as preocupações de Jair Bolsonaro eram outras. Dias antes ele recebera os filhos Flávio e Eduardo já nas primeiras horas da manhã. Os funcionários do palácio notaram que até no estacionamento havia um esquema de segurança diferente, enquanto na porta do gabinete dois Dragões da Independência, homens da cavalaria de guardas do Exército encarregados de proteger as instalações da Presidência da República, reforçavam a entrada para impedir o ingresso de algum desavisado. Café, água, telefonemas, nada disso in-

"A verdade vos libertará" 13

terromperia a reunião. O motivo de tanto cuidado logo se espalhou pelos corredores: os três estariam discutindo a investigação que o Ministério Público do Rio de Janeiro estava fazendo sobre o primogênito.

Naquela tarde de 20 de outubro, a ira presidencial se dirigia aos promotores que haviam entrado com uma denúncia criminal contra Flávio e até com um pedido de cassação do mandato do primogênito de Bolsonaro. Na véspera, o MP-RJ protocolou no Tribunal de Justiça do Rio um documento de 291 páginas que apontava o senador como líder de uma organização criminosa que operava em seu antigo gabinete da Assembleia Legislativa. Além da papelada — um calhamaço que reunia uma série de depoimentos, dados bancários e telefônicos —, havia um HD com vídeos e documentos. Flávio era acusado de um desvio de 6,1 milhões de reais dos cofres públicos do estado. A denúncia foi apresentada em sigilo, mas, não se sabe como, o presidente teve acesso a ela.

Aquele momento era esperado havia meses, a despeito dos esforços do presidente para evitar que ele chegasse. A investigação era sobre o filho, é verdade, mas o pai esteve no comando o tempo todo: opinou sobre a escolha dos advogados, com os quais discutiu o assunto em várias ocasiões. Marcou um encontro da defesa com os chefes da inteligência e do Gabinete de Segurança Institucional da Presidência para estabelecer estratégias, e chegou a enviar convites aos procuradores de Justiça do Rio de Janeiro, responsáveis pela apuração do caso, para conversar com ele no Palácio do Planalto.

Bolsonaro tentou de todas as maneiras evitar que o filho fosse denunciado. Se, por um lado, o presidente não conteve a fúria diante do círculo íntimo, por outro, não foi às redes sociais defender o primogênito ou acusar o MP. A denúncia só veio a público mais de duas semanas depois, em 4 de novembro de 2020.

Oitocentos e onze dias, ou seja, dois anos e dois meses: esse foi o tempo que os procuradores de Justiça do Rio levaram para concluir a investigação. Flávio Bolsonaro foi apontado como líder de uma quadrilha que exigia cerca de 90% dos salários de seus funcionários de gabinete. Foram apresentadas provas contra um núcleo de doze pessoas, a maioria das quais nunca trabalhou para o então deputado — eram o que o brasileiro conhece por "funcionários-fantasmas". Por uma mesada, essas pessoas sacavam e entregavam praticamente todo o salário a Fabrício Queiroz, subtenente da reserva da PM-RJ, ex-assessor de Flávio e amigo de longa data de Jair. Com dinheiro vivo, o primogênito do presidente pagava despesas pessoais, comprava imóveis e injetava esses recursos no caixa de uma loja de chocolates de sua propriedade em um shopping da Zona Oeste do Rio, para fazer a lavagem do dinheiro.

Mas essa síntese não faz jus à história toda. Ao longo dos mais de dois anos em que o caso esteve tramitando, as provas reunidas eram tantas que elas passaram a ser deslocadas pelos corredores do MP em um carrinho. A denúncia, minuciosa, apresentava Flávio no topo da organização e rastreava todo o dinheiro, do pagamento aos supostos assessores até o retorno para os bolsos do parlamentar.

Quando li o documento, em novembro de 2020, senti que faltava alguma coisa. Recebi um arquivo digital por e-mail, sigilosamente, junto com outros colegas do jornal *O Globo*, onde trabalhava desde o início de 2018. Eram dias de reportar de casa para prevenir a contaminação do coronavírus e dependíamos da ajuda de fontes em off, como nos referimos aos colaboradores anônimos durante as investigações. Como a denúncia era sigilosa, só as partes envolvidas tinham acesso formal à investigação.

Do ponto de vista jurídico, o documento podia atender aos quesitos para denunciar os crimes de Flávio ao Judiciário. Mas a história era maior do que aquelas quase trezentas páginas. Mesmo que não fosse a intenção dos procuradores — já que por lei apenas a Procuradoria-Geral da República poderia investigar o presidente —, no carrinho com os autos existiam diversas informações que indicavam o papel de Jair no esquema. Já havia muito que se comentava, à boca miúda, a preocupação do mandatário com o caso do filho. Corriam piadas de que ninguém podia acusá-lo de não ser um bom pai. Pouco se observou, porém, que a preocupação de Jair Bolsonaro era sobretudo consigo próprio. Ele mesmo dizia que tudo aquilo era para atingi-lo. Por mais de uma vez, desde que assumira a Presidência, havia vociferado que "não seria preso" após deixar o cargo.

Mais do que o mandato de Flávio, o que parecia estar em jogo era a revelação de uma face pouco conhecida do clã. Fatos com potencial de fazer com que fosse por água abaixo o discurso de que os Bolsonaro "defendiam a família", combatiam a corrupção e simbolizavam o "fim da mamata" para a imprensa e para os artistas que recebiam recursos por meio da Lei Rouanet — bravatas que, jogadas nas redes sociais, ajudaram o patriarca a chegar à Presidência da República. A realidade, sabida no círculo mais íntimo, ameaçava o futuro político da família e de seu entorno. Em meio à papelada sobre o senador, surgiram dados que conectavam o esquema aos três casamentos do presidente, a quatro filhos, a dezenas de parentes, a alguns ministros e à formação do patrimônio dos Bolsonaro, que ultrapassa 20 milhões de reais. E também apontavam para a proximidade da família com o ex-capitão do Bope Adriano da Nóbrega, líder de uma milícia em Rio das Pedras, acusado de uma série de assassinatos.

Todas as pessoas mais próximas de Jair Bolsonaro estavam de um jeito ou de outro associadas a um esquema que tinha até nome próprio. Por muitos anos, quem emprestava o nome e o número do CPF para figurar como assessor parlamentar de algum Bolsonaro aderia automaticamente ao sistema que os participantes chamavam de o "Negócio do Jair". Funcionava como uma espécie de corporação e permitiu ao clã forjar um estilo de vida e uma imagem pública que levariam Jair ao cargo mais alto da República.

Em reportagens investigativas, coletivas ou individuais, procurei seguir os rastros de um caso que tem muitos desdobramentos e ramificações, além de lacunas ainda maiores, mas cuja origem é bastante clara. Não é difícil entender que a real preocupação dos Bolsonaro era de que o Brasil descobrisse a vida secreta da família.

Um personagem chamado Jair Bolsonaro

Conheci pessoalmente o então deputado federal Jair Bolsonaro por acaso, em setembro de 2013. Duvido que ele vá se lembrar. Naquela época eu trabalhava em *O Globo* e, com Chico Otavio,

"A verdade vos libertará"

colega do jornal, caminhava em direção ao Clube da Aeronáutica, no centro do Rio.

Acredito que tenha sido perto da praça Marechal Âncora, a poucos metros da portaria do clube, que avistamos Bolsonaro e dois assessores. Eles atravessaram a rua e, ao nos identificar, pararam um instante. Trocamos cumprimentos já que conhecíamos os assessores do deputado havia algum tempo.

A conversa com o deputado durou menos de cinco minutos. Mas foi o suficiente para me deixar com a impressão de que ele interpretava um personagem. Lembro de ter achado bastante inusitada sua reação cordial ao saber que estávamos apurando detalhes sobre os militares envolvidos na morte de Stuart Angel, líder do MR-8, desaparecido desde 1971. E falamos brevemente do assunto porque seus assessores conheciam militares que diziam ter informações sobre o Cisa (Centro de Informações de Segurança da Aeronáutica), unidade responsável pela prisão de Stuart.

Chico Otavio e eu estávamos acompanhando alguns casos investigados pela Comissão Nacional da Verdade (CNV) e grupos semelhantes, encarregados de esclarecer os crimes cometidos por militares durante a ditadura, e sobretudo identificar os servidores públicos responsáveis pela prática sistemática de tortura, execuções e desaparecimentos forçados.

Alguns dias depois, em 23 de setembro de 2013, quatro membros da Comissão da Verdade do Rio foram ao antigo DOI-Codi do Rio de Janeiro para uma inspeção do local. O quartel da rua Barão de Mesquita, na Tijuca, funciona até hoje como uma unidade militar e foi sede de parte dos horrores da ditadura. Espancamentos, estupros, torturas com jacarés e uma jiboia, assassinatos... A lista é terrivelmente longa.

Com os desdobramentos da atuação da CNV, Bolsonaro encampou a defesa dos colegas de farda daqueles tempos. Ele já havia se aproximado de alguns dos militares envolvidos ainda nos anos 1980, quando entrou em atrito com o general Leônidas Pires Gonçalves e acabou caindo nas graças do general Newton Cruz, do ex-presidente João Figueiredo e, mais adiante, até do general Nilton Cerqueira.

Os integrantes da comissão chegaram ao local acompanhados de presos políticos e alguns parlamentares. A visita havia sido agendada com antecedência, vencendo a resistência do Exército, e Jair Bolsonaro não integrava a lista da comissão. Mesmo assim, ele foi e tentou forçar a entrada. Os senadores João Capiberibe (PSB-AP) e Randolfe Rodrigues (PSOL-AP) o barraram, dizendo que ele não era bem-vindo.

"Olha só quem quer me impedir de entrar no meu quartel!", Bolsonaro retrucou. Depois chamou Rodrigues de "moleque", abaixou o corpo e lhe deu um soco no estômago, segundo o senador. A confusão foi grande. Horas mais tarde, quando o episódio já dominava o noticiário, Bolsonaro telefonou para uma pessoa, ao lado de quem eu por coincidência estava, e a certa altura comentou o episódio. Falava tão alto que não pude deixar de ouvir: "Viu o que eu fiz hoje? Com aquilo ganhei uns 400 mil votos".

Jamais esqueci esse episódio, que ilustra como as aparições de Jair visavam conquistar espaço e visibilidade na mídia e na internet. Já em 2018, quando ele seguia na liderança da corrida presidencial, resolvi fazer uma apuração mais profunda sobre ele. O escrutínio da imprensa em relação a candidatos presidenciais é uma tarefa básica, mas o capitão não estava acostumado a isso e, definitivamente, não gostava do procedimento.

"A verdade vos libertará" 19

Gravava repórteres durante entrevistas e depois apresentava os vídeos em suas redes sociais de modo a instigar linchamentos virtuais contra esses profissionais.

Bolsonaro não aceitava ser questionado. Nem achava que devia satisfação sobre o uso que fazia de verbas públicas ou de como administrava seu gabinete na Câmara dos Deputados. A *Folha de S.Paulo* fez uma série de reportagens mostrando que ele e os três filhos mais velhos construíram um patrimônio, até 2018, de 15 milhões de reais com a política. A reportagem, publicada em 7 de janeiro daquele ano, também revelava que ele havia recebido, mensalmente, por anos, verba para alugar um imóvel em Brasília, apesar de dispor de um apartamento na capital. Ele ainda mantinha entre seus assessores Walderice Santos da Conceição, a "Wal do Açaí", uma mulher que morava em Angra dos Reis, no Rio de Janeiro, e cuidava, junto com o marido Edenílson Nogueira, da casa de praia e dos cachorros do então deputado. Demorou quase quatro anos, mas o MPF propôs, em 2022, uma ação de improbidade administrativa contra Bolsonaro devido à situação da caseira. Esses eram alguns dos elementos que, já em 2018, colocavam em xeque a imagem de político honesto que ele gostava de alardear.

Há quatro anos, eu já estava atenta a esses detalhes havia algum tempo — um exame mais acurado da lista completa de assessores do candidato indicava que Wal não era a única em situação, no mínimo, irregular, e que os filhos dele reproduziam o modus operandi do pai. Bolsonaro costumava dizer que eles agiam juntos, que eram uma coisa só, na prática nem havia separação entre os assessores dos gabinetes. Os filhos inclusive empregavam parentes da segunda mulher do pai, a advogada Ana Cristina Siqueira Valle, mãe de Jair Renan, o "04", conforme é chamado pelo capitão, que se refere aos filhos segundo a tradição militar de enumerar os soldados. Personagem essencial e complexa em toda essa história, a dimensão da importância de Cristina só viria à tona mais tarde. Passei quatro anos pesquisando sobre ela e sinto que ainda não a decifrei por completo.

Em 2018, início dessa apuração, transitei por esses episódios e personagens com bastante dificuldade. Na tentativa de decifrar Bolsonaro, passei meses à procura de quem me falasse dele. As raras entrevistas que consegui ocorreram com militares que de algum modo estavam ajudando na campanha do candidato. As demais pessoas que sondei diziam ter medo, e muitas batiam a porta ou o telefone ao ouvir a palavra "jornalista". Enviei dezenas de mensagens com pedidos de conversa e comecei a pesquisar documentos a respeito do capitão e do restante do clã.

Boa parte das tentativas ao longo daquele ano foram frustradas. As coisas só começaram a fazer sentido a partir de dezembro de 2018, após a eclosão do que ficou conhecido como o "caso Queiroz", a investigação sobre peculato, lavagem de dinheiro e organização criminosa no antigo gabinete de Flávio Bolsonaro na Assembleia Legislativa do Rio. Pouco depois da eleição, o jornal *O Estado de S. Paulo* publicou uma reportagem de Fabio Serapião revelando a existência de um relatório que mostrava uma movimentação bancária atípica de 1,2 milhão de reais na conta de Fabrício Queiroz. Além de receber, mensalmente, repasses de outros assessores de Flávio, o policial tinha feito depósitos de cheques para a primeira-dama Michelle Bolsonaro ao longo de anos.

Após a matéria, me dediquei a investigar a trajetória de Queiroz e, à medida que fui avançando, algumas mensagens

"A verdade vos libertará"

e contatos que eu havia feito meses antes começaram a ser respondidos. Ao longo desses quase quatro anos realizei mais de cinquenta entrevistas, algumas mais de uma vez, e reuni mais de mil páginas em documentos, além de vídeos e gravações de áudio. Este livro traz tudo o que há de relevante nesse material, além de perfis, bastidores da apuração e os caminhos para acessar as pessoas e obter os dados.

Como não é raro acontecer em reportagens investigativas, a maioria das fontes pediu para conceder entrevistas sob anonimato, pelo temor de ter o emprego, a família ou a própria integridade física ameaçados. Elas presenciaram e descreveram cenas aqui relatadas, mas, para preservá-las, diversas situações e diálogos são narrados sem identificá-las. Como obtive, também sigilosamente, cópia dos autos da investigação criminal e cível feita sobre Flávio e Carlos Bolsonaro, o livro traz menções a documentos que complementam e corroboram esses relatos. São papéis que constam dos arquivos do Judiciário brasileiro, mas também trechos de mensagens e cartas de alguns protagonistas desta história. Por exemplo, Andrea Valle, ex-cunhada de Jair Bolsonaro e uma personagem importante desse enredo, conta em áudios que devolvia quase 90% de seu salário na Alerj após saques em dinheiro vivo. Os dados financeiros dela obtidos pelo MP-RJ mostram esses saques volumosos. Situações semelhantes ocorrem com diversos outros personagens. Para manter o registro documental, as citações estão reproduzidas da forma como foram escritas e faladas, de acordo com as gravações, autos de processos e relatos das testemunhas.

Uma pena não ter podido ouvir do presidente suas explicações: ele nunca quis responder às minhas perguntas, tampouco aceitou ser entrevistado — nem ele, nem Flávio, Carlos ou mesmo Eduardo — ao longo dos últimos quatro anos.

Depois de todas as entrevistas e de ler boa parte da documentação sobre Flávio e Carlos, lembrei da passagem do Evangelho segundo João que o presidente gosta tanto de citar, o versículo 32 do capítulo 8: "Conhecereis a verdade, e a verdade vos libertará". Quando recorre a esse trecho da Bíblia, o que Jair Bolsonaro quer é mostrar que a sua interpretação de qualquer assunto é a que deve prevalecer e ser considerada "verdadeira". Mesmo que os fatos desmintam o que ele chama de "verdade".

Ao investigar a vida do presidente e de sua família nos últimos quatro anos, pensei muito no que significava conhecer a "verdade" sobre Jair e a história do clã Bolsonaro. Em sua trajetória política, o presidente negou diferentes fatos históricos: a escravidão, o golpe militar, a prática de tortura na ditadura e, mais recentemente, as orientações de cientistas de todo o mundo para prevenir e combater a covid-19. Primeiro, ele negou a História. Depois, a Ciência. E, desde que conquistou a cadeira da Presidência da República, serviu-se de boa parte do poder para esconder seu passado: a verdadeira história da sua vida privada e dos negócios que o ajudaram a construir seu patrimônio e erguer tanto sua carreira política como a de seus filhos.

As investigações sobre o clã Bolsonaro expõem a verdade de um passado que o presidente e a família não têm interesse em revelar. Os milhares de documentos, tanto os reunidos pelo Ministério Público quanto os que obtive junto a fontes e nos registros públicos, mostram mais do que provas contra Flávio e Carlos: põem a nu indícios que ligam à negociata pessoas muito próximas a Bolsonaro — assessores, parentes, ex-mu-

"A verdade vos libertará"

lheres e até a atual primeira-dama. Os relatos e documentos indicam que o próprio Jair liderava toda a família.

Mais do que acompanhar as investigações criminais sobre dois filhos do presidente, me senti entrando em uma espécie de labirinto da vida de Jair Bolsonaro — brigas, intrigas, traições, chantagens, separações, divórcios, além de muitos imóveis e despesas quitados com milhões em dinheiro vivo.

Será preciso tratar de diferentes aspectos da vida pessoal de Jair Bolsonaro porque foi assim que ele moldou sua trajetória, misturando o público e o privado, envolvendo os três casamentos, os filhos e os assessores mais próximos em sua ascensão política e na consolidação de seus bens. Além disso, os Bolsonaro ainda construíram laços com policiais que se transformaram em milicianos e matadores de aluguel, conectando-os, de algum modo, aos gabinetes do clã.

Conforme avançavam as investigações sobre os filhos no MP-RJ, Bolsonaro fez o que esteve ao seu alcance para encobrir o processo, tanto no Judiciário como no Executivo federal. Por isso incluí tudo o que pude apurar acerca das movimentações do clã nos bastidores e como as instituições agiram ou ficaram paradas em função das pressões dos advogados de defesa ou da própria família Bolsonaro. Inclusive contra mim.

Ao final, penso ter mostrado Jair na intimidade, sem as várias camadas do personagem que ele buscou construir para si ao longo dos anos. E também como o agora presidente alavancou o patrimônio e a vida pública do clã. Ao dominar os fatos, é possível conhecer a verdade. A conclusão caberá a cada um.

2. Vida secreta

O clã se prepara para as eleições de 2018

RIO DE JANEIRO, 5 DE DEZEMBRO DE 2017

A preparação dos Bolsonaro para disputar as eleições de 2018 começou muito antes do período autorizado pela Justiça Eleitoral. Contando com a vitória, o clã fazia planos. Numa tentativa de maquiar o passado, o então pré-candidato, ciente de seus pontos sensíveis, do que podia atingir a ele e à família, dava início a uma operação pente-fino.

Seus assessores tinham tarefas a serem cumpridas. O policial Fabrício Queiroz, por exemplo, ficou encarregado de dar um jeito em algumas pessoas que, embora lotadas no gabinete, não davam expediente lá. Eram os funcionários-fantasmas do gabinete de Flávio Bolsonaro, e cabia a Queiroz ajudar a administrar o grupo.

No meio da manhã de 5 de dezembro de 2017, Queiroz enviou uma mensagem a Danielle Mendonça da Nóbrega. A conversa começou às 10h11 e durou 45 minutos.[*]

---

[*] Diálogo transcrito do WhatsApp de Danielle, conforme os autos do Ministério Público. Como dito anteriormente, para registro documental mantém-se, aqui e nas demais citações, a forma original com que foram ditos e escritos.

Vida secreta   25

"Quando você puder, queria te encontrar e entregar seus contras [contracheques] e conversar [com] você."

"Oi meu amigo. Bom dia. Ah podemos sim. Só me avisar. É conversa boa ou ruim?"

"Sobre seu sobrenome não querem correrem risco, tendo em vista que estão concorrendo e [a] visibilidade que estão. Eu disse que você está separada e está se divorciando."

"Ah entendi. Verdade meu amigo."

"Vocês estão se divorciando?"

"Não."

"Hummm."

"Continuamos casados. Separados de corpos. Você acha que vai pegar alguma coisa?"

"Estão fazendo um pente-fino nos funcionários e família deles. Saiu uma matéria já no *Globo* de domingo."

"Ah não leio jornal. Nem vejo tevê. Fico por fora. Mas me segura lá."

"Tentarei."

O ALERTA NO CLÃ BOLSONARO foi disparado por uma reportagem de *O Globo*. Dois dias antes, o jornal publicara que entre os assessores de Flávio havia dois familiares da advogada Ana Cristina Siqueira Valle, segunda mulher de Jair Bolsonaro,[1] conhecida como Cristina. Ela mesma havia sido assessora de Carlos, outro filho do pré-candidato.

Mesmo assim, não se sabe como, Queiroz conseguiu manter Danielle Nóbrega na lista de funcionários de Flávio na Alerj. E o tempo foi passando. A situação ilegal era favorecida pelo fato de que a própria Assembleia não divulgava a lista de nomes dos assessores de cada deputado. Aquela troca de mensagens entre Queiroz e Danielle, em dezembro de 2017, seria um prenúncio do que viria a acontecer.

O problema com Danielle era exatamente o que Queiroz havia mencionado na conversa: o sobrenome. Até 2011, ela fora casada com Adriano Magalhães da Nóbrega, ex-capitão do Bope da Polícia Militar do Rio de Janeiro. Conhecido pela coragem, Nóbrega terminou expulso da corporação em 2014 por se envolver em crimes do jogo do bicho. Matador de aluguel, ingressou como miliciano nas fileiras do crime organizado carioca e passou a liderar um grupo que ficou conhecido por "Escritório do Crime", em Rio das Pedras.

Esse grupo de assassinos profissionais, há muito ignorado por setores da polícia civil e da promotoria fluminense, entrou no radar dos investigadores que tentavam identificar os executores da vereadora Marielle Franco, do PSOL, em março de 2018. Assim, com tantos detalhes vindo à tona, o segredo da proximidade entre os Bolsonaro e Nóbrega não ia durar muito. Danielle, porém, parecia ignorar o risco que o ex-marido corria. Tampouco se preocupava com sua conexão com Nóbrega.

Já Queiroz tinha noção do problema e deixou evidente que a família Bolsonaro também temia ser relacionada àquele sobrenome. Mesmo assim, no primeiro semestre de 2018, o assessor de Flávio foi, sigilosamente, ao apartamento onde Adriano morava na Barra para almoçar com o ex-colega de farda e sua nova mulher, Julia Lotufo. Os três falaram da campanha presidencial em tom animado, mas ainda em dúvida sobre as reais chances de Bolsonaro vencer.

Vida secreta 27

MESES DEPOIS, em 6 dezembro de 2018, de homem forte dos bastidores do clã, Queiroz foi rebaixado a pária, catapultado para os holofotes de um escândalo, após a publicação de uma reportagem do *Estadão*.

Faltava cerca de um mês para a posse do presidente eleito e a calçada na frente da guarita do condomínio Vivendas da Barra tinha virado uma espécie de acampamento de jornalistas desde o fim da eleição, um mês antes. Os funcionários do local até haviam fixado umas grades para controlar o movimento de pessoas.

Jair Bolsonaro tem uma casa no Vivendas desde 2009, onde vivia com Michelle Bolsonaro, sua terceira mulher, e a filha mais nova, Laura. No mesmo condomínio, a poucos metros, em outra casa também pertencente a Jair, mora o vereador Carlos Bolsonaro, o segundo filho do presidente.

O Vivendas fica na avenida Lúcio Costa, de frente para a praia da Barra da Tijuca, na Zona Oeste do Rio, entre o Posto 3 e 4. Quando um morador quer dar um mergulho no mar, é só atravessar a rua. Protegido por muros e uma cerca de arame farpado, abriga casas de alto padrão, mas não chega a ser um condomínio de luxo. Da rua, na entrada, não se vê a casa de Bolsonaro.

A fachada do Vivendas aparecia na tevê com frequência naquele fim de 2018. As pessoas se postavam em frente à portaria, ansiando pela oportunidade de ver Jair. Se não tivessem tempo de esperar por ele, só gritavam "Mito" e tiravam uma foto do local.

A alguns metros da portaria está o hotel Windsor Barra, palco de alguns encontros importantes para a história de Bolsonaro. Flávio também mora a poucas quadras dali. É um pedaço da Barra que funciona como se fosse um refúgio do clã.

O modo como Bolsonaro se comportava com os jornalistas nesse período que antecedia à posse já sinalizava sua difícil, para dizer o mínimo, relação com a imprensa. O presidente eleito passava a maior parte do tempo em casa desde o fim de setembro, antes do primeiro turno, se recuperando das complicações do atentado que sofrera no início daquele mês. Mas, mesmo depois de recuperado e já eleito, ele não despachava em nenhum escritório. A imprensa teve que fazer plantão na frente do condomínio, era o único jeito de acompanhar os planos de Bolsonaro para o país, sobretudo a escolha e o anúncio do time de ministros.

Os vizinhos não gostavam da presença dos repórteres, mas não havia alternativa. As equipes se revezavam todos os dias. Chegamos a levar cadeiras de praia para ter onde sentar, do contrário eram horas e horas em pé. Quando alguém queria ir ao banheiro, recorria aos hotéis das redondezas. Das primeiras horas da manhã até tarde da noite, passávamos o dia, com chuva ou sol. Fizemos amizade com ambulantes que vendiam água e outros itens. Almoço ou jantar eram pedidos por aplicativos.

O JORNALISTA FABIO SERAPIÃO, então repórter do jornal *O Estado de S. Paulo*, estava de férias no Rio de Janeiro na primeira semana de dezembro de 2018. Tomava um chope no Jobi, no Leblon, na Zona Sul, quando surgiu a possibilidade de encontrar uma fonte. E a pessoa chegou com uma dica: o nome dos Bolsonaro era mencionado nos arquivos de uma operação relacionada aos processos da Lava Jato fluminense. Na hora o repórter lembrou que pouco tempo antes alguém

Vida secreta   29

lhe havia sugerido acessar documentos do Coaf (Conselho de Controle de Atividades Financeiras), nos quais haveria uma menção a Jair.

Na sequência, a fonte, ainda no bar, entregou a Serapião uma cópia digital de uma gama enorme de dados, e as férias do jornalista se encerraram ali. Ele voltou para o hotel e varou a noite lendo documentos, até que encontrou um relatório de 422 páginas, no qual o nome citado não era o de Jair, mas o de um ex-assessor de Flávio Bolsonaro.

O documento registrava uma movimentação atípica de 1,2 milhão de reais na conta de Fabrício Queiroz, descrito ali como assessor de Flávio, na época da produção daquele relatório. O filho mais velho de Bolsonaro se elegera para o Senado, mas ainda não havia tomado posse.

Movimentação atípica é o nome que se dá a uma transação não usual efetuada em uma conta bancária. Não é necessariamente ilegal, mas gera um alerta para órgãos de controle como o Coaf. Nesse caso, haviam entrado cerca de 600 mil reais na conta de Queiroz e o mesmo montante havia saído ao longo de um ano, de janeiro de 2016 a janeiro de 2017. Um dado importante, e que reforçava o alerta, era que o salário do correntista não era compatível com tal movimentação. Ele recebia 8,5 mil reais da Alerj e mais 12,6 mil reais da pm do Rio. Ou seja, em sua conta havia entrado muito mais dinheiro que a soma de seus vencimentos — na verdade, o dobro. E o que também chamava a atenção era que Queiroz não retinha os valores depositados: ele os sacava periodicamente. O dinheiro entrava mas também saía e seguia, em espécie, para outro lugar, já que não era o assessor quem enriquecia. Parte dos valores que entraram na conta de Queiroz vinha de pessoas que também apareciam lotadas no gabinete de Flávio. A suspeita era de que os milhares de reais fossem entregues ao primogênito de Bolsonaro, que afinal era o chefe de Queiroz.

Na quinta-feira, 6 de dezembro de 2018, a reportagem "Coaf relata conta de ex-assessor de Flávio Bolsonaro" sacudiu o Brasil. Desde as primeiras horas da manhã, a matéria de Serapião pautou a imprensa. Levou um dia para a família Bolsonaro dar as caras e começar a tentar se explicar sobre o escândalo. Foi por isso que, na sexta-feira, 7 de dezembro, quando o senador eleito Flávio Bolsonaro chegou ao Vivendas da Barra em um Toyota preto no fim da tarde, um batalhão reforçado de jornalistas o esperava.

O SENADOR SAIU DO AUTOMÓVEL funcional da Alerj e caminhou em direção à portaria. Informal, vestia calça jeans e camisa polo cinza. Na mão esquerda, o celular. Andava olhando para os lados, tentando aparentar tranquilidade. Atrás dele, vinha um homem cuja expressão meio envergonhada demonstrava que ele não queria aparecer nas fotos. Mas era inevitável. Victor Granado havia cursado direito com Flávio e estava ali não só como amigo, mas também como assessor e advogado do senador eleito.

Os dois entraram no condomínio sem falar com os jornalistas e foram à casa do presidente. Algum tempo depois saíram e Flávio não evitou a imprensa. Na "rodinha do quebra-queixo", como costumamos nos referir às coletivas de rua, ele foi questionado pela primeira vez sobre o assunto. Como se explicava todo aquele dinheiro na conta de Queiroz, seu ex-assessor? De onde viera aquele valor? "Não posso dar detalhes do que ele

Vida secreta 31

[Queiroz] vai falar para o Ministério Público, que vai ouvir e ter que se convencer ou não", disse Flávio.

Só que, para aumentar o caos, Fabrício Queiroz não era localizado. Nem sequer havia atendido às convocações de depoimento feitas pelo Ministério Público fluminense. No dia seguinte, sábado, o próprio Bolsonaro tomou a frente e ensaiou uma explicação. O clima continuava pesado. Em uma formatura na Marinha, no Rio de Janeiro, o presidente eleito foi confrontado pelos jornalistas e tentou se justificar. Mais do que dizer que conhecia Queiroz, Bolsonaro admitiu uma amizade longa:

Conheço o senhor Queiroz desde 1984. Vamos aí 34 anos. Depois, nos encontramos novamente, eu deputado federal e ele sargento da Polícia Militar do Rio de Janeiro. Somos paraquedistas. Nasceu ali... Continuou uma amizade... Em muitos momentos estivemos juntos, em festas... Até porque me interessava, tinha uma segurança pessoal ao meu lado. Um tempo depois foi trabalhar com meu filho. Em outras oportunidades, eu já o socorri financeiramente. Nessa última agora, houve um acúmulo de dívida. E resolveu pagar com cheques. Não foram cheques de 24 mil reais, nem seis cheques de 4 mil reais. Na verdade, dez cheques de 4 mil reais. E assim foi feito. E eu não botei na minha conta, porque eu tenho dificuldade pra ir em banco, andar na rua. Eu deixei pra minha esposa. Eu lamento o constrangimento que ela está passando, com sua família, no tocante a isso. Mas ninguém dá dinheiro sujo por cheque nominal, meu Deus do céu.

Na ocasião, me pareceu curioso ouvir Bolsonaro falar que tinha dificuldades de ir ao banco. Quem acompanhou aqueles plantões na portaria do Vivendas sabia muito bem que um de seus passatempos era justamente ir ao caixa eletrônico sacar dinheiro nas manhãs de domingo para depois comprar carne para o churrasco. Bolsonaro nem se preocupava com o transtorno que aquela situação causava aos policiais federais que atuavam em sua segurança — alguns nem mesmo escondiam a irritação.

A temperatura do escândalo era sentida em grande parte devido a um conjunto de cheques que Queiroz havia depositado para a primeira-dama, o que também estava citado no documento. Apareciam seis cheques de 4 mil reais, portanto, 24 mil reais. O nome de Michelle no meio desse escândalo a incomoda desde o primeiro dia em que o caso veio à tona. Ela nunca falou da situação e, a portas fechadas, já cobrou o marido. Não à toa, Bolsonaro se desculpou publicamente.

Na movimentação atípica de Queiroz também apareciam várias transferências de um grupo de assessores de Flávio, que somavam 116,5 mil reais. E ainda havia outros 216,4 mil reais em depósitos fracionados, sem origem identificada. Valores inferiores a 5 mil reais, o mais das vezes. Esses depósitos e transferências sugeriam que as pessoas entregavam para Queiroz, sistematicamente, todo mês, a maior parte de seus salários.

Aquela situação levantou um alerta. Queiroz também fazia vários saques em dinheiro vivo — o policial retirou, de modo fracionado, 320 mil reais, e quase a metade desse total em um caixa que ficava dentro da Alerj. Ele tirava todo esse dinheiro de sua própria conta, em espécie. É difícil imaginar uma pessoa, mesmo um policial, andando com tanto dinheiro vivo no centro do Rio.

Era a "rachadinha". Uma das práticas mais antigas no serviço público. Funciona assim: ao contratar o assessor, o par-

Vida secreta 33

lamentar exige que o funcionário lhe entregue mensalmente parte ou todo o salário. Com isso, o vereador, deputado ou senador passa a enriquecer com um dinheiro que não é seu. Muitas vezes esses assessores não prestam nenhum serviço. São os funcionários-fantasmas.

À medida que os casos começaram a ser investigados, essas práticas passaram a ser denunciadas por três tipos de crime. Primeiro, peculato, mau uso do dinheiro público. Depois, lavagem de dinheiro, uma vez que quem recebe verba desviada — em geral em espécie — a usa para comprar imóveis, carros, pagar contas, ocultando sua origem ilegal. Mas se a prática existe de modo organizado, e possui um comando, então pode estar configurado o que conhecemos por formação de quadrilha.

"Rachadinha" é só o apelido para um esquema criminoso. Mas era o nome usado dentro da Câmara ou da Alerj. Até para apurar a história, era preciso falar a linguagem interna. Depois o termo foi parar nas matérias jornalísticas e o caso ficou conhecido assim, tornando-se uma referência quase impossível de modificar. Mas o diminutivo está apenas no apelido. Na prática, o esquema espúrio rende milhões para quem se vale dele.

Naquele dezembro de 2018, a família Bolsonaro demonstrava constrangimento e irritação. Mesmo os ministros escolhidos por Bolsonaro se recusavam a falar do assunto. Onyx Lorenzoni, futuro titular da Casa Civil, irritou-se numa coletiva, chegando a questionar o salário dos repórteres. Como se assessores parlamentares, funcionários públicos por definição, não tivessem que dar explicações sobre seus salários, pagos com dinheiro dos brasileiros.

Já Sergio Moro, ex-juiz da Operação Lava Jato em Curitiba e a poucos dias de tomar posse como ministro da Justiça do novo governo, levou uma semana para tocar no assunto e foi sucinto: "Vou colocar uma coisa bem simples. Fui nomeado para ministro da Justiça. Não cabe a mim dar explicações sobre isso". Era um tanto inusitado que um juiz federal, especializado em lavagem de dinheiro e organização criminosa, considerasse suficiente a mera declaração do presidente citando um empréstimo para explicar aquele dinheiro todo, sobretudo as quantias entrando e saindo da conta de um policial. Moro havia justamente deixado a magistratura para integrar o governo Bolsonaro dizendo que ampliaria o combate à corrupção.

O tempo passava e Queiroz seguia sumido, o que só reforçava as suspeitas. Aliás, o relatório que detalhava a movimentação em sua conta não falava só dele. O documento tinha sido o estopim para a abertura de 22 procedimentos independentes de investigação no MP-RJ e que citavam outros assessores da Alerj. O calhamaço original de 422 páginas existia desde janeiro de 2018, mas todo o restante do Brasil só teve conhecimento dele a partir da reportagem do *Estadão*, onze meses mais tarde.

Desde 2017, os procuradores da Lava Jato no Rio preparavam uma operação, a Furna da Onça, e investigavam parlamentares da Alerj que recebiam suborno da Fetranspor (Federação das Empresas de Transportes de Passageiros do Estado do Rio de Janeiro). A operação, que só aconteceria em novembro de 2018, apurou uma movimentação financeira suspeita de vários servidores. O documento relacionava 75 assessores ou ex-assessores de parlamentares com mandato no Palácio Tiradentes, antiga sede da Assembleia. E quase no final, na página 325, detalhava depósitos e saques na conta de Fabrício Queiroz.

Só que quando os procuradores da Lava Jato tomaram conhecimento do relatório, ainda no início de janeiro de 2018, eles verificaram que não podiam atuar naquele tipo de investigação, pois não se tratava de um crime federal. O calhamaço foi então enviado para a sede do Ministério Público do Estado do Rio de Janeiro, e foi parar no oitavo andar, no escritório da Procuradoria-Geral de Justiça do Rio. Durante todo o ano de 2018, a papelada ficou sobre uma mesa do Gaocrim (Grupo de Atribuição Originária Criminal da Procuradoria-Geral de Justiça).

Naquela época, o responsável por atuar no caso era o procurador-geral José Eduardo Gussem. E ele não falava do assunto publicamente. Tampouco sua equipe. Na realidade, ele nos evitava a todo custo. Só em janeiro de 2019, um mês depois do escândalo do Coaf, ao tomar posse para um segundo mandato na Procuradoria-Geral do Rio, é que Gussem tocou no assunto. Admitiu que meses antes o relatório do Coaf fora usado para abrir investigações a respeito de diferentes núcleos de assessores da Alerj:

> Chegaram ao Ministério Público, inicialmente, no mês de janeiro de 2018. Foram para o laboratório de combate à lavagem de dinheiro. Nele ficaram até julho de 2018, quando nós abrimos as primeiras portarias que os senhores estão recebendo aí, sem identificar esses deputados estaduais.

Com aquele discurso, de informações pouco claras, Gussem não explicou por que todos aqueles procedimentos ficaram parados ao longo de todo o segundo semestre de 2018, período eleitoral. Ele ainda chegou a dizer que Flávio Bolsonaro não era investigado. Que o MP estava apurando fatos e não pessoas. Mesmo assim, o senador tinha sido chamado para depor naquele mês de janeiro e, até aquele momento, não existiam informações financeiras suspeitas do primogênito de Bolsonaro. Tudo soava confuso e contraditório.

O CLIMA NA FAMÍLIA BOLSONARO era tenso desde que a história do dinheiro na conta de Queiroz fora divulgada. O clã tentava disfarçar, mas entrou em parafuso. Por mais que naquele dia, em frente ao condomínio do pai, Flávio tentasse transparecer tranquilidade, a verdade é que ele parecia prestes a ter um colapso nervoso.

Dias depois da notícia sobre a conta do assessor, o jornal *Folha de S.Paulo* publicou outra matéria envolvendo o amigo do presidente. A filha mais velha do policial, Nathália Queiroz — lotada como assessora no gabinete de Jair Bolsonaro quando deputado —, trabalhava como personal trainer e tinha entre seus clientes atores famosos como Bruna Marquezine e Bruno Gagliasso. Morena e atlética, Nathália contava em seu perfil no Instagram mais de 10 mil seguidores e havia postado fotos que cobriam anos de seu trabalho como personal. Nenhuma menção a atividades de assessoria na Câmara dos Deputados. E antes de ser lotada no gabinete do presidente, Nathália constara da lista de funcionários de Flávio Bolsonaro na Alerj por quase dez anos. Como assessora de Jair, foram quase dois, até 2018. No relatório, ela teria depositado 84,1 mil reais para o pai entre 2016 e 2017.

Pouco depois, o *Jornal Nacional* identificou um dos oito assessores mencionados no relatório, com repasses de 1,5 mil reais

Vida secreta

a Queiroz: o tenente-coronel Wellington Sérvulo Romano da Silva. O militar vivia em Portugal e tinha passado 248 dias na Europa durante o período em que constou como funcionário de Flávio. Dias depois, soube-se que ele havia movimentado 1,59 milhão de reais entre 2015 e 2018.

A cada dia surgia um dado novo sobre uma das pessoas citadas no relatório. E Fabrício Queiroz seguia fora do radar. Apenas sua família e os assessores mais próximos de Flávio tinham acesso a ele.

No meio dessa tormenta, Jair aconselhou Flávio a montar uma defesa jurídica sólida, com os melhores advogados dispostos a assumir o caso. Gente capaz de resolver aquele problema logo. Todos no círculo íntimo de Bolsonaro sentiam que o imbróglio, mais do que complicar o primogênito, estava atingindo o presidente.

Flávio vivia momentos de muito estresse. Sempre o mais político dos filhos e aquele com maior capacidade de diálogo e articulação, ele submergiu. Evitou se expor e só atendia aos pedidos de explicações de jornalistas por meio de sua assessoria de imprensa. Aos próximos, porém, não negava seu estado emocional.

Na noite do dia 12 de dezembro de 2018, Flávio desabafou com um amigo sobre a pressão dos últimos tempos. A conversa, por telefone, beirava o desespero. Reclamou da imprensa, das reportagens, mas também se queixou do pai. No íntimo, o senador se preocupava com o rumo do futuro governo, mas também se sentia acusado por algo cuja responsabilidade não era dele: "De quem é o Queiroz? E cheque para Michelle? Para quem foram esses cheques? O que eu tenho com isso?".[2]

A lamúria fazia sentido. Jair sempre dizia que os quatro atuavam juntos, um Bolsonaro era a continuidade do outro. Eles operavam como um clã, e o líder, idealizador de tudo, dera os primeiros passos na criação desse negócio trinta anos antes.

3. Um vereador "contra" os fantasmas da Câmara do Rio

Jair Bolsonaro inicia carreira na política

RIO DE JANEIRO, NOVEMBRO DE 1988

Tinham se passado poucos dias das eleições municipais quando um homem alto, de perfil atlético e cabelo liso castanho-escuro cruzou a portaria do Palácio Pedro Ernesto. O prédio histórico de 1923, erguido em estilo eclético, abriga a Câmara Municipal do Rio de Janeiro, na praça da Cinelândia, no Centro do Rio de Janeiro.

Era a primeira eleição no Brasil depois da nova Constituição, promulgada pouco antes, no início de outubro daquele ano, com a intenção de estabelecer um novo momento para o país após a ditadura instalada pelos militares a partir do golpe de 1964.

E a chegada daquele homem ao palácio sinalizava um novo período no Brasil. Se os militares saíam como autoritários, Jair Bolsonaro entrava na vida democrática eleito. Informal, ele costumava usar calça jeans e camisa polo, ou camisetas, e alternava gargalhadas espalhafatosas com uma expressão carrancuda de aparente seriedade. O cabelo, aparado nas laterais e levemente mais comprido no topo, formava uma espécie de onda, quase uma franja, penteada do lado esquerdo.

Capitão do Exército na reserva remunerada há poucos meses, o que na prática significa aposentadoria, o vereador recém-eleito tinha apenas 33 anos. E sua saída da ativa estava diretamente relacionada à entrada no Palácio Pedro Ernesto. Bolsonaro conquistara uma vaga depois de meses divulgando sua imagem junto ao número 17 681, sua identificação na urna. Eleito com 11 062 votos, pelo Partido Democrata Cristão (PDC), tinha como slogan "Salvem o Rio" e "Brasil acima de tudo".

O capitão passara os dois anos anteriores, entre 1986 e 1987, envolvido em polêmicas. Escreveu um artigo reclamando do salário dos militares que lhe rendeu uma punição disciplinar de prisão por quinze dias. Depois ensaiou um plano para implantar bombas em instalações do Exército; foi condenado pelo Conselho de Justificação do Exército mas terminou absolvido, em um polêmico julgamento, no Superior Tribunal Militar (STM).

No fim das contas, assumiu a carreira que já moldava: a de político. Torcia pelo Botafogo (embora já tenha jurado que é Palmeiras e vestido as camisas de dezenas de times de futebol do Brasil), gostava de motos, churrasco e uma cerveja de vez em quando. Nasceu em Glicério, embora tenha sido registrado em Campinas, ambas no interior de São Paulo. No Rio de Janeiro fez a carreira militar e, depois, política. Ao partido, no momento da filiação no PDC, tinha dito que pretendia ser vereador para "combater a corrupção" e "defender a moralidade pública".

A visita à Câmara era, como disse ao *Jornal do Brasil*, um "reconhecimento do terreno".[1] A posse só ocorreria em 1º de janeiro de 1989, mas, tendo vivido mais de vinte anos como militar, ele prospectava o novo local. E, claro, também gostava de aparecer. Ao zanzar pelos corredores da Câmara, torceu o nariz: "Vi muita gente lotada nos gabinetes e muita sujeira também".[2] E emendou, indicando sua futura pauta de atuação: "Os novos vereadores têm que começar pelo próprio gabinete. Acho um absurdo que cada um tenha a seu dispor dezoito assessores. Minha primeira atitude na Câmara será elaborar um projeto que diminua em 50% o número de assessores dos vereadores". Mas sua primeira atitude como vereador foi faltar à cerimônia de diplomação no dia 22 de dezembro de 1988.

Empossado, Jair retomou o tema dos assessores comissionados e manteve o estilo de enfrentamento que desenvolveu dentro dos quartéis. Em fevereiro de 1990, quis examinar a lista de servidores e de aposentados, com seus respectivos salários, e pediu para ver a folha de pagamento da Câmara. Ao ter o pedido negado, em 28 de março ele resolveu invadir a sala do departamento de pessoal e exigiu o documento.[3]

O caso mobilizou toda a Câmara. Bolsonaro bateu o pé: só deixaria o local depois de ler o documento. Aos prantos, a chefe do setor pedia sua saída e ele retrucava, dizendo que só sairia por ordem de um oficial de patente superior à sua. Passados trinta minutos, o capitão teve o papel que tanto queria e deixou a sala. Depois, cobrou transparência da Mesa Diretora da Câmara. Citou alguns salários de funcionários e disse que o então presidente da Casa, Roberto Cid (PDT), não deveria decidir sozinho se o documento devia ser público ou não.

Mas, enquanto esteve na Câmara Municipal, Bolsonaro apenas chamou a atenção, envolvendo-se em episódios que podiam lhe render mídia. Num levantamento da Câmara em 1990, terminou como o pior vereador carioca.[4] Apresentou cinco projetos de lei e duas resoluções em temas sobre aposentadoria de servidores, saúde e transporte de militares. Nunca atuou nas questões centrais da cidade. Ensaiou certa contrariedade no projeto que ampliava o número de funcionários da Câmara, mas não foi além disso. A luta contra a "mamata" ficou no discurso e as críticas aos funcionários-fantasmas entraram para o rol de bravatas que iria disparar ao longo das três décadas seguintes.

Jair deu os primeiros passos na política quando a caserna deixava o poder depois de mais de duas décadas de ditadura. Ele encontrou esse caminho com certo apoio de militares em postos estratégicos durante a ditadura. Inclusive, avalia-se que ele só conseguiu ser absolvido no STM e reverter a condenação que já havia sofrido devido ao episódio das bombas por causa da proximidade com integrantes do antigo regime.

Da lista dos defensores do capitão na crise com o Exército constava a alta cúpula do último governo ditatorial: o ex-presidente João Figueiredo, o general Nilton Cerqueira e ainda o general Newton Cruz, ex-chefe do Serviço Nacional de Informações entre 1977 e 1983, órgão de inteligência que tinha como responsabilidade preparar informes aos generais que ocupavam a Presidência. Com Cruz, a proximidade foi tamanha que um dos filhos do oficial, Luís Renato de Oliveira Cruz, chegou a assessorar Bolsonaro na Câmara Municipal por algum tempo.

Alheio à transição democrática do país, Jair chegou à Câmara para mudar de vida. Não era mais o momento de descolar um extra com a venda de bolsas fabricadas a partir de paraquedas, entre outros biscates:[5] chegava um novo momento.

O candidato disputou o primeiro cargo quase sem patrimônio. Ao se inscrever para a disputa em 1988, ele declarou ser dono de um Fiat Panorama, uma moto e dois terrenos em Resende, no interior no Rio.[6] Dois anos depois, já eleito, o Fiat deu lugar a um Chevette e um telefone, luxo para o início da década de 1990.

Em 1989, Bolsonaro se dizia um defensor da transparência pública. Ou quase isso. Em março daquele ano, ao comentar uma reportagem sobre vereadores que contratavam parentes, disse que não via nenhum problema, mas que preferia manter a família distante do trabalho. Ainda acrescentou: "Não me sentiria bem".[7]

Na mesma matéria, ele falou à jornalista Luciana Nunes Leal que "chegou a se espantar" com o número de funcionários-fantasmas da Casa. Contou ainda do inusitado caso de um ex-vereador que lhe havia pedido, sem sequer conhecê-lo, que nomeasse alguém de sua confiança em seu gabinete. Em troca, o ex-vereador iria presenteá-lo com artigos de sua loja.

Mas se um dia ele quis parecer um obstinado crítico dessas práticas, as coisas mudaram rápido quando ele chegou à Câmara dos Deputados dois anos mais tarde. Logo na sequência da posse, no início de fevereiro de 1991, Bolsonaro nomeou João Garcia Braga, seu sogro, pai de Rogéria Nantes Braga Bolsonaro. Mas "Seu Jó", como era conhecido nas ruas de Resende, nunca deixou o interior do Rio nem fez nada além de distribuir santinhos do genro durante os meses das campanhas eleitorais. Foi o primeiro parente na lista de assessores, o início dos muitos indícios de que Bolsonaro tinha aderido ao sistema.

Quem o vê hoje dificilmente imaginaria que há três décadas Jair faria tão brava defesa da transparência e tantas críticas à nomeação de assessores "fantasmas" ou mesmo de parentes. Agora tudo soa como uma ironia. E conversando com pessoas que o conhecem há muitos anos, ouvi mais de uma vez, sob anonimato, mas sem constrangimento algum, que "todo mundo faz isso". Na lógica desses interlocutores de Bolsonaro, o argumento era: por que, então, só ele ia ficar de fora?

Assim, tudo ia mudar ainda mais ao longo dos anos seguintes. O desejo de ascender socialmente não é um pecado, mas no caso de Bolsonaro tudo indica a existência de zonas repletas de incógnitas. Os salários podem não explicar todo o patrimônio amealhado nas décadas passadas. Se com apenas o mandato do patriarca a vida da família começara a se transformar, o que não seria possível se ele dispusesse de outro gabinete como fonte de renda adicional? E mais um? Jair pensou nisso.

4. As origens do Negócio

Bolsonaro insere a mãe dos três filhos mais
velhos na política e cria seu sistema

RIO DE JANEIRO, 3 DE JANEIRO DE 1989

O fotógrafo Renan Cepeda registrou um momento embaraçoso para Jair e Rogéria Bolsonaro naquele início de janeiro de 1989. O casal e os três filhos estavam prestes a ser despejados do apartamento de três quartos onde viviam, na Escola de Aperfeiçoamento de Oficiais (Esao), na Vila Militar, em Deodoro, no Rio. Bolsonaro, que acabara de ser eleito vereador, tinha até 30 de dezembro de 1988 para deixar o apartamento. A data limite chegara e a família não desocupara o imóvel.

O coronel Adilson Garcia do Amaral, fiscal de administração da Esao, não queria saber de desculpas. Convocou doze soldados e um tenente e exigiu a desocupação. O clima pesou, Bolsonaro peitou e avisou a imprensa, que registrou tudo: "Ele falou que, se eu não saísse na hora marcada, entraria à força e colocaria tudo para fora", contou.[1] Foi essa a chamada no *JB*: "Exército despeja Bolsonaro". A matéria seguia com uma foto. Rogéria, magra, alta e loira, está com o ombro esquerdo encostado numa parede perto de uma porta. Bolsonaro, de lado, está à sua frente e parece sorrir enquanto fala com alguém fora do quadro, gesticulando como quem explica alguma coisa.

Rogéria não parece tão tranquila. Com três filhos para criar, os motivos para sorrir eram poucos. Não era de hoje que o comportamento do marido se queixando dos salários nas Forças Armadas colocava sua família como alvo de outra família, a militar. E agora eles precisavam sair da vila, e não tinham imóvel próprio.

Bolsonaro sabia que estava cruzando uma fronteira quando escreveu o artigo "O salário está baixo", escrito em agosto de 1986. No texto, publicado na *Veja* de 3 de setembro, ele mesmo admitia que a reivindicação poderia deixar sua carreira "seriamente ameaçada". Decerto não a ponto de ser espionado pelos agentes do Serviço Nacional de Informações (SNI), que continuavam na ativa vigiando diversas lideranças de esquerda mesmo após o fim da ditadura.

Bolsonaro deixava a Vila Militar, mas continuaria a ser monitorado pelos agentes como já era há dois anos.[2] O prontuário, classificado como "secreto", recebeu o número 097160-08 e documentou diversos momentos da vida do capitão, de setembro de 1986 a julho de 1989. Tinha um total de 37 páginas. A primeira anotação, por óbvio, foi a respeito do artigo sobre os salários e as repercussões na tropa.

Depois da reportagem de *Veja* sobre o plano de implantar bombas na Vila Militar, Bolsonaro começou a ser investigado e o SNI manteve campana sobre ele e sua família. Ele passou a ser considerado inimigo dos comandantes por desrespeitar a hierarquia e a disciplina. O bom militar não critica o Exército. Não dá entrevista. A ordem sempre foi essa.

Em 1987, desafetos de Bolsonaro passaram a distribuir entre os oficiais e até para o comandante da Escola de Comando

As origens do Negócio

e Estado-Maior do Exército (Eceme) uma carta apócrifa que, levantando suspeitas acerca de Rogéria, procurava atingir o marido. O texto aconselhava Bolsonaro a se informar sobre o que a mulher fazia nos horários livres, com quem andava, entre outras insinuações machistas. E ironizava, dizendo que, no lugar de "fazer croqui de bombas", Bolsonaro deveria escrever sobre suas idas ao Paraguai para "trazer muamba". Enfim, foi chamado de "mercenário, corno e contrabandista". O próprio SNI registrou que não havia prova de veracidade nisso tudo. No entanto, com o ataque disparado, o dano estava feito.

Condenado pelo Conselho de Justificação, espécie de primeira instância dos militares, Bolsonaro terminou absolvido no Superior Tribunal Militar em 1988. Tudo isso apesar de as análises terem assegurado que era dele a letra nos croquis de um plano para atacar as unidades militares.

O SNI, porém, manteve-o no radar com relatórios sobre seus encontros com o ex-presidente João Figueiredo e um registro detalhado de sua campanha para vereador. Os informes mencionavam até quem frequentava sua casa. Mesmo como vereador, a vigilância não deu trégua.

Tempos depois da Vila Militar, a família foi viver em um apartamento na Vila Isabel, na Zona Norte do Rio. Quando Bolsonaro se tornou deputado, a mulher e os filhos mudaram com ele para Brasília. Mas nem Rogéria nem os filhos gostavam de ficar longe do Rio de Janeiro. Assim, em 1992, Rogéria disputou uma vaga na Câmara Municipal do Rio e se tornou a primeira entre os Bolsonaro a entrar na política depois de Jair.

Rogéria chegou ao Riocentro acompanhada do marido. Era sábado, 10 de outubro de 1992. A eleição para vereador terminara sete dias antes e o TRE ainda não havia finalizado a contagem manual dos votos. Os candidatos foram à loucura, temiam fraudes. Aquele atraso na contagem havia provocado a ira de Jair, que bradava contra o Judiciário: "É o poder mais corrupto do país", declarou, em meio a um protesto dos candidatos.[3]

A candidata era sua mulher, mas quem falava era ele. No jornal *O Globo*, o silêncio de Rogéria também foi notado: ela passou a "campanha muda, mas não queria sair calada". Ela própria reconheceu seu papel coadjuvante em uma rara declaração: "O nome do Jair foi decisivo para a minha eleição. Tanto que meus adesivos traziam apenas 'R. Bolsonaro'", ela contou, ainda na expectativa do resultado.[4]

Mas Rogéria conseguiu e, com quase 8 mil votos, conquistou uma cadeira no Palácio Pedro Ernesto. Ali, em seu gabinete, ela deu sequência a uma prática que vinha ocorrendo no gabinete do marido desde 1991: a nomeação de parentes e de pessoas de confiança. O mandato era de Rogéria, mas ela precisava prestar contas a Jair. Nessa relação de dependência e controle, em 10 de fevereiro de 1993 ela nomeou como chefe de gabinete Maristela de Oliveira Ferraz. Maristela é mãe de Bárbara de Oliveira Ferraz, a única filha de Waldir Ferraz, o "Jacaré", amigo de Bolsonaro desde os tempos do Exército.

JACARÉ ATUAVA COMO OFICIAL de máquinas da Marinha Mercante nos anos 1980. Vivia em Marechal Hermes, na Zona

As origens do Negócio 49

Norte do Rio, quando viu na televisão um irado general Leônidas Pires Gonçalves, ministro do Exército do governo José Sarney, citar a história do capitão que havia escrito um artigo para denunciar os baixos salários dos militares.[5] O discurso mexeu com ele, tanto que pediu a conhecidos que tinham contato com o valente capitão para ser apresentado a ele. Os dois se conheceram, passaram a andar juntos e nunca mais se separaram.

Quando Rogéria Bolsonaro nomeou Maristela,[6] Waldir já tinha cargo no gabinete de Jair desde 1989. Primeiro no Rio, na Câmara Municipal, depois em Brasília, na Câmara dos Deputados. A relação de proximidade com a família garantiu mais cargos — dois outros parentes de Ferraz foram nomeados para o gabinete de Rogéria. Mas os Ferraz não eram os únicos nessa situação: tais nomeações constituíam um padrão.

Ao longo de oito anos no Palácio Pedro Ernesto, Rogéria chegou a ter um total de 66 funcionários diferentes. Desses, oito integravam quatro famílias. Ou seja, não era incomum que marido e mulher trabalhassem juntos, ou mesmo dois irmãos, ou pai e filho, e assim por diante. Muitos por indicação de Jair Bolsonaro. Até que Rogéria não quis mais a intromissão do marido em suas decisões, passando até a assumir posições contrárias às dele. Como vereadora, ela apresentou noventa projetos e conseguiu aprovar oito. Jair apresentou 171 projetos e emplacou apenas dois em quase trinta anos no Congresso Nacional.

Uma de suas principais conquistas foi a proibição do cerol em linhas de pipa, muito comuns no Rio. Rogéria também apresentou projetos para incluir certas datas comemorativas no calendário da capital fluminense, como o "Dia do Surdo" (26 de setembro) e o "Dia de Zumbi dos Palmares" (20 de novembro), posteriormente transformado pelo governo estadual no "Dia da Consciência Negra", mas sem relação direta com o projeto de Rogéria.

De fato, Rogéria criara asas: "Meu primeiro relacionamento despencou depois que elegi a sra. Rogéria Bolsonaro vereadora, em 1992. Ela era uma dona de casa. Por minha causa, teve 7 mil votos na eleição. Acertamos um compromisso. Nas questões polêmicas, ela deveria ligar para o meu celular para decidir o voto dela. Mas começou a frequentar o plenário e passou a ser influenciada pelos outros vereadores", afirmou Bolsonaro.

A crise entre os dois se ampliou e a separação se tornou realidade. Além do mais, Jair engatara, e Rogéria sabia, uma relação com uma assessora de cabelos castanho-claros, bonita e mais jovem do que ela. Após a separação, a ex optou por manter o nome Rogéria Bolsonaro e a carreira política. Ficava o sobrenome, ia embora o apoio. Talvez ela não esperasse boicote tão agressivo: "Nunca bati na ex-mulher. Mas já tive vontade de fuzilá-la várias vezes",[7] declarou Bolsonaro, sem rodeios, em fevereiro de 2000, já separado da mãe de seus três filhos mais velhos.

O tempo fechou na época em que ela tentou a reeleição. Certo dia de setembro do mesmo ano, três homens pararam Gilberto Gonçalves numa esquina do Méier, na Zona Norte do Rio. Assessor de Rogéria Bolsonaro, ele distribuía sob o sol do meio-dia panfletos com propaganda da candidata. Os homens chegaram e começaram a agredi-lo, sem nada dizer. Torceram seus braços, algemaram-no e depois o encaminharam à 26ª

As origens do Negócio 51

Delegacia de Polícia, onde o acusaram de portar ilegalmente um revólver. Ao tomar conhecimento do episódio, Rogéria não teve dúvidas: o mentor da agressão teria sido Jair, que pouco antes passara pelo local.

"Isso prova o desequilíbrio mental e psicológico do deputado Bolsonaro", acusou Rogéria, que agora estava no PMDB.[8]

Com o fim do apoio, o sobrenome Bolsonaro não garantiu a reeleição e Rogéria acabou derrotada na campanha de 2000. Dali em diante ela voltaria a ser a "Roger" da Vila Isabel, ocupando os dias entre aulas de pilates e caminhadas ao redor do Maracanã. Seu trabalho se resumiria a cargos comissionados de segundo ou terceiro escalão junto à prefeitura do Rio. Deixaria os holofotes e manteria discrição a respeito do tempo de seu casamento com Jair.

Além do divórcio, Rogéria e Bolsonaro também precisaram acertar as contas. Cada um foi morar num canto da Zona Norte. Ele adquiriu um apartamento no Maracanã, onde foi viver com a nova família. Já Rogéria comprou o apartamento que alugava e onde morava, havia alguns anos, com os três filhos. No documento, registrado em 22 de janeiro de 1996, no 21º Ofício de Notas do Rio, consta que o imóvel custou 95 mil reais, valor que hoje chegaria a quase 500 mil reais.[9] O oficial do cartório ainda anotou que o valor foi quitado em "moeda corrente", ou seja, dinheiro vivo, "integralmente recebido" no "ato de produção do documento de venda".

Separados, já em outra condição financeira, os dois não corriam mais o risco do despejo, ambos tinham casa própria. Jair seguiria como líder do clã, desejando mais poder e dinheiro. Para tanto, incluiria os filhos e a nova companheira em seu projeto rumo ao topo, e deixaria atrás de si uma trilha de dinheiro vivo.

A bela assessora da Câmara assumiria outros papéis em sua vida. Mais do que companheira, Ana Cristina Siqueira Valle iria se tornar sócia do Negócio do Jair.

5. O casamento com uma antiga miss

A união com Ana Cristina Siqueira Valle

RESENDE, 6 DE OUTUBRO DE 2018

Já era início da noite quando a musicista holandesa Anne van Gent entrou no salão do clube Espaço Bela Vista, em Resende. No altar, de terno escuro, camisa branca e gravata azul, quem a esperava era o produtor de eventos André Siqueira Valle. A noiva optara por um vestido de renda na altura dos joelhos e trazia no cabelo, solto, um arranjo de flores brancas e azuis preso numa pequena trança. Com a temperatura amena, a cerimônia religiosa foi celebrada no salão. Depois veio a festa e os convidados se dividiram entre o salão e a área externa.

André, o noivo, é o irmão caçula da advogada Ana Cristina Siqueira Valle, ou, na intimidade, Cristina. Companheira de Jair Bolsonaro por quase dez anos, entre 1998 e 2007, ela é mãe de Jair Renan, o "04". Com 51 anos, cabelos tingidos de loiro e estatura mediana, Cristina estava toda de preto. Vestido, estola, brincos e uma tiara com uma flor no cabelo. Próxima ao irmão, ela ajudou a pagar a festa.

O momento era de celebração da família, mas a expectativa maior estava reservada para o dia seguinte. Cristina disputava uma vaga para deputada federal. Embalada pela popularidade do agora ex-marido, esperava chegar ao Congresso Nacional ocupando um posto, depois de tanto tempo trabalhando como assessora de diferentes políticos.

Apesar de Cristina e Bolsonaro já estarem separados havia mais de dez anos, todos se referiam ao então candidato à presidência como "Jair" e, em grande parte, torciam por sua vitória. E Bolsonaro nem precisava de torcida e mandinga. Naquele sábado, as pesquisas mostravam o candidato do PSL com folga para vencer o primeiro turno. O Datafolha, por exemplo, registrava 40% das intenções de voto. Com a polarização instalada no país, o tópico central das conversas da festa era a eleição.

Nas rodinhas, aos poucos ficou claro que a outra irmã de André e Cristina, Andrea, não estava com o espírito muito festivo. Entre uma música e outra, ela desabafou: estava preocupada com seu futuro. Fisiculturista, Andrea é uma mulher forte, com o corpo esguio, músculos definidos, veias saltadas. Quando tem competição, ela chega a malhar três vezes em um mesmo dia. Só que os concursos não pagam todas as contas e, para fechar o mês, ela sempre dependeu de uma espécie de mesada da família Bolsonaro. Desde 1998, vinha recebendo um dinheiro para constar das listas de funcionários dos Bolsonaro, fosse na Câmara dos Deputados, na Assembleia Legislativa do Rio ou ainda na Câmara Municipal. Mas ela nunca trabalhou de fato nesses lugares.

Nas semanas que antecederam a festa, Andrea tinha acompanhado as notícias mais recentes sobre a irmã na imprensa. Dez dias antes, a vida dos Siqueira Valle estava envolta num furacão. Detalhes da época da bombástica separação, a partir de 2007, entre Cristina e Bolsonaro vieram à tona em diferentes reportagens. Anteriormente, Cristina havia denunciado que o ex-marido a ameaçara de morte[1] e roubara suas joias de um co-

O casamento com uma antiga miss

fre.[2] Bolsonaro, por sua vez, fora à polícia e a acusara de levar ilegalmente o filho do casal para uma temporada na Noruega e chantageá-lo na divisão de bens. Tudo saiu na imprensa em setembro de 2018. Inclusive os documentos que comprovaram a história, além de entrevistas com testemunhas.

Depois disso, todo dia tinha algum jornalista no portão da casa dos Siqueira Valle lá em Resende. Cristina, que saiu do casamento em 2007 esbravejando contra o ex, havia se transformado em "Cristina Bolsonaro", sobrenome que ela jamais teve. E para choque de alguns, ainda passou a dizer que não passava de invenção todo aquele imbróglio de acusações mútuas.

Mas as negativas não resolviam muita coisa. Bolsonaro sempre foi rancoroso. E Andrea sabia das brigas frequentes entre a irmã e o ex-cunhado. Aquele clima não era bom para sua situação financeira, muito menos agora, com a iminente diminuição de renda, já que ela havia perdido a vaga no gabinete de Flávio. Andrea conhecia a verdade: os dois mal podiam compartilhar o mesmo ambiente sem sair alguma faísca. Diferente do que agora dizia em público, discurso para inglês ver, Cristina seguia em pé de guerra com o ex.

Tanto é que, meses antes, no início da campanha eleitoral, por ocasião de sua candidatura como deputada, ela foi pessoalmente pedir a Jair Bolsonaro, em um encontro na Alerj, para usar o sobrenome dele. Cristina queria o aval de Jair, mas também deixou claro que não estava ali para negociar aquele assunto. Mais do que pedir, ela foi lhe comunicar: se o ex discordasse, azar. A decisão já estava tomada. Bolsonaro reagiu como Bolsonaro, e ela não deixou por menos. Ao sair do gabinete, Cristina chorava, nem disfarçava. Doeu, mas ela conseguiu o que queria. Dez anos depois da separação, ela escolheu ser "Cristina Bolsonaro". Jair nunca a repreendeu publicamente por isso.

Mas os acontecimentos recentes tinham esquentado o clima de novo. Entre as pessoas mais próximas do capitão, comentava-se que o grande problema de Jair sempre fora e continuava sendo Cristina. Dado esse clima azedo, Andrea andava angustiada com o futuro de sua situação financeira. E passou a comentar na festa, na frente de quem estivesse por ali, como funcionavam as coisas nos bastidores do gabinete.

Ela sentia certo medo, mas sabia que era tarde para se arrepender. Guardava alguma raiva, mas também falava como se o esquema fosse algo tão trivial que a família nem temia que fosse descoberto. "Na hora que eu estava aí fornecendo também, e ele também estava me ajudando, lógico, porque eu ficava com mil e pouco e ele ficava com 7 mil reais. Então assim, não vem ao caso. Eu ajudei, ele ajudou, beleza. Certo ou errado [agora] isso já foi, não tem jeito de voltar atrás." Ao dizer "ele ajudou", Andrea se referia a Jair Bolsonaro. Na cabeça dela, independente do gabinete em que estivesse lotada, o ex-cunhado era o verdadeiro responsável por tudo. Era o Negócio do Jair. Do modo como a fisiculturista enxergava as coisas, ele a ajudava.

A ideia de que Bolsonaro acudira a família era muito presente entre os Siqueira Valle, todos eram muito gratos a ele. As nomeações permitiram aos parentes da ex-mulher sair da penúria. E a primeira contratação foi justamente a de Andrea, em setembro de 1998. Depois dela veio o pai, seu José Procópio da Silva Valle, já em novembro daquele mesmo ano. Com o tempo, mais quinze pessoas da família foram nomeadas.

A história toda começou em 1992, quando Cristina cruzou o caminho de Jair.

O casamento com uma antiga miss 57

FOI NUM PROTESTO na Esplanada dos Ministérios, em Brasília, no dia 27 de abril de 1992, que Cristina viu de perto, pela primeira vez, o deputado federal Jair Bolsonaro, então colega de partido de Jonival Lucas, seu chefe na Câmara dos Deputados, ambos no PPB. Passava pouco das três horas da tarde quando uma legião de mulheres se concentrou ao lado da catedral e pôs-se a andar em direção ao bloco onde ficava o Estado-Maior das Forças Armadas (EMFA). A revista *Manchete* chamou-as "Exército de Bolsonaro". Caminhavam e entoavam uma paródia da "Canção do soldado".

> Nós somos da pátria amada
> fiéis esposas sempre caladas
> Nas cores do avental
> rebrilha e brilha outro ideal.
>
> Salário queremos com fervor
> A fome só nos causa dor
> [...]
> Ê ô ê ô ser milico é um fervor
> Movimento legal! Convoca general!
> Movimento avante! Acorda almirante!
> Movimento ordeiro! Alerta brigadeiro!

As cerca de 2 mil manifestantes caminharam até se postar diante de um pelotão de soldados armados em frente ao prédio do EMFA. Um palanque foi improvisado em cima de um carro[3] e o deputado Jair Bolsonaro subiu nele para discursar. O grupo de mulheres parou para assistir. De cima do capô, Bolsonaro chamou o então presidente da República, Fernando Collor de

Mello, de "corrupto" e "imoral". Outros xingamentos foram dirigidos aos comandantes das Forças Armadas. Nenhum foi poupado: "banana", "incompetente", "omisso"...

O fotógrafo André Dusek[4] registrou esse momento. Em uma foto, vê-se Cristina de óculos escuros, camisa verde-escura e boina grená, cor da Brigada Paraquedista, olhando fixo para a frente. A menos de um metro, no alto, Bolsonaro. E, ao lado de Cristina, Rogéria Bolsonaro, também de boina e atenta às palavras do marido.

Cristina e Bolsonaro foram apresentados. Ela era casada com o capitão Ivan Mendes, Jair com Rogéria, mãe de seus três filhos. O deputado estava prestes a lançar a mulher como candidata a vereadora no Rio. Nada, porém, iria impedir que, algum tempo depois, Cristina e Bolsonaro se encontrassem nos corredores do Congresso Nacional e começassem a ter um caso.

Em outubro de 1993, o marido de Cristina passou a suspeitar da traição.[5] Em determinado momento, Mendes esperou o rival no estacionamento da Câmara dos Deputados e atirou nele um líquido, espécie de ácido. Jornais e revistas souberam do episódio, que entrou para os anais dos mexericos como se Bolsonaro tivesse levado um soco que o deixou com um olho roxo. Apesar do entrevero, de algum modo, a situação se acalmou e o caso de Cristina e Bolsonaro, entre altos e baixos, também seguiu sem um desfecho. Até 12 de agosto de 1997, quando Cristina fez um teste no laboratório Sabin e descobriu que estava grávida.

Independentemente do affaire, o casamento de Bolsonaro e Rogéria vivia em permanente crise. Ele em Brasília e ela no Rio, com os filhos. À distância física, somavam-se os boatos

O casamento com uma antiga miss 59

de que ela também teria outros relacionamentos. A pá de cal para a separação foi a gravidez de Cristina, para quem já não havia mais crise em casa. Ivan Mendes aceitou a separação e ela continuou morando com o ex-marido por alguns meses.

O novo casal ainda não havia chegado a um acordo. Para Cristina, o problema era os pais aceitarem tanto a separação quanto o novo companheiro.

CRISTINA, a segunda dos cinco filhos do casal Henriqueta e José Procópio Valle, nasceu no estado do Rio, em Resende, sede da Academia Militar das Agulhas Negras (Aman), no dia 13 de maio de 1967. Era o segundo mês do governo do marechal Artur da Costa e Silva, início do período mais sangrento da ditadura militar, marcado por uma escalada de violência que culminaria em mais de quatrocentos perseguidos políticos mortos ao fim do regime.

Os Siqueira Valle, porém, viviam alheios a tudo isso. Passaram boa parte daqueles anos preocupados com as despesas do mês. Henriqueta vendia produtos de beleza e arrumava bicos para complementar a renda, enquanto o marido, José Procópio, trabalhava como representante comercial, denominação moderna para os antigos caixeiros-viajantes. Em busca de uma vida mais próspera, mudaram para São Paulo, e depois fixaram residência em Juiz de Fora, Zona da Mata Mineira. E foi lá que Cristina cresceu. Sua beleza já era notada desde a infância — cabelo comprido castanho-claro, olhos cor de mel e corpo esguio. Modelo perfeito para os concursos de beleza. Tanto que em 1982, aos quinze anos, foi Miss Primavera no concurso organizado pela Escola da Comunidade Monteiro Lobato, onde estudava. Alguns meses depois, em maio de 1983, o jornal *Tribuna de Minas* informava que Cristina ganhara outro título: "Garota Cenecista". A nota, em um datado tom machista da época, descrevia a vitória da jovem dizendo que "indiscutivelmente, venceu a mais bonita e elegante, o broto Ana Cristina Siqueira Valle". Ela acabara de completar dezesseis anos.[6]

Às voltas com concursos de beleza, Cristina costumava dizer que tinha nascido para ser rainha, embora a família vivesse no limite. Os pais passaram anos endividados, chegaram a perder móveis para quitar contas com agiotas.

Dada a forte presença de quartéis nas cidades onde morou, Cristina cresceu num meio que incentivava as moças a casar com militares. De geração em geração, as mães repetiam para as filhas que eles seriam bons maridos, já que a carreira estável garantiria o futuro da família. Mas, apesar da educação conservadora, já na adolescência ela dava sinais de que não se enquadraria totalmente nesse modelo. Enfrentava o pai desde cedo para curtir as festas da juventude e encontrar eventuais pretendentes.

Em um fim de ano, já em meados dos anos 1980, engatou um namoro sério com Ivan Mendes, um cadete da Aman. Os dois se conheceram em uma formatura em Resende, quando os Siqueira Valle passavam o Natal na cidade. Ivan Mendes e Cristina se casaram em 1986. A noiva tinha dezenove anos. O primeiro filho recebeu o nome de Ivan, em homenagem ao pai. Anos mais tarde, já no segundo casamento, ela também daria a um outro filho o nome do pai. Mas isso só ocorreu depois de um teste de paternidade.

O casamento com uma antiga miss 61

A GESTAÇÃO DO FILHO DE CRISTINA e Jair Bolsonaro foi um período conturbado na vida dos dois, no segundo semestre de 1997. Se, por um lado, os pais dela não aceitaram bem o fim de seu casamento com Ivan, por outro, a separação recente de Jair deixou o clima difícil em casa, já que os três filhos mal suportavam a madrasta. Nos momentos de convivência, os garotos faziam de tudo para provocá-la, e ela corria para reclamar ao companheiro: "Jair, olha esses filhos aí me enchendo o saco".

A decisão de manter a gravidez foi uma opção que partiu dela. Anos depois, já separada, a advogada iria desabafar com amigos que o ex-companheiro brigava pela guarda de um filho que ele não quis ter.[7] Em 2000, muito antes de imaginar que um dia seria presidente — e que iria usar a proibição ao aborto como plataforma política —, Bolsonaro deu uma entrevista à jornalista Cláudia Carneiro, que lhe perguntou a respeito do aborto. "Tem de ser uma decisão do casal", ele disse.

"O senhor já viveu tal situação?"

"Já. Passei para a companheira. E a decisão dela foi manter. Está ali, ó", disse, apontando para um retrato de Jair Renan, que à época tinha cerca de um ano e meio.

Foi só no fim da gestação que a temperatura familiar baixou. Cristina levou Bolsonaro para conhecer seus pais e seus irmãos, em Juiz de Fora. Com a mania de apelidar todo mundo, Bolsonaro logo passou a chamar o pai da nova companheira de "Procopo", uma piada com o fato de o novo sogro gostar de uma cervejinha.

O filho de Cristina e Bolsonaro nasceu às 10h55 do dia 10 de abril de 1998, na Casa de Saúde São José, em Botafogo. Cristina foi a responsável por registrar o filho no cartório: "Renan Valle". O campo "pai" no documento ficou sem identificação.

O bebê era mais um brasileiro de pai "desconhecido" ou "não declarado" na certidão de nascimento. Só em 2021, cerca de 100 mil crianças foram registradas assim. O reconhecimento da paternidade só veio depois de um exame de DNA, que comprovou que Jair era de fato o pai de Renan. Além do sobrenome do pai, a nova certidão trouxe outro nome para o menino, que passou a se chamar Jair Renan Valle Bolsonaro. Anos depois, ao rememorar o episódio, Cristina deu sua versão. "Eu queria só Renan", contou. Bolsonaro bateu o pé: "Não, não vai ser Renan, vai ser Jair Renan. Não consegui botar nem um nome de filho meu de Jair, esse vai ter".

QUANDO O CASAL ENFIM SE ENTENDEU, os dois foram viver com Jair Renan em um apartamento que Bolsonaro tinha comprado na rua Visconde de Itamarati, nos arredores do estádio do Maracanã, na Zona Norte. Foi o primeiro imóvel em nome de Bolsonaro, a primeira casa que ele comprou depois de mais de uma década no Exército e quase dez anos atuando como parlamentar. Ao todo, vinte anos de trabalho.

O negócio foi fechado em 3 de abril de 1997 e aconteceu durante o processo de separação de Rogéria — o divórcio só saiu em 1999. Bolsonaro deu um cheque de 90 mil reais da agência bancária da Câmara dos Deputados e quitou o apartamento à vista. Com 190 metros quadrados e varanda, ele era espaçoso, mas o edifício não tinha muita infraestrutura nem era luxuoso. O local também ficava a poucas quadras de onde o então deputado havia morado com Rogéria e os filhos do primeiro casamento.

O casamento com uma antiga miss

Três meses depois, em julho de 1997, Jair comprou outro imóvel, uma casa simples na Vila Histórica de Mambucaba, em Angra dos Reis. No papel, a casa custou 20 mil reais, embora o imóvel valesse cerca de 70 mil reais, 315 mil reais em valores atuais. A casa na praia se tornou um refúgio para Bolsonaro e serviu de cenário para histórias que ilustram a personalidade do capitão. Um bom exemplo é um episódio ocorrido em 1999, quando Bolsonaro chamou um grupo de familiares e amigos para passar o fim de semana.

Assim que os convidados chegaram, Cristina os recebeu e mostrou a casa. Pouco depois, o anfitrião chegou. Vestia apenas uma sunga, na qual havia pendurado uma pistola. Debochado, disse: "A Cristina apresentou a casa e agora eu vou apresentar as armas". Em seguida desfilou pela sala e mostrou outra pistola, guardada em cima do móvel onde estava a televisão. Depois guiou os visitantes até a cozinha — em cima da geladeira, outra arma. Ao fim do tour, ele disse que estavam recebendo ameaças depois que atacou o presidente Fernando Henrique Cardoso no programa *Câmera Aberta*, apresentado por Jair Marchesini na tv Bandeirantes, algum tempo antes. No vídeo, bradara: "Através do voto, você não vai mudar nada neste país. Nada, absolutamente nada. Você só vai mudar, infelizmente, quando nós partirmos para uma guerra civil aqui dentro. E fazendo um trabalho que o regime militar não fez. Matando 30 mil, e começando por fhc". Por isso, mostrava as armas em uma espécie de orientação: "Se acontecer algo, vocês já sabem o que fazer".

Quem passava o fim de semana em Angra com ele também era convidado a passear de barco. Mas o que Bolsonaro queria mesmo era ver os convidados nauseados pelo movimento das ondas. Dizia aos homens: "Que mocinhas".

Com o tempo Cristina se tornaria a gestora financeira do companheiro e de sua família. Conhecida por ser engenhosa, ela admite que "organizou" a vida de Bolsonaro.[8] Desde criança, amigos e familiares a descreviam como alguém que sabia aonde queria chegar e que fazia o que fosse necessário para atingir seus objetivos.

Juntos, Cristina e Bolsonaro iriam coordenar não apenas o gabinete de Bolsonaro em Brasília, mas firmar as bases do clã na Câmara Municipal do Rio e na Assembleia Legislativa fluminense.

6. A formação do clã Bolsonaro
Jair e Cristina administram a entrada
de Carlos e Flávio na política

BRASÍLIA, SETEMBRO DE 1998

O *Diário Oficial* registrou no dia 30 de setembro de 1998 a mais nova assessora do então deputado federal Jair Bolsonaro. No currículo, educação até a sexta série do ensino fundamental e o parentesco. Tratava-se de Andrea Siqueira Valle, sua cunhada mais recente, à época com 27 anos.

Naqueles dias, Andrea nem sequer morava em Brasília ou na base eleitoral do deputado, o Rio de Janeiro. Ela vivia com os pais e os irmãos no bairro Santa Catarina, em Juiz de Fora, em Minas Gerais. Foi a primeira de uma lista de funcionários-fantasmas que só cresceria. Desde que fora viver com Cristina, Bolsonaro passou a usar a família da nova companheira para um negócio que estava desenvolvendo. De quebra, ainda ia resolver a vida dos Siqueira Valle.

Meses antes da nomeação da irmã, Cristina aproveitou uma reuniãozinha de família e perguntou a seus pais e irmãos quem gostaria de um cargo no gabinete do Jair. Perguntaram o que era necessário. Bastava o número do CPF, o resto ela resolveria. Ninguém precisava cumprir nenhuma tarefa diária. No "acordo de trabalho", Cristina explicou que Jair só queria duas coisas: a entrega de grande parte do salário (em alguns casos 90%) todos os meses e uma mãozinha na época da campanha eleitoral. De resto, era aproveitar a mesada sem fazer esforço. Aos poucos os Siqueira Valle foram dizendo sim e entregando o CPF para o Negócio do Jair.

Com o tempo, Cristina levou a proposta a mais parentes. Em 10 de outubro de 1999, Bolsonaro nomeou uma prima da mulher, Juliana Siqueira Guimarães Vargas; sua sogra assumiu no ano seguinte, em 2 de maio de 2000. Foi um período importante para dona Henriqueta, pois mais do que um cargo no gabinete do genro, ela, o marido e os filhos finalmente deixaram de viver de aluguel: Cristina lhes deu uma casa de 135 metros quadrados no bairro Morada da Colina, em Resende. A compra ficou registrada no 2º Ofício de Notas daquela cidade: pelo valor de 48 mil reais, quase 190 mil em 2022. A vendedora Anneli Lobo "declara haver recebido em moeda corrente e legal do país".[1] A expressão "moeda corrente" quer dizer que o pagamento foi feito em espécie, dinheiro vivo.

Quatro dias antes, Bolsonaro adquirira um apartamento de 69 metros quadrados na região sudoeste de Brasília por um total de 75 mil reais, cerca de 300 mil em valores atuais. No cartório, o deputado declarou que o valor foi pago "anteriormente em moeda corrente nacional".

COM A UNIÃO, em 1998, Cristina se encarregou de organizar a vida financeira de Bolsonaro. Desde o nascimento de Jair Renan, eles moravam num apartamento cujos 190 metros quadrados logo pareceram exíguos para a nova família. Para ela, era preciso consolidar um patrimônio condizente com o tama-

A formação do clã Bolsonaro 67

nho da ambição do casal. E para aumentar a renda, Bolsonaro precisava do faturamento de um segundo mandato, além do seu. A separação de Rogéria havia dividido seus ganhos. Antes, nos corredores do Palácio Pedro Ernesto, não faltava quem suspeitasse que o deputado cobrava o "rachid", outro apelido da "rachadinha", dos assessores da primeira mulher. Quando ainda estavam casados, ele costumava até dar expediente no gabinete dela, às sextas-feiras, e atendia o telefone, como se estivesse no comando. Com o divórcio, os dois romperam e Bolsonaro perdeu a ascensão sobre a ex-mulher.

Para evitar novos problemas, Jair necessitava de alguém de sua extrema confiança e a quem ele pudesse domar. Um filho seria perfeito. Flávio, quem sabe, o primogênito. Seu eleitorado ficaria sabendo que ele deixara de apoiar Rogéria e agora o sobrenome seria replicado por um de seus herdeiros. Em determinado momento, o próprio Jair anunciou: "Vou 'sarneyzar' o Rio".[2] Óbvia referência à oligarquia política do ex-presidente José Sarney, com diversos familiares na vida pública.

Só que a separação havia provocado rusgas na família. Flávio e Eduardo continuaram morando com a mãe no apartamento de Vila Isabel, enquanto Carlos foi viver com o pai, a madrasta e o irmão caçula. O deputado e os dois filhos que viviam com Rogéria chegaram a passar meses sem conversar. O ex-vereador Ítalo Ciba, amigo de Queiroz, disse que foi num futebolzinho organizado por ele que os quatro, pai e filhos mais velhos, se viram todos pela primeira vez depois do divórcio. Ali voltaram a conversar e se reconciliaram.[3]

Mesmo feitas as pazes, Flávio, estudante de direito, não quis ficar no meio de uma nova guerra que surgia entre os pais por espaço político. Declinou do convite para disputar uma vaga na

Câmara de Vereadores na eleição de 2000. Então Bolsonaro se voltou para o "02". Na foto 3×4 que Carlos cedeu ao TRE para registrar a candidatura, vê-se um rapaz que ainda vivia o fim da adolescência. Pegava onda com Eduardo na praia da Joatinga, entre São Conrado e a Barra da Tijuca, e curtia os barzinhos da praça Varnhagen ou uma night na boate Terceiro Milênio, já extinta, ou em algum point do New York City Center, Shopping na Barra.

Alto como o pai, loiro como a mãe, Carluxo, apelido de família, era bastante magro e usava um corte de cabelo "tigelinha", aquele que tem uma franja bem encorpada, comum nos anos 1990. O garoto tinha dezessete anos e foi emancipado pelo pai para concorrer naquela eleição. Na época da campanha, ainda cursando o terceiro ano do ensino médio no Colégio Batista do Rio de Janeiro, ele dividiu o início da carreira política com as apostilas e aulas preparatórias para o vestibular. Os planos do pai deram certo: Carlos teve 16 053 votos e se tornou o vereador mais jovem do Brasil. E Rogéria foi derrotada. Ao denunciar a agressão a um assessor, ela chamou o ex-marido de desequilibrado e queixou-se da disputa em família: "Chegou a colocar o filho (Carlos Bolsonaro), de dezessete anos de idade, para concorrer como vereador, pelo PPB, contra a própria mãe".[4]

Logo depois da eleição, Carlos admitiu que iria precisar conciliar a faculdade com o mandato, mas já deixou claro que seguiria a cartilha do pai. Anunciou que iria consultá-lo a cada decisão importante e defendeu as mesmas medidas inconstitucionais e os mesmos preconceitos do pai.[5] Declarou-se a favor da pena de morte, da tortura para traficantes de drogas, chamou de "vagabundos" os integrantes do Movimento dos Sem Terra e fez piada da luta pela união civil entre homossexuais.

A formação do clã Bolsonaro 69

NA POSSE, o vereador disse ao microfone: "Falo não em nome do Partido Progressista, mas em nome do Partido do Papai Bolsonaro". Mas na chefia de gabinete do filho, quem comandava tudo era Cristina, a nova sra. Bolsonaro.

Mal foi empossado, Carlos publicou a primeira lista de nomeações de seus funcionários, e dela constava Gilmar Marques, à época o companheiro de Andrea Siqueira Valle, cunhada de Bolsonaro. Passou batido naquele fevereiro de 2000. O casal vivia em Juiz de Fora e tinha acabado de ter uma filha. Para formalizar a contratação, o comprovante de residência trazia o endereço do apartamento onde Bolsonaro e Cristina viviam no Maracanã. Anos depois, quando confrontado com esses fatos, Marques diria que Cristina lhe ofereceu um emprego, mas ele só lembrava disso.[6] Não sabia dizer nada dos colegas, das tarefas, do crachá (que nunca teve), e dos mais óbvios detalhes das atividades de um assessor parlamentar. Era como se tivesse sofrido uma amnésia.

Em 2001, isso não era notícia. Alguns meses depois da nomeação de Marques, chegou a vez de André Siqueira Valle, irmão de Cristina, nomeado em agosto daquele ano. Em novembro saiu o cargo para Marta Valle, cunhada de Cristina, que também vivia em Juiz de Fora. Apenas André deixou Resende e foi morar com a irmã na capital. Só que o trabalho dele não era exatamente como assessor, mas como cabo eleitoral: distribuía jornalzinho da família Bolsonaro na época de campanha.

No ano seguinte, outra campanha eleitoral, mais um filho de Jair na disputa. Flávio se convencera a conquistar uma cadeira na Assembleia Legislativa do Rio. A partir de 2003, Bolsonaro coordenava três gabinetes e tinha à disposição, entre o dele e os dos filhos, mais de sessenta nomeações. Eduardo, o "03", ainda era adolescente, mas seguiria o caminho anos depois, em 2015.

Outra novidade, em novembro de 2002, foi a mudança de endereço de Jair e Cristina. O casal deixou a Zona Norte para trás e comprou uma casa com piscina na Barra da Tijuca, no mesmo condomínio de Zico, ídolo do Flamengo. A escritura registra que o imóvel saiu por 500 mil reais, ainda que o valor avaliado fosse de quase 900 mil reais. Dela não consta como os vendedores receberam parte do valor — 90 mil reais.

Pouco depois da mudança, Cristina chamou um ex-funcionário da campanha de Flávio para ajudar na organização da nova casa. Era Marcelo Luiz Nogueira dos Santos, um homem negro e gay, justo o perfil com o qual Bolsonaro costuma fazer piadas de cunho ofensivo. Os dois, porém, mantinham uma relação cordial e ele passaria a conviver com Jair e Cristina por quase seis anos dentro da mansão da Barra. "Marcelão", como foi apelidado, ficou impressionado com o tamanho e a qualidade do imóvel. Ao limpar o escritório e organizar alguns papéis, viu a escritura e comentou com Cristina que o valor parecia uma pechincha, dadas as características da casa. "É que sempre tem um por fora, né?", ela explicou. Atualmente a casa vale quase 3 milhões de reais.

O casal passou a organizar o mandato de Flávio, outro novato na política. Ao chegar na Alerj, ele ainda cursava direito. O pai designou uma amiga de Cristina, Mariana Mota, como sua chefe de gabinete. Mas o esquema todo tinha um comando central: Jair.

Obedecendo à lógica do "sempre tem um por fora", Jair e Cristina usaram o gabinete de Flávio para pagar o salário de Marcelo Nogueira como empregado doméstico. No papel, ele foi nomeado assessor de Flávio na Alerj em fevereiro de 2003. Na prática, cuidava da casa de Jair e Cristina, e também do filho. Situação que permaneceu até 2007.

A formação do clã Bolsonaro

Marcelo lembra exatamente quando o convidaram a integrar o esquema. Ele havia ido a Angra, com Cristina e Jair, para passar as festas de fim de ano de 2002. Naquele tempo ele vivia de bicos e torcia por uma proposta de trabalho fixo. Aquele fim de semana oficializou o trabalho com o casal, então temporário. Ela o chamou para uma caminhada na beira da praia e começou a explicar que queria contratá-lo para cuidar da casa e de Jair Renan. Depois, disse que havia dois detalhes: no papel, ele ia aparecer como funcionário de Flávio na Alerj. Mas não ia ficar com todo o valor do contracheque: teria que sacar e entregar para ela cerca de 80% do total. Nos anos de 2003 e 2004, o salário bruto de Marcelo Nogueira como "assessor" era de 1,7 mil reais. A partir de 2005, passou para 4,25 mil reais, e no ano seguinte aumentou para 4,4 mil reais. Ao todo, em mais de quatro anos na Alerj, ele recebeu em salário bruto 176,7 mil reais, dos quais devolveu a maior parte. Um valor de quase 400 mil, em 2022.

A confiança da patroa no novo funcionário era tão grande que, além de admitir pagamentos escusos, ela lhe entregava maços de dinheiro vivo para a compra de móveis e objetos para a nova casa na Barra.

Nos anos 2000, e mesmo antes, a engrenagem do esquema funcionava devido à falta de transparência. Saber o nome dos assessores de cada parlamentar no Congresso Nacional ou mesmo nas assembleias e câmaras municipais era, e de certo modo ainda é, tarefa de investigação. As leis de transparência iriam demorar vários anos para existir no Brasil. A norma que estabeleceu os portais de divulgação de dados públicos é de 2009, e a que determinou a divulgação de salários de servidores estatais só saiu em 2011. Mas lá atrás, no início dos anos 2000, nenhuma dessas informações estava disponível de maneira organizada. A internet engatinhava. Para saber dados sobre funcionários e salários, o cidadão tinha de ler o *Diário Oficial* todo dia, coisa que eu e alguns colegas fizemos dezessete anos depois.

EM CASA, com o tempo e o crescimento do patrimônio, o choque entre as personalidades de Jair e Cristina começava a se fazer sentir. Quem conhece o capitão sabe que uma de suas manias é dar apelidos grosseiros a amigos e familiares. À mulher, coube "Cri-cri", pelas intermináveis discussões entre os dois. André, o cunhado baixinho e um pouco tímido, era "Camundongo". Nem os sogros foram poupados. Após uma viagem a Manaus, Bolsonaro mandou a seu José a foto de uma anta com uma mensagem: "Encontrei um parente seu aqui. Saudações". Já a sogra, Henriqueta, ganhou a imagem de uma cobra com o texto: "Menos peçonhenta que você".

Bolsonaro ria, só que ninguém mais achava graça.

André seguia a rotina combinada, mas não gostava de entregar tanto dinheiro ao cunhado. Passou a desabafar com amigos, em sigilo, que aquilo era errado. E observou com atenção algumas caixas de dinheiro vivo que o casal guardava em casa. Certa ocasião, contou: "Pô, você não tem ideia como que é. Chega dinheiro… Você só vê o Jair destruindo pacotão de dinheiro. 'Toma, toma, toma.' Um monte de caixa de dinheiro lá [na casa]. Você fica doidinho". Quem frequentava aquela casa não conseguia ignorar tanta grana. Marcelo Nogueira também viu muitas notas por lá. O casal mantinha um cofre no quarto, bem abastecido quando das campanhas eleitorais.

Aquela dinheirama aguçou em André a sensação de que a mesada era uma merreca. E ele não era o único a ter essa impres-

A formação do clã Bolsonaro

são. A irmã Andrea, já separada de Gilmar e de volta a Resende, também reclamava. "Injusto. Empresto meu nome lá e só me dá um pouquinho. O salário é bem maior do que isso", ela dizia.

No Negócio do Jair, existiam algumas regras. Se no princípio era preciso devolver o percentual combinado, com o tempo Cristina sugeriu que também os benefícios deveriam ser restituídos — assim, além do salário, era preciso entregar a maior parte do vale-alimentação e do auxílio-educação. E até da restituição do imposto de renda,[7] pois, afinal, era parte do salário que retornava.

Cada integrante tinha que sacar o salário todo mês. O ideal era que o valor não fosse retirado integralmente, mas fracionado em saques de quinhentos reais ou mil reais. Anos mais tarde, uma análise das contas bancárias dos funcionários-fantasmas permitiu verificar um curioso padrão de saques de quinhentos reais que se repetiam ao longo do mês até beirar, em média, 90% do salário recebido.[8] Todos esses saques mensais no decorrer do tempo se transformaram em uma montanha de dinheiro vivo. Anos depois, o MP iria calcular um montante de 4 milhões de reais nas retiradas dos fantasmas da família Siqueira Valle lotados no gabinete de Flávio.[9] Os valores foram sacados durante o tempo em que as pessoas estiveram nomeadas — variando entre um e dez anos —, abrangendo o período de 2007 a 2018.

Depois dos saques, os valores eram entregues a pessoas de confiança. Em parte para a própria Cristina, que em alguns casos retinha os cartões bancários de parte dos familiares.[10] Todo mês ela ia a Resende junto com Marcelo para a coleta.[11] Ficava com os cartões da irmã Andrea e do pai: "Ela não confiava neles", segundo Marcelo Nogueira. Mariana Mota,[12] no gabinete de Flávio, recebia outro montante dos valores arrecadados.

E aquele tanto de dinheiro foi se transformando em imóveis: a partir de 2000, Cristina e Jair compraram catorze, entre apartamentos, casas e terrenos. Desses, cinco foram pagos em dinheiro vivo. O casal também adquiriu um pequeno barco, ações e carros. A prática foi adotada pela família. O estudante Carlos Bolsonaro resolveu pagar em espécie 150 mil reais, em 2003, por um apartamento na Tijuca. Carluxo e Cristina também alugaram cofres em bancos para guardar joias e dinheiro vivo.

Mas a ascensão do casal motivou o início da crise que levaria os dois ao rompimento. Ele adorava passar o tempo livre na casa em Angra, ela detestava. Certa vez Cristina queria ir à Riviera Maya, perto de Cancún, no México, e se irritou com as negativas do companheiro: "Jair, você é muito jacu. Só quer ficar em Mambucaba". Conseguiu convencê-lo e registrou imagens de mergulhos em cavernas. Outro atrito veio quando ela exigiu uma suíte mais próxima à praia para ter privacidade em Angra. Bolsonaro cedeu. Tempos depois, outra briga quando Cristina cismou em comprar um iate. Ele estava satisfeito com o barco que tinha para pescar. "Tem dinheiro para isso", Cristina dizia.

O casal já esbanjava. Eram tantos bens que Bolsonaro nem declarou tudo quando foi disputar a reeleição. Ele chegou a omitir dez bens da declaração ao Tribunal Superior Eleitoral em 2006.[13] O principal era justamente a casa da Barra, à época já avaliada em 1,6 milhão de reais. O enriquecimento era evidente e incomodava quem estava perto. Em determinado momento, o cunhado que passava temporadas com o casal cansou de receber apenas uma mesada.

O período de André no gabinete de Carlos acabou em 2005. Ele ficou um ano sem ser nomeado e só voltou em fevereiro

A formação do clã Bolsonaro 75

de 2006. Quando entrou novembro daquele ano, ocorreu uma troca. No papel, André passou para o gabinete de Jair Bolsonaro na Câmara dos Deputados. Já a irmã Andrea foi oficialmente para seu lugar, como assessora na Câmara Municipal. O salário bruto dele na Câmara dos Deputados era de 6 mil reais. Um ano se passou até que ele acabou exonerado em outubro de 2007. Mas a saída não foi trivial ou amistosa. Nos dois meses anteriores à exoneração, André não devolveu o combinado e Bolsonaro quis tirar satisfação. André reclamou do valor da mesada, Bolsonaro não quis nem saber: "Foi um tempão assim até que o Jair pegou e falou: 'Chega. Pode tirar ele porque ele nunca me devolve o dinheiro certo'", contou Andrea.[14]

Os meses se passaram e os ânimos não arrefeceram. Brigas com o cunhado. Brigas por dinheiro. O casamento por um fio. Ele descobriu que Cristina tinha comprado um apartamento na Barra sem avisá-lo. Ele sentia ciúme dela. Ela não confiava mais nele. Para completar, Flávio já estava farto de ser controlado. Uma coisa era obedecer ao pai, outra, era ter a madrasta cuidando de seus funcionários e administrando seu dinheiro.

Cristina abrira um escritório de advocacia, Valle Advogados, no prédio ao lado da Câmara Municipal. Atuava em várias frentes: causas gerais, atendimento a militares e pensionistas, auxílio nos pagamentos de seguro Dpvat (Danos Pessoais Causados por Veículos Automotores de Vias Terrestres). E aquele passou a ser um ponto de entrega da rachadinha.

O casal brigava tanto que Jair começou a estender suas temporadas em Brasília. E Cristina passou a sair à noite com amigos. Em certas ocasiões, para provocá-lo, ela ia para boates e, mesmo sabendo que ele a esperava do lado de fora, seguia na pista de dança. A crise foi escalando. Começaram os boatos sobre envolvimentos de ambos com terceiros. Havia algum tempo, conhecidos em Brasília falavam da proximidade do deputado com uma assessora, Michelle, que trabalhava no gabinete. Desconfiada, Cristina pagou um detetive e obteve a confirmação do caso. Bolsonaro, por seu lado, também contratou alguém para segui-la e descobriu: ela estava vivendo um relacionamento com um de seus motoristas.

Corria o mês de julho de 2007 quando Bolsonaro deu um basta no casamento e o assunto logo se espalhou entre os demais membros da família e até entre os funcionários do clã. Os dias se passaram e, apesar das brigas, Cristina ainda fez uma tentativa de reconciliação. Em 15 de julho, escreveu uma carta para o marido, que havia saído de casa para viver com Michelle. Em 2022, uma fonte me entregou uma cópia de duas páginas. Outras duas permanecem guardadas por essa pessoa em sigilo.

Jair Messias Bolsonaro
Desde já, eu agradeço porque sei que ele me ama e eu o amo e que tudo vai dar certo. Ele vai voltar melhor e eu vou ser melhor. Ele vai voltar melhor e ele me ama muito e eu também. Ele quer voltar e vai voltar. Ele está voltando e tudo vai ser bem melhor. Quero ele de volta para minha vida, uma vida melhor. Ele vai me amar muito e tudo vai ser diferente. Vou domá-lo com o meu carisma e a minha beleza. Ele vai se casar comigo como nos meus sonhos. Tudo que está acontecendo é para que fique melhor. Nós não vamos nos desgrudar. Confiaremos um no outro. Nos amamos.

A formação do clã Bolsonaro

Valle Reguladora vai se legalizar e se livrar daquela pessoa. Vamos ter muitos e muitos processos chegando. A minha meta até o fim do ano é de mil processos mês. Vou ganhar 50 mil reais por mês. Vou vender esta casa muito bem. Vou comprar a casa dos meus sonhos. A Valle Advogados vai dar muito dinheiro. O meu corpo e saúde vão estar sempre assim lindos e com saúde. O Dpvat vai dar muito dinheiro.

Depois, em outros trechos, a carta era mais melancólica e direta a Jair, abandonando o tom de "oração":

Não tenho mais vontade de viver. Foram muitas as injustiças e ingratidões de sua parte. Nunca fiz nada que pudesse desabonar a minha conduta com você e nossa família. O primeiro ponto de tudo começou: Carlos. Por 2 anos, eu o amei, amparei e socorri todos os seus medos e em troca tive o título de sedutora de menor. Ah como dói, dói muito, fala para ele que meu amor era sincero e puro. Não pornográfico e nunca foi e se eu desabafei foi porque ele me passou confiança para me ajudar com você, Jair. Mas nada adiantou. [...]

Segundo, o dinheiro nunca foi a minha intenção lesar ninguém e sim crescer o patrimônio da família. Presto conta de tudo, pois não tirei nada de vocês. Sou honesta e tenho orgulho disso [...] podem ficar com tudo.

Terceiro, o bendito flat comprei sem sua autorização e fiquei com muito medo e tinha razão. Mas você tinha mudado, não queria mais investir mais nada. Errei. Perdão.

Bolsonaro não se sensibilizou. Terminava o casamento e começava a guerra.

BOLSONARO VIVEU COM CRISTINA por quase uma década, mas nunca formalizou a união. Os imóveis que acumularam somavam mais de 3 milhões de reais. Considerando os carros, as aplicações e as joias, o total ultrapassava 4 milhões de reais.[15] Ele, porém, seguia a vida ignorando a ex. Fez um pacto antenupcial com a assessora parlamentar Michelle de Paula Firmo Reinaldo cerca de dois meses depois de sair da casa em que vivia com Cristina. Nesse meio-tempo, a ex-mulher ainda lamentava o fim da relação e desabafou com Mariana Mota, a quem escreveu uma carta em 7 de agosto:

Querida e amada Mariana
Está muito difícil falar e também não quero falar. Resolvi lhe escrever, espero que entenda ou não, mas não importa, o que importa é o que quero lhe dizer: Perdão por tudo, por palavras, por atitudes, por ações e o que mais possa ser perdoado. Eu te perdoo de tudo também pois eu sei que seria o que você falaria. Lhe agradeço por tudo, mas preciso continuar minha luta sozinha e lamento pelo Renan e as crianças, mas tá difícil, você deve saber me conhecendo. E não dá mais para escrever, beijos. Fique na paz.

Alguns dias depois, ainda parecendo bastante deprimida, Cristina escreveu uma carta para o filho Jair Renan, em 10 de setembro de 2007:

Querido filho, você é o que de mais precioso que a vida me deu. Lindo, com saúde, lindo, feliz, e com Deus no coração. Agradeço todos os dias por você, filho. Espero que você se torne um homem feliz, realizado, bem-sucedido e amado. Não gostaria de fazer filhos, mas está muito difícil e não quero ser um peso para você.

A *formação do clã Bolsonaro* 79

Quero ser uma coisa boa na sua vida. Te amo tanto, tanto, mais que o infinito. Você é a minha vidinha. Estarei sempre com você em meu pensamento. Sua mãe, Ana Cristina. Te amo muito.

O tom seria para mexer com Bolsonaro, mas o capitão já estava em outra.

JAIR E MICHELLE FORMALIZARAM O casamento em 28 de novembro de 2007, num cartório da avenida W3 Sul, em Brasília. No dia seguinte partiram para Foz do Iguaçu. O noivo ainda botou os custos (1,7 mil reais) na verba da cota parlamentar e informou à Câmara que estaria ausente por sete dias devido às "núpcias".[16] Aos 52 anos, o deputado ia para o terceiro casamento. De novo uma bela assessora, magra, de cabelos claros e com 25 anos. Mesma idade de Cristina quando Bolsonaro a conheceu. Demonstrando certa preocupação financeira, porém, ele se casou em regime de separação total de bens.

Bolsonaro festejava e refazia a vida com Michelle em Brasília. No Rio, Cristina vivia em fúria. Uma fúria que culminou em 26 de outubro de 2007, quando ela foi a uma agência do Banco do Brasil onde tinha um cofre havia dois anos. Sua chave não abriu o cofre e chamaram Jalmir Araújo de Azevedo, especializado em cofres bancários.

Quem viu a cena conta que, se Cristina já estava possessa, a situação só piorou depois que o cofre foi aberto: "Quando viu que não tinha nada lá, a mulher do Bolsonaro disse que foi roubada e chamou todo mundo de ladrão. Ela endoideceu e começou a gritar que o Bolsonaro, mancomunado com o Banco do Brasil, foi lá e tirou tudo dela", contou o chaveiro

Azevedo, que não esqueceu o episódio. Até porque Cristina não o remunerou pelo trabalho.[17]

Cristina registrou um boletim de ocorrência na 5ª Delegacia de Polícia do Rio. Declarou que havia 200 mil reais em espécie no cofre, além de 600 mil em joias e 30 mil dólares. Um total de mais de 2 milhões de reais em 2022. Naquele dia, quando chegou à casa da Barra, ela gritava a quem quisesse ouvir que Bolsonaro tinha roubado suas coisas. A principal reclamação era sobre as joias. Mas eles tinham muito mais para dividir: a casa, os apartamentos, terrenos, carros e dinheiro. Era muita coisa e ela não estava disposta a ficar sem nada só porque não estavam casados de papel passado.

Cristina sabia como proceder, e assim a guarda do filho e a divisão dos bens foram parar na 1ª Vara de Família do Tribunal de Justiça do Rio de Janeiro no dia 18 de abril de 2008. Cristina queria parte do patrimônio que foi construído "ombro a ombro". Ela sustentou que "participou tenazmente do acréscimo patrimonial" do companheiro e o tempo todo "prestou contínua assessoria em todos os projetos políticos" de Bolsonaro.[18]

Na ação de guarda, a advogada começou por cobrar uma boa pensão para custear as despesas do filho do casal, coisa de 14,5 mil reais. Disse que Bolsonaro tinha uma "próspera condição financeira" e uma renda de 100 mil reais — valor incompatível com o que era declarado formalmente. O salário bruto de Bolsonaro na Câmara era de quase 27 mil reais e ele ganhava outros 8,6 mil reais como militar da reserva. Na soma, 36 mil reais. Cristina só não explicou ao juiz seu cálculo para indicar a renda de Bolsonaro e a origem do restante dos ganhos do companheiro.

A *formação do clã Bolsonaro*   81

Apesar da crise do casal, Cristina ainda se manteve como chefe de gabinete de Carlos outros nove meses após a separação. Mas a relação com os demais membros da família Bolsonaro foi ficando insustentável e ela finalmente deixou o cargo no gabinete do enteado em 4 de abril de 2008, dias antes do protocolo da ação de separação de Jair. E assim que ela saiu por uma porta, um primo seu entrou por outra: Guilherme de Siqueira Hudson, filho do coronel Guilherme Henrique dos Santos Hudson, ex-colega de Bolsonaro no Exército. Mesmo com todas as brigas do casal, os parentes dela não deixaram de frequentar as listas de funcionários dos gabinetes dos Bolsonaro, situação que perdurou por anos.

Era preciso que alguém fizesse a gestão dos servidores-fantasmas e de todo o resto no gabinete de Carlos. Naquele momento, porém, o primo de Cristina era apenas um jovem estudante de direito. Na prática, a função de chefe era exercida por Jorge Fernandes, outro militar da confiança de Bolsonaro. Guilherme parecia estar ali por causa do pai, o coronel Guilherme Hudson, que passou a fazer o recolhimento dos valores dos salários junto à família. Ainda que não fosse nomeado, o coronel Hudson andava por todo lado se apresentando como assessor da família Bolsonaro. Até escrevia à seção de cartas de *O Globo* defendendo as pautas do clã, em especial contra os radares para multar motoristas que excedem a velocidade ou cruzam o sinal vermelho.

Velho conhecido do capitão, de quem foi contemporâneo na Academia Militar das Agulhas Negras, o coronel Hudson lembra até hoje de quando a turma apelidou Jair de "Cavalão" devido ao "vigor físico" nas provas de pentatlo. Hudson seguiria a carreira no Exército até 1998, ano em que Bolsonaro se uniu a Cristina. Depois ele fixou residência em Resende e os dois retomaram o contato pela nova proximidade estabelecida. A separação do casal fez o coronel assumir aquela ponta do negócio. Ele começou a recolher o percentual dos salários da família. Todo mês levava Andrea para fazer os saques no banco. Passou também a centralizar as declarações de imposto de renda do grupo, de modo que fossem alinhadas.

SE O CLIMA ENTRE Cristina e Bolsonaro era ruim na separação, com o processo na vara de família as coisas ficaram especialmente horrorosas. Ela vivia tensa, tinha medo das reações do ex, considerava-o violento. Declarou tudo isso ao tribunal no processo de separação. Os dois ainda discutiam muito quando se encontravam. Com frequência, em meio aos gritos, louças, vasos e outros objetos eram quebrados.

Tempos depois, Cristina desabafou com amigos que havia sido ameaçada por Jair, que teria posto a prêmio a cabeça da ex: 50 mil reais. A um desses amigos, o enfermeiro Fernando Xavier, que vivia em Oslo, Cristina contou ter pagado por proteção. Preocupada, em 2007 ela enviou esse valor, os 50 mil reais, a um policial da Divisão Antissequestro, para garantir que nada lhe acontecesse.

Depois de muito estresse, Cristina e Bolsonaro chegaram a um acordo em 1º de junho de 2008. Dividiram os bens, e a guarda de Jair Renan coube a Cristina. O deputado ficou com a mansão na Barra, os carros, um apartamento em Brasília, o escritório político em Bento Ribeiro e a casa de Mambucaba, em Angra dos Reis. Ela levou os valiosos terrenos e a casa onde moravam seus pais em Resende, as salas comerciais do centro

A formação do clã Bolsonaro 83

do Rio e um apartamento na Barra. Bolsonaro concordou com uma pensão de 10% de seu salário líquido, algo próximo de 2,6 mil reais.

Já separada, ela passou a frequentar chats de namoro e começou a se relacionar com um norueguês. Depois de algum tempo foi morar em Oslo. Partiu em julho de 2009. Mas para bancar a vida em euro ela precisou voltar a trabalhar. Desprovida de valores em espécie e das joias guardadas no cofre, ela estava sem liquidez. Acabou trabalhando como babá na Europa. Foram quase dois anos vivendo com dinheiro contado.

Quando Cristina foi para a Noruega, Jair Renan voltou a morar com o pai, na casa no Vivendas da Barra. A convivência com a nova família não foi fácil, ele não conseguia se entender com a madrasta, Michelle. Cristina sabia dos conflitos e usava a situação para espezinhar Bolsonaro. Com o tempo, passou a dizer que levaria o filho para a Europa.

Entre idas e vindas, em 2011 ela voltou ao país para ver o filho. Bolsonaro, atento à intenção dela de tentar convencer o filho a ir morar na Europa, entrou com uma ação de guarda e pediu o fim do pagamento da pensão para Cristina. Nos últimos dois anos ele continuava pagando a pensão, mesmo que Jair Renan vivesse com ele.

Só que Cristina seguia insatisfeita com os termos da divisão de bens e eles não chegaram a um acordo. E ao voltar para a Noruega, em julho de 2011, ela decidiu levar o filho. Para embarcar sem o consentimento do pai, Cristina foi à PF e fez um passaporte com a primeira certidão de nascimento do menino, na qual não constava o nome do capitão. Munida desse passaporte, ela tentou embarcar com Jair Renan. O plano estava armado, Cristina inclusive deixou pessoas esperando no

Galeão caso ocorresse algum problema e o filho tivesse que voltar. O garoto tinha doze anos.

Bolsonaro ficou enlouquecido quando soube pelo chefe de gabinete, major Jorge Francisco, que o filho viajara, e ligou para Cristina. Na versão dele, Cristina teria dito que era "mais esperta do que ele" por ter conseguido ludibriá-lo; em seguida, ele teria falado com o filho, que lhe teria dito que queria voltar ao Brasil. Por fim, a conversa teria terminado com um ultimato: "Realmente ele quer voltar, mas antes precisamos negociar entre outras coisas a retirada de uma ação de guarda e extinção de pensão, um compromisso junto ao meu advogado para o Renan passar férias no exterior e a devolução das joias de família que você furtou por ocasião da separação".

"Quanto você acha que valem as suas joias?"

"Inestimável."

Furioso, Bolsonaro denunciou a ex-mulher em todas as instâncias que conseguiu. Primeiro, registrou um boletim de ocorrência no dia 26 de julho de 2011 e, seis dias depois, levou o caso à Polícia Federal e ainda mobilizou o Itamaraty em Brasília para atuar no que ele considerava ser um sequestro do filho. Não faz parte das funções do Ministério das Relações Exteriores interferir em assuntos particulares ou de família, mas não foi o que aconteceu. Como vice-cônsul do Brasil na Noruega, o diplomata Mateus Henrique Zóqui foi acionado e telefonou para Cristina. Ela deu sua versão da história, dizendo que fora "ameaçada de morte" pelo ex-marido e por isso havia deixado o Brasil. Estava até pensando em pedir asilo. Telegramas do Itamaraty registram esse relato.[19]

A versão de Jair Bolsonaro era diferente: a ex-mulher teria fugido ilegalmente do país com o filho dos dois e exigia cer-

A formação do clã Bolsonaro

tas condições para devolver o menino. Um impasse se fez. O ex-casal ficou brigando à distância ao longo de alguns dias. Bolsonaro então resolveu encontrar os advogados da ex-mulher e no dia 2 de agosto de 2011, acompanhado do advogado Antônio Mofato e do amigo Waldir Ferraz, ele foi ao escritório do advogado Paulo Faia e assinou um acordo.

No documento, extremamente desfavorável ao deputado, ele desistia da guarda, das denúncias que fez contra a mulher, mantinha a pensão, garantia recursos para Renan viajar à Noruega nas férias e ainda concordava em pagar 500 mil reais por um apartamento que ficaria em nome do garoto. Bolsonaro deu um cheque de 40 mil reais como sinal. Renan voltou ao Brasil no dia 5 de agosto. No dia seguinte Bolsonaro sustou o cheque e avisou aos proprietários o motivo da desistência da compra do apartamento no Barra Beach Residência. Ele disse que se sentira coagido a efetuar a compra. O ex-casal ainda ficou meses brigando na Justiça.

O acordo entre os dois só foi assinado em 10 de novembro de 2011. Bolsonaro ficou com a guarda do filho e se comprometeu a fazer uma poupança em nome dele até o garoto completar dezoito anos. Todo mês o pai teria de depositar 3% de seu salário líquido; e ele também assumiu o compromisso de custear 5 mil dólares por ano para que Cristina pudesse vir ao Brasil ver o filho, proibido de viajar até os quinze anos.

Fora do papel, outros acordos foram feitos. Em um de seus retornos à Noruega, ela desembarcou com diversas joias, além de muito dinheiro. Por essa época, conseguiu vender um conjunto de cinco terrenos e obteve 1,9 milhão de reais. Lá na Europa, também mudou de vida. Comprou duas casas e ajudou no negócio do novo marido, Jan Raymond Hansen.

O casamento de Jair e Cristina terminou, mas o Negócio do Jair seguiu, inclusive com os familiares dela que permaneciam como funcionários-fantasmas nos gabinetes.

Cristina perdeu o posto de sócia e companheira de Jair Bolsonaro em tudo. Outras pessoas iriam dividir o papel antes exercido apenas por ela. Sua saída de cena também coincidiu com o período em que Flávio ascendeu nos negócios. O que ele registrou para o Tribunal Regional Eleitoral do Rio, ao se candidatar em 2002, foi um Gol 1.0. Nas duas décadas seguintes, o parlamentar negociaria vinte imóveis. Na disputa de poder que já se delineava, o primogênito ia crescer e, com ele, Fabrício Queiroz.

7. O braço direito

De PM a faz-tudo do clã, a trajetória de Fabrício Queiroz

Rio de Janeiro, 1º de dezembro de 2018

A última vez que o subtenente da PM do Rio Fabrício Queiroz esteve com os amigos antes de sumir foi na festa de aniversário do deputado estadual Rodrigo Amorim (PSL). Era 1º de dezembro de 2018. A comemoração, em um clube na Barrinha, na Barra da Tijuca, celebrava mais que os quarenta anos do novo parlamentar: era também uma celebração das vitórias eleitorais. A onda de direita varreu o Brasil e Jair Bolsonaro não apenas venceu como elegeu boa parte de seus candidatos para os legislativos estadual e federal.

Rodrigo Amorim ficou conhecido por quebrar uma placa que homenageava a vereadora Marielle Franco. Na foto do episódio, durante a corrida eleitoral de 2018, ele apareceu ao lado do candidato a deputado federal Daniel Silveira e de Wilson Witzel, postulante ao governo do Rio. E foi durante a campanha que ele se tornou íntimo de Queiroz.

Na festa, o policial tomou algumas caipirinhas e posou para fotos. Mas omitiu o seu real estado de ânimo e o que se passava em sua cabeça naqueles dias. Mencionou aos amigos que tinha coisas para resolver nas semanas seguintes, sem entrar em detalhes. Contou que estava fazendo um check-up médico e tinha umas questões de família para cuidar. A outros disse que pretendia viajar para os parques da Disney, nos Estados Unidos. Não falou que tinha deixado o cargo no gabinete de Flávio.

Queiroz havia sido exonerado da Alerj um mês e meio antes, logo depois que Flávio fora eleito senador. Em 16 de outubro de 2018, o *Diário Oficial* registrou a saída do policial após onze anos de serviço. No mesmo dia, Nathália, sua primogênita, foi exonerada do cargo de assessora de Jair Bolsonaro na Câmara dos Deputados.

O ex-assessor vinha dormindo pouco, preocupado com a convocação para depor no MP nos próximos dias. Mas logo todo mundo ficou sabendo, devido a uma matéria do *Estadão* revelando o relatório do Coaf. Queiroz ficou desnorteado. Diversas pessoas lhe mandavam mensagens, perguntando. Os jornalistas encarregados de encontrá-lo notaram que ele tinha deixado o local onde vivia, um imóvel de fachada verde-clara localizado em uma vila simples na Taquara, na Zona Oeste do Rio. A casa, de três pisos, tinha jeito de puxadinho em área irregular.

Um ano e meio depois, ele iria admitir que sucumbiu: "Aí houve esse problema, a mídia começou a bater... começou a fazer... aconteceu o problema num dia, tinha dez repórter na porta da minha casa. Eu tinha separado da minha mulher. Tava na casa da minha filha. Eu liguei pro MP, falei que meu endereço era outro. Eu fiquei isolado né, eu não lembro ao certo se foi esse dia. Eu fiquei de cama, eu não conseguia comer, eu não entendia nada, eu não sabia que ia acontecer esse problema todo. Eu não me recordo. Eu fiquei mais dentro de casa por causa disso".[1]

Apesar de dizer que estava mal, Queiroz não explicava o motivo daquela reação nervosa. Mas admitiu que encontrou Flávio para dar explicações em algum momento naquele de-

O braço direito 89

zembro de 2018. Muito tempo depois, já preso, ele narrou esse encontro na biblioteca de Bangu-8: "Eu tive um contato com o senador... ele não era senador, era deputado, mas já estava eleito, eu dei satisfação a ele do que aconteceu. Ele estava muito chateado, revoltado, 'eu não acredito que tu tenha feito isso. Não acredito' [...]. Todo mundo falando, eu tinha que dar uma satisfação pra ele. Meu encontro com ele demorou cinco minutos, eu estava com muita vergonha. Porque aconteceu isso, um fato isolado meu. Ele falou que estava desorientado, 'O que você fez? Não acredito!'. Eu resumi pra ele os documentos, e nunca mais tive com ele".[2] Ao falar desse episódio, Queiroz não disse por que estava com vergonha ou mesmo qual seria o "fato isolado". Nem o motivo de Flávio "não acreditar" no que o ex-assessor "teria feito".

A história, cheia de lapsos, tinha jeito de fabulação. Queiroz era íntimo dos Bolsonaro e sabia que a regra principal de trabalho junto ao clã era não desobedecer Jair. A ordem era a mesma desde o tempo do Exército.

Mineiro de Belo Horizonte, Fabrício José de Queiroz nasceu em 8 de outubro de 1965. Conheceu Jair Messias Bolsonaro no 8º Grupo de Artilharia de Campanha Paraquedista do Exército, na Vila Militar do Exército, no Rio de Janeiro, quando o capitão chefiava o grupo havia um ano. O soldado também iria bater continência para o major Antônio Hamilton Martins Mourão, que anos depois se tornaria o vice de Bolsonaro.

Durante a ditadura militar que agora se encerrava, daquela brigada saíram alguns dos quadros mais violentos que atuaram na repressão. No auge da perseguição aos opositores do regime, foi entre os paraquedistas que os oficiais de inteligência lotados no gabinete de Orlando Geisel, então ministro do Exército, escolheram agentes para torturar os presos políticos e fazê-los desaparecer. Alguns, por exemplo, estão entre os acusados da morte do ex-deputado Rubens Paiva, desaparecido em 1971. Os paraquedistas também foram selecionados a dedo para atuar em cárceres clandestinos, como a Casa da Morte de Petrópolis, da qual apenas uma pessoa saiu viva. Inês Etienne Romeu, a sobrevivente, relatou que o grupo de militares que a torturou fez pelo menos dez vítimas fatais.

No fim da ditadura, a brigada não havia mudado muito. Ainda que a maior parte dos homens envolvidos nas mortes da repressão tenha sido afastada, os célebres trotes que mais pareciam sessões de tortura, com chutes e espancamentos, seguiam ocorrendo. Nesse ambiente, em meio ao fim do governo de João Figueiredo, o soldado Fabrício Queiroz conheceu o capitão Jair Bolsonaro. Mas entre tanta gente na tropa, o que os aproximou foi a corrida. Queiroz era bom corredor e Bolsonaro o treinava.

Queiroz chegou a presenciar a prisão de Bolsonaro por ocasião do artigo na revista *Veja*, em 1986. O episódio acompanharia o capitão para sempre e o levaria à política a partir de 1988. Como Bolsonaro, Queiroz também iria trilhar um caminho distante das Forças Armadas. No fim de 1987, ele foi aprovado no concurso para a Polícia Militar do Rio de Janeiro e deixou o Exército.

Apesar dos rumos distintos, os dois não iriam se afastar. Queiroz listou Bolsonaro como seu padrinho na PM. A amizade perdurou, e eles mantinham contato para uma pescaria

O braço direito 91

ou para um eventual futebol. Queiroz é vascaíno e Bolsonaro, como se sabe, ora torce pelo Botafogo, ora pelo Flamengo, e ainda se diz palmeirense. E entre um jogo e outro, Queiroz fez carreira na PM, sobretudo no período em que esteve lotado no 18º Batalhão de Polícia Militar de Jacarepaguá, de 1994 a 2003. Lá ganhou fama de violento. "Fez muita mãe chorar", disse uma moradora da Cidade de Deus.[3] A patrulha em que trabalhava era chamada pelos moradores da Cidade de Deus de "bonde do madruga".[4] Nem o próprio negaria o caráter violento das ações. Chegou a dizer certa vez que, nas operações, "para não chorar a minha mãe, chora a dele".

Em 1997, dez anos depois de entrar na PM, Queiroz já recebia a "gratificação faroeste", benefício criado na gestão do ex-governador fluminense Marcello Alencar, entre 1995 e 1998. Como o nome sugere, a ideia era premiar em dinheiro policiais que participavam de confrontos com ditos bandidos. Na época em que garantiu esse "bônus", Queiroz ainda era soldado. Do decreto que sacramentou seus novos ganhos, constava que ele havia participado de "ações policiais, demonstrando alto preparo profissional ao agir com destemida coragem para alcançar o sucesso das missões". Um ano mais tarde, em 1998, Queiroz já era sargento e passou a "aperfeiçoar" a lista de episódios violentos em que esteve envolvido ao longo da carreira na PM do Rio. Especialmente na Cidade de Deus.

Em 2 de outubro de 1998, ele e Fábio Corbiniano de Figueiredo faziam um patrulhamento no bairro, a serviço do 18º Batalhão de Polícia Militar de Jacarepaguá. A ronda da manhã terminou com uma prisão e os dois tiveram que registrar um boletim de ocorrência na 32ª Delegacia de Polícia. Nada fora do usual. Na delegacia, contaram que quando patrulhavam um conjunto residencial na área da favela Karatê, um homem se pôs a correr depois de avistá-los. A dupla foi atrás dele e o rendeu. Durante a revista, encontraram "nos bolsos droga e na cintura a arma". Foi apresentada na delegacia uma pistola de marca Colt, calibre .45, com seis cartuchos, e um saco plástico da cor branca contendo 73 sacolés com um pó branco. Queiroz ainda contou ao delegado que o preso "confessou" que vendia droga e teria admitido estar em liberdade condicional depois de ter cumprido 24 anos de pena por roubo e homicídio.

O homem era Jorge Marcelo da Paixão, conhecido como "Gim Macaco". Na ficha, o delegado marcou que Paixão, "preto", "solteiro" e "católico", tinha 47 anos e era mecânico. Vivia na favela do Karatê com uma companheira e sua enteada. Pagava as contas com biscates. Ele não quis prestar depoimento no dia da prisão. Só falou perante o juiz um mês depois, quando já era réu na 2ª Vara Criminal do Foro Regional de Jacarepaguá. E a história que ele contou era bastante diferente.

Paixão falou à juíza Andréa Teixeira na tarde de 3 de novembro de 1997. Sem a orientação de um advogado, contou que não estava na rua quando foi detido pelos policiais, mas na casa de uma vizinha, trabalhando como mecânico. Em determinado momento, de surpresa, os policiais apareceram e disseram que se ele não desse 20 mil reais "seria embuchado".[5] Paixão revelou ainda que existiam testemunhas na comunidade que viram tudo o que ele estava relatando.

Dias depois, quatro pessoas foram ouvidas em juízo e confirmaram a versão do mecânico. Inclusive a dona da casa onde tudo aconteceu, Dulcelina Arcangela dos Santos — ela não teria presenciado o início da conversa, mas ouviu quando Paixão disse aos policiais: "Eu não tenho daonde tirar 20 mil reais".

O braço direito

O MP considerou "relevante dúvida" na versão dos PMS e pediu a absolvição do mecânico, que ficou quase cinco meses preso. Por fim, pediu que Queiroz e o colega fossem investigados por falso testemunho, denunciação caluniosa e abuso de autoridade.

Como muitos casos similares, abriu-se uma sindicância que não resultou em punição alguma. Dez anos depois, em 21 de dezembro de 2008, Jorge Marcelo da Paixão morreria em um tiroteio na Cidade de Deus. Queiroz continuaria a se envolver em outros episódios ainda mais violentos.

Nesse mesmo tempo, de 1998 a 2008, Queiroz participou de ações policiais que iriam resultar na morte de duas pessoas e que ainda deixariam mais um homem ferido.

Os BOLETINS DE OCORRÊNCIA registrados por policiais envolvidos em ações seguidas de morte, antigamente chamados de "autos de resistência", começam quase sempre do mesmo jeito. O enredo é mais ou menos assim: os policiais faziam um "patrulhamento de rotina" quando depararam com "elementos armados que passaram a efetuar disparos contra a guarnição". A partir disso justificam-se a reação, o confronto e mortos. Não foi diferente o que disse Fabrício Queiroz no dia 16 de novembro de 2002.

Na versão de Queiroz, ele e os colegas reagiram ao ataque dos criminosos. Os "meliantes" correram para o interior da Cidade de Deus, os policiais foram atrás. Em certo momento, Queiroz teria encontrado um desses "elementos caído, baleado, portando a arma de fogo". Na sequência, outro homem, também baleado em uma das pernas, apareceu dizendo ter sido atingido por um dos disparos dos criminosos.

A lembrança que o confeiteiro Antônio Rabelo tem do episódio é bem diferente. Ele estava indo para um baile funk na comunidade, era a primeira vez que ia à Cidade de Deus. A poucos metros do local da festa, Rabelo e os amigos ouviram estampidos que vinham de trás de onde eles estavam. Todos começaram a correr para tentar fugir, e ele acabou dando de cara com um comboio policial que atirava na sua direção. Levou tiros nas pernas, no joelho e no pé. Caiu. Nos minutos seguintes, viu um homem bastante ensanguentado ser posto dentro de uma viatura. "Não foi só eu e esse rapaz que foi atingido. Teve moradores que foram atingidos", contaria ele, muito tempo depois.

Socorrido, Rabelo foi levado pelos policiais para o Hospital Lourenço Jorge, na Zona Oeste, e mais tarde, transferido para o Hospital Miguel Couto. Ficou internado por semanas. Sobreviveu, mas teve sequelas e hoje caminha com dificuldade. O homem ensanguentado não teve a mesma sorte. Gênesis da Silva, dezenove anos, foi atingido por um tiro que entrou na parte de trás do pescoço e saiu pelo nariz. Morreu meia hora depois de dar entrada no hospital.

Na 32ª DP, o sargento Queiroz registrou o tiroteio e disse que Gênesis era traficante, embora não constasse nenhuma anotação criminal sobre ele, cujo sonho era ir para o Exército. Feito o comunicado, a polícia empilharia o inquérito em meio a diversos outros. Após os relatos dos policiais, nada mais importava. Nem o que o sobrevivente do tiroteio tinha a dizer. Ele não seria ouvido por muitos anos.

O tiroteio não gerou nenhuma repreensão. Seis meses depois, a madrugada do dia 15 de maio de 2003 terminaria com a morte de um jovem. Mais uma vez a versão de Queiroz, acom-

O braço direito 95

panhado do então tenente Adriano da Nóbrega, começava com um relato de que a patrulha de cinco PMs fazia ronda na Cidade de Deus quando se deparou com "vários indivíduos armados" que fizeram disparos contra eles, que revidaram. Findo o confronto, eles viram o corpo de um homem negro no chão junto de uma "bolsa preta". Os policiais pegaram o corpo e o levaram para o Hospital Cardoso Fontes, supostamente para uma tentativa de socorro. O homem chegou ao local já sem vida. Era Anderson Rosa de Sousa. Ele não sobreviveu aos três tiros que levou, dois deles nas costas. O laudo cadavérico registraria um na parte de trás da cabeça e outro na região lombar. No bairro, testemunhas relataram à família que foi uma execução. "Contaram que eles entraram, levaram ele lá pra trás, tiraram a vida dele, né? Ele pedia pelo amor de Deus, mas não teve jeito, executaram ele com três tiros", diria a viúva.[6]

As circunstâncias da morte de Gênesis da Silva e de Anderson Rosa de Sousa nunca seriam totalmente esclarecidas. As armas não seriam periciadas, testemunhas e familiares não seriam ouvidos. A versão dos policiais se imporia por quase duas décadas.[7] Mas, mesmo que as investigações não avançassem, Queiroz estava incomodado com o acúmulo de "problemas" na ficha disciplinar da PM-RJ. Ele então foi pedir ajuda a Jair Bolsonaro para deixar o trabalho nas ruas do Rio de Janeiro.

Três meses depois da morte de Anderson Rosa de Sousa, Flávio Bolsonaro solicitou à PM que Queiroz fosse designado para seu serviço na Alerj. O documento foi assinado em 25 de agosto de 2003. Ele largaria o Batalhão de Policiamento em Vias Expressas para ser lotado na DGP, Diretoria-Geral de Pessoal, embora por mais quatro anos ele ainda transitasse entre a PM e a Alerj, sem ser formalmente nomeado assessor de Flávio.[8] A retomada de uma convivência mais próxima com os Bolsonaro, porém, iria render uma aproximação maior com seus companheiros na polícia.

Queiroz levou para o convívio dos Bolsonaro o tenente Adriano da Nóbrega, que tinha sido transferido para o 16º BPM, em Olaria, havia pouco tempo. Nessa época o tenente Nóbrega tinha deixado o Batalhão de Operações Especiais (Bope), os chamados "caveiras", e era o comandante de um Grupamento de Ações Táticas (GAT). Na boca do povo, Nóbrega e o grupo eram conhecidos como a "guarnição do mal".

Nóbrega passou a ser visto como alguém próximo à família Bolsonaro; Flávio até tomou aulas de tiro no quartel do Bope. Marcelo Nogueira lembra do tenente, figura marcante, durante caminhadas em campanhas eleitorais.

A aproximação com os Bolsonaro rendeu a Nóbrega e a Queiroz uma série de homenagens de Carlos, na Câmara Municipal, e de Flávio, na Alerj. Em novembro de 2003, ambos ganharam, junto com toda a "guarnição do mal", moções de louvor das duas casas legislativas. Semanas depois da homenagem, Nóbrega e seu grupo seriam presos em flagrante pela morte de um rapaz que havia denunciado o grupo por tortura e extorsão. Mas nem mesmo a prisão no momento do crime demoveria o apreço do clã, que continuaria a defender o tenente por muito tempo, independentemente da péssima avaliação que os superiores do militar faziam de sua conduta.

Na prática, Bolsonaro não se preocupava em saber se a atuação dos policiais seguira os protocolos, se estava correta ou não. Bastava a palavra dos colegas de farda. Desse modo, por décadas, os Bolsonaro ainda iriam condecorar 75 policiais que responderam por homicídios e casos de corrupção.[9]

O braço direito

O então deputado Flávio foi ao presídio visitar Nóbrega e os demais policiais, sempre acompanhado de Queiroz. Em 9 de setembro de 2005, ele chegou a levar ao Batalhão Especial Prisional a medalha Tiradentes concedida ao tenente, que ainda respondia pelo homicídio de 2003. Jair Bolsonaro foi junto. Quando Nóbrega foi a julgamento, um mês e meio depois de receber a medalha, e foi condenado, Bolsonaro pegou o microfone no plenário da Câmara dos Deputados e pediu a palavra. Era 27 de outubro de 2005.

Sr. Presidente, sras. e srs. Deputados, antes de iniciar, peço à deputada Juíza Denise Frossard que ouça minhas palavras, pois não tenho experiência nessa área e quero depois me aconselhar com s. exa.

Na segunda-feira próxima passada, pela primeira vez compareci a um tribunal do júri. Estava sendo julgado um tenente da Polícia Militar de nome Adriano, acusado de ter feito incursão em uma favela, onde teria sido executado um elemento que, apesar de envolvido com o narcotráfico, foi considerado pela imprensa um simples flanelinha. Todas as testemunhas de acusação — seis no total — tinham envolvimento com o tráfico, o que é muito comum na área em que vivem. O tenente Adriano era o décimo militar a ser julgado pelo episódio. Cinco haviam sido condenados e quatro absolvidos.

O curioso é que o militar que apertou o gatilho e matou aquele elemento foi absolvido, e o tenente, que era o comandante da operação, condenado a dezenove anos e seis meses de prisão, sendo enquadrado inclusive em crime hediondo. O que é importante analisar no caso?

Não considero que a Promotoria o condenou, deputada Denise Frossard. Um dos coronéis mais antigos do Rio de Janeiro compareceu fardado, ao lado da Promotoria, e disse o que quis e o que não quis contra o tenente, acusando-o de tudo que foi possível, esquecendo-se até do fato de ele sempre ter sido um brilhante oficial e, se não me engano, o primeiro da Academia da Polícia Militar.

Terminado o julgamento, ao conversar com a defesa, fiquei sabendo que ela não conseguira trazer para depor o outro coronel que havia comandado o tenente acusado. Por quê? Porque qualquer outro coronel que fosse depor favoravelmente ao tenente bateria de frente com o coronel Meinicke, e, com toda a certeza, seria enquadrado por estar chamando de mentiroso o colega coronel.

Esse fato não poderia ter passado despercebido pelo juiz. Se bem que, nesse episódio, o juiz só entrou na parte final, na sala secreta. Apesar disso tudo, poderia ter sido discutido o porquê de a defesa não ter podido trazer nenhum outro superior ou comandante de batalhão em que tivesse servido o tenente.

E o que serviu para fazer com que os jurados o condenassem por 5 a 2 foi exatamente o depoimento do coronel Meinicke, que falou sobre uma sindicância feita por ele à época.

Não vou entrar em detalhes sobre a desqualificação dos acusados ou sobre o fato em si. Entendo também, e v. exa deputada Denise Frossard deve concordar comigo, que o que tem de ser discutido é o que está nos autos, o que está fora dos autos não existe. Mas a palavra do coronel foi considerada.

Estou completando 16 anos de Brasília. É importante saber a quem interessa a condenação pura e simples de militares da Polícia do Rio de Janeiro, sejam eles culpados ou não. Interessa ao casal Garotinho, porque a Anistia Internacional cobra a punição de policiais em nosso país, insistentemente. É preciso ter um número xis ou certo percentual de policiais presos. O Rio é o estado

O braço direito

que mais prende percentualmente policiais militares e, ao mesmo tempo, o que mais se posiciona ao lado dos direitos humanos.

Então, sr. Presidente, não sei como podemos colaborar. O advogado vai recorrer da sentença, mas os outros coronéis mais modernos não podem depor, senão vão para a geladeira, vão ser perseguidos. E o tenente, coitado, um jovem de vinte e poucos anos, foi condenado. Mas não foi ele quem matou, deputada Denise Frossard! Quem matou foi o sargento, que confessou e, mesmo assim, foi absolvido no tribunal do júri.

A decisão, portanto, tem de ser revista.

Ao que parece, há um interesse muito grande por trás disso. Eu não sei como funcionam as promoções na magistratura, mas está mais do que comprovado que coronel Meinicke está ao lado do governo do estado, que, repito, quer atender à Anistia Internacional e simplesmente punir por punir.

Isso não pode acontecer. Essa prática desqualifica, desmoraliza o tribunal do júri. E o tenente, como qualquer outro policial militar, não tem dinheiro para pagar um bom advogado, tem de se valer de um profissional sem muitos conhecimentos, que, numa hora dessas, não levanta todos os fatos. Eu, que não sou advogado, percebi isso e depois comprovei.[10]

No discurso, de pouco mais de seis minutos, se evidenciava a relação que a família Bolsonaro tinha com Adriano da Nóbrega. Pela primeira vez na vida, o deputado tinha ido a um tribunal do júri e, nesse caso, foi para ver a defesa de Nóbrega. Ele chegou a mencionar a possibilidade de a Câmara atuar para rever a condenação. Nóbrega já era ligado a bicheiros naquele momento e seu trabalho era tirar do caminho quem atrapalhasse seus chefes. O significado disso era matar.

A atuação de pistoleiros e a existência de grupos milicianos também eram outra realidade que Bolsonaro fingia não saber. Contudo, depois da enfática defesa no episódio da condenação, Jair passou a ser mais discreto quanto à relação da família com Nóbrega. É impossível imaginar que o clã não tenha tomado conhecimento das denúncias feitas contra o ex-capitão do Bope, inclusive a Operação Tempestade no Deserto, em 2011, quando Adriano foi apontado como um dos matadores da família Garcia. Três anos depois, em 2014, seria justamente o envolvimento com os crimes da contravenção que faria com que ele fosse expulso da polícia.

Nos anos seguintes, Queiroz seria o principal responsável pelo trânsito dos Bolsonaro entre os batalhões e ainda em algumas comunidades. Essa agenda seria importante para ampliar o voto do clã para além dos militares.

Nos primeiros anos da carreira política de Bolsonaro como deputado, seu discurso quase sindicalista em defesa dos salários dos militares sempre ressoou em alguma zona eleitoral do estado. A partir de 1998, ele passou a ter ao menos um voto em todas as zonas eleitorais do Rio de Janeiro. Afinal, em toda cidade há um grupo de militares ou de aposentados das Forças Armadas e da polícia.

Com o passar do tempo, sua votação começou a ficar mais distribuída pelo território fluminense. Segundo os dados do tse, em 1998, a 15ª Zona Eleitoral, que contempla a Vila Militar e abrange Marechal Hermes e Bento Ribeiro, era o local onde o capitão conseguia o maior número de votos. Mas essa vizinhança foi perdendo esse papel decisivo.

O braço direito

Em 2002, a 7ª Zona Eleitoral, distribuída pela Tijuca, foi a região onde Jair teve a maior parcela de seus votos. Em 2014, em seu último pleito para deputado federal, seu capital político já se encontrava muito além das urnas próximas aos militares. Naquele ano, foi a 9ª Zona Eleitoral, com urnas localizadas na Barra da Tijuca, Camorim, Recreio dos Bandeirantes, Vargem Grande e Vargem Pequena, a responsável por dar a maior parcela dos votos para o capitão. Resende, por sua vez, correspondeu à metade do que havia sido oito anos antes.

Esse espraiamento da popularidade do patriarca pelo território fluminense acabou beneficiando os filhos. No caso de Carlos, candidato a vereador desde 2000, isso fica mais evidente. Vereadores costumam ter forte ligação com uma região da cidade. Muitos deles conseguem votações expressivas em determinadas regiões, mas passam em branco em outras. Carlos conseguiu ter presença em todo o território carioca, mesmo quando tinha dezessete anos. No caso de Flávio, ocorreu o mesmo. Nas urnas onde o pai conseguia a maior parcela dos votos, o filho também conseguia. E o mesmo acontecia com o menor número de votos. Sempre foi muito difícil encontrar uma urna onde o pai ia mal e os filhos iam bem.

Os números permitem ver a expansão dos votos de Bolsonaro para além dos militares das Forças Armadas e identificar um crescimento por toda cidade, incluindo as regiões de milícias. Na 179ª Zona Eleitoral (Anil, Cidade de Deus, Gardênia Azul, Pechincha e Rio das Pedras), com muitas urnas localizadas em regiões dominadas por diferentes grupos milicianos, os votos dobraram entre 1998 e 2014.

E quem abriu as portas para esses bairros foi Fabrício Queiroz. Candidatos a deputado no Rio comentavam como o policial os ajudava a organizar as agendas de rua durante as campanhas. Ele cumpriria essa tarefa até ser flagrado no escândalo do relatório do Coaf, em dezembro de 2018, e se ver obrigado a submergir.

8. Um fugitivo

Escândalo do relatório do Coaf faz Queiroz submergir

Rio de Janeiro, 29 de novembro de 2018

A primeira vez que um funcionário do Ministério Público do Rio de Janeiro esteve atrás de Fabrício Queiroz foi em 29 de novembro de 2018, uma semana antes da reportagem do *Estadão*. O oficial foi procurá-lo em um endereço no bairro da Praça Seca, também na Zona Oeste, para lhe entregar uma notificação: Queiroz estava sendo convocado a prestar um depoimento no dia 4 de dezembro de 2018.

No local, um prédio de classe média com alguns blocos, o funcionário do MP-RJ deu de cara com Débora Melo de Queiroz, ex-mulher e mãe de três filhas do policial. Ela se prontificou a receber o documento, mas informou que o ex-companheiro não morava mais ali. À mão, o oficial anotou a justificativa de Débora: "Se mudou para Curicica, em endereço que não soube precisar".

Situado na Zona Oeste, Curicica é controlado por milicianos, como outros bairros da região, e tido como área de domínio de "Orlando da Curicica", preso na Penitenciária Federal de Mossoró, no Rio Grande do Norte. Ele chegou a ser investigado pela morte da vereadora Marielle Franco (PSOL) e do motorista Anderson Gomes, em 2018, mas essa hipótese foi posteriormente descartada.

A notificação foi então feita pelo funcionário por telefone. Débora também avisou Queiroz do contato do MP. Após esse episódio, ela, como os outros parentes dele, não foi mais encontrada por muito tempo.

Queiroz então saiu em busca de um advogado. Recorreu primeiro a Cezar Augusto Tanner de Lima Alves, ex-corregedor da PM, que foi logo avisando que a notificação era referente a alguma coisa envolvendo a Alerj e gente com foro privilegiado. Devia, pois, atingir Flávio, porque o documento vinha do Grupo de Atribuição Originária do MP, que investiga crimes do governador e dos deputados. No MP, o defensor deu como endereço de Queiroz um apartamento na Freguesia, onde moravam duas de suas filhas. No mesmo momento, o advogado pediu que aquele depoimento fosse adiado e também solicitou cópia dos autos e um esclarecimento: seu cliente era testemunha ou investigado?

Para adiar o depoimento, Tanner ainda alegou ter outros compromissos, como uma audiência previamente marcada, o que o impediria de acompanhar Queiroz. O MP concordou e agendou nova data: 6 de dezembro. Tanner não mencionou nenhum problema de saúde que impedisse o policial de falar aos procuradores.

O policial então foi ao médico com o velho plano de descolar um atestado para justificar a ausência. Em meio à bateria de testes, Queiroz fez um exame de sangue, o PSA, sigla para prostate-specific antigens, ou antígenos específicos da próstata. Ele ajuda no diagnóstico de câncer de próstata, mas também de outros cânceres. O resultado acusou uma irregularidade.

Então o *Estadão* publicou a tal reportagem e a vida de Queiroz e de sua família se tornou um caos. As cobranças passaram a surgir de todos os lados.

Um fugitivo

UMA DESAVISADA DANIELLE NÓBREGA enviou uma mensagem para Queiroz às 15h24 daquele 6 de dezembro. Era um dos dias mais difíceis da vida do policial, mas ela parecia desconhecer os acontecimentos, capaz de nem ter visto fotos de Queiroz na televisão.

"Boa tarde meu amigo. Depois lembra de passar a senha por favor. Outra coisa. Você sabe quando vai entrar o pagamento? Beijo."

"Ainda não caiu?"

"Entrou isso no final de novembro", respondeu Danielle.

Em seguida, enviou uma imagem de um pedaço do contracheque com o valor de 2510,22 reais. E acrescentou a data do depósito: "Dia 30/11".

"Então você foi para exonerada."

"Ahhh me tira de lá. Tem como?"

"Sério. Tá havendo problemas. Cuidado com que vai falar no celular."

"Eu sei. Mas há a possibilidade de receber álibi ajnfa (sic)? Algo?"

"Não."

"Meu Deus."

Queiroz então explica a origem dos "problemas", enviando para ela uma foto com a matéria de Serapião, publicada naquele dia, sobre a movimentação atípica na conta dele. Danielle, enfim, compreende o que está acontecendo.

"Não estava sabendo de nada. Mas você acha que eu volto?"

"Pode ser que sim."

Danielle estava preocupada com o dinheiro que fora cortado, mas não podia imaginar que aquele seria o menor de seus problemas naquele momento. Dali a poucos dias todos saberiam de sua situação como assessora-fantasma no gabinete de Flávio.

Desde dezembro de 2018, tanto os promotores fluminenses que investigavam o assassinato de Marielle Franco quanto o grupo que estava atrás do caso da rachadinha já sabiam que Flávio Bolsonaro havia nomeado a ex-mulher e a mãe de Adriano da Nóbrega, Raimunda Veras Magalhães, para seu gabinete. Mas era uma operação sigilosa. Em 28 de dezembro de 2018, a Divisão de Laboratório de Combate à Lavagem de Dinheiro e à Corrupção produziu um relatório detalhado sobre Raimunda e Danielle.

Ao longo de 21 páginas, duas analistas do MP do Rio discorreram sobre quem eram as duas mulheres. Dados pessoais, endereços, locais onde trabalharam durante o período em que constaram como assessoras de Flávio, relações de parentesco e amizade. O documento incluiu até dados de redes sociais e a proximidade de alguns parentes com familiares do major Ronald Pereira, outro integrante do grupo de matadores conhecido como Escritório do Crime e um dos líderes de uma milícia que dominava a comunidade de Rio das Pedras, na Zona Oeste, mas ainda não era conhecida da população em geral. Por fim, um esquema explicitava as relações pessoais e financeiras das duas. No centro, Adriano da Nóbrega e, ao lado, no alto, Fabrício Queiroz. Todas as peças do quebra-cabeça iam se encaixando e deixando cada um dos envolvidos com menos margem de explicações no futuro.

DEPOIS DE UMA SEMANA de denúncias diárias no noticiário, Jair Bolsonaro orientou Flávio a pedir ajuda a Paulo Marinho, seu suplente na chapa recém-eleita para o Senado. O empresário carioca sempre fora muito próximo do advogado Gustavo Bebianno, coordenador da campanha presidencial, e já havia tirado o presidente de outros apuros jurídicos. Marinho costuma contar que ele e Bebianno, morto em março de 2020, foram os primeiros a acreditar nas chances do capitão e a sondar empresários, economistas e pessoas do mundo jurídico para apoiar a campanha. A proximidade com o clã foi tanta que a casa de Marinho, no Jardim Botânico, passou a funcionar como um QG da campanha. Bolsonaro usou o espaço para receber aliados e gravar seus programas de tevê.

Mas quem convive no entorno de Jair Bolsonaro sabe que entre o clã impera a desconfiança. Em certo momento, sobretudo a partir de constantes reclamações de Carlos nos ouvidos do pai, Marinho e Bebianno começaram a virar alvo. Mesmo assim, como Marinho já tinha ajudado Jair Bolsonaro a arrumar um advogado para cuidar de um processo por racismo no STF, Flávio decidiu se socorrer com o empresário, e na tarde de 12 de dezembro de 2018 lhe telefonou. Os Bolsonaro queriam um advogado de referência que não custasse nada aos bolsos da família. Alguém que atuasse *pro bono*. O próprio Flávio admitiu que estava fazendo contato com Marinho porque "não teria recurso para pagar o advogado".[1] Ele morava num apartamento de 3 milhões de reais, tinha uma loja de chocolates, salário de 25 mil reais na Alerj, fora os vencimentos de sua mulher, a dentista Fernanda Bolsonaro. Mas não tinha condições de arcar com a despesa de um advogado.

No telefonema, Flávio pediu para encontrar o interlocutor.[2] Na sequência, transcrevo os diálogos conforme o empresário descreveu, detalhadamente, dois anos mais tarde, quando denunciou o caso ao Ministério Público Federal: "Meu pai pediu para que eu lhe procurasse, para que você me ajudasse numa questão jurídica, eu tô precisando de um advogado. E eu gostaria de te encontrar amanhã, você pode?"

"Posso. Que horas você gostaria?"

"Você pode me receber amanhã às 8h30?"

Na manhã seguinte, o advogado Christiano Fragoso chegou cedo, às oito horas da manhã, na casa de Marinho. Meia hora depois o carro de Flávio Bolsonaro estacionou. O senador vinha com o advogado e amigo Victor Granado Alves, o mesmo que o acompanhara ao condomínio de Bolsonaro no dia da notícia sobre a conta de Queiroz. O anfitrião e os três visitantes se acomodaram ao redor de uma mesa no escritório. Fragoso ficou de frente para Granado, Marinho ficou de frente para Flávio.

Feitas as apresentações, o senador eleito expôs o motivo daquele encontro: "Olha, eu tô muito preocupado, porque o Victor procurou o Queiroz. E nós estamos muito preocupados com a loucura que o Queiroz fez, essa traição que o Queiroz fez, e eu estou muito preocupado com as consequências desse fato do Queiroz em relação ao governo do meu pai, que ainda nem começou". Marinho diz que, ao falar do pai, o parlamentar se emocionou e seus olhos começaram a lacrimejar.

"Flávio, calma, você está aqui com um grande advogado. Você não tem culpa, conforme você está me dizendo, isso aí foi o Queiroz que traiu a tua confiança. Você tá me dizendo aqui que você não tem nenhum envolvimento com isso, com os fatos. Então fica tranquilo, não fica desse jeito, não é bom. Isso não ajuda", argumentou Marinho, tentando acalmar o então aliado.

Na sequência, Victor Granado relatou seu encontro com o policial, na véspera: "Ontem estive com o Queiroz e obriguei

Um fugitivo 109

o Queiroz a me repassar todas as senhas das contas bancárias dele. E eu passei essa madrugada toda entrando nas contas do Queiroz, e os montantes que eu descobri, e que eu informei agora de manhã para o Flávio, são muito superiores a esses que a imprensa está noticiando, inclusive porque ele se refere a anos anteriores a esses que a imprensa está noticiando".

Àquela altura, estimava-se que o total da movimentação pudesse chegar a vários milhões. Sem entender direito como tudo aquilo podia ter ocorrido, Paulo Marinho perguntou: "Ô Victor, como é que esse troço aconteceu?".

"Porra, um dia o [coronel] Braga recebe um telefonema de uma pessoa, lá na Assembleia, de uma pessoa supostamente se intitulando um delegado da Polícia Federal, querendo falar com o Flávio. O Braga disse a essa pessoa que o Flávio estava ocupado e não costumava falar com quem não conhecesse. Aí ele disse: 'Olha, então, é o seguinte, é um assunto de interesse do senador'."

Esse suposto delegado da Polícia Federal então teria deixado um contato e Flávio determinou que os assessores o procurassem na sede da PF, na praça Mauá, no centro do Rio. Foram à reunião com o tal delegado o coronel Miguel Braga, chefe de gabinete de Flávio, Victor Granado e ainda uma assessora chamada Valdenice de Oliveira Meliga, ex-tesoureira do partido da família Bolsonaro no Rio. Antes do encontro, os três deveriam avisar por telefone que estavam no local e o delegado sairia do prédio da PF. O movimento seria a confirmação de que ele era quem dizia ser.

Paulo Marinho ouviu de Victor Granado que o suposto delegado teria alertado os assessores de Flávio sobre a existência de informações que poderiam atrapalhar o futuro da família Bolsonaro porque uma operação iria esbarrar em Queiroz e numa filha dele. Mencionou que o policial tinha alguma movimentação bancária e financeira suspeita. Apresentando-se como simpatizante de Bolsonaro, ele ainda contou que a operação não iria mais ocorrer entre o primeiro e o segundo turno, em outubro de 2018, para "não criar nenhum embaraço durante a campanha".

No entanto, a Operação Furna da Onça, que foi desencadeada em 8 de novembro daquele ano e prendeu dez deputados, nunca teve Queiroz ou a filha como alvos. Mas o que tornou a narrativa de Marinho verídica foi a exoneração do policial e de sua filha no mesmo dia, 16 de outubro, no meio do segundo turno. E esse fato, que a própria PF considera suspeito desde o momento em que teve que apurar uma denúncia sobre esse vazamento de informações, nem Queiroz nem Nathália conseguiram explicar direito.

A conversa na casa de Marinho já terminava. Fragoso disse que o mais urgente era arrumar um advogado para Queiroz. Assim, ficou sob responsabilidade de Victor Granado encaminhar o policial a um advogado. Escolheram o criminalista Ralph Hage, e ainda naquela semana Queiroz foi ao escritório dele, onde se impressionou com a quantidade de mármore. Nas conversas que havia tido com Cezar Tanner, ele sabia que seu ex-colega da PM não iria seguir em sua defesa.

Outro ponto acordado pelos quatro na casa de Marinho foi uma nova reunião com outros advogados que auxiliariam Flávio, em São Paulo, à qual Gustavo Bebianno também compareceria. Agendaram essa segunda reunião para 14 de dezembro de 2018.

Um fugitivo

No novo encontro, ocorrido no restaurante do Hotel Emiliano em São Paulo, os advogados discutiram algumas estratégias e chegaram a um acordo sobre um tópico: Queiroz precisava depor logo ao MP. Uma narrativa qualquer sobre o episódio relatada aos promotores podia evitar que a história do relatório contaminasse toda a família Bolsonaro. Era essa a visão do grupo naquela sexta-feira de dezembro.

ENTRE 15 E 16 DE DEZEMBRO DE 2018, quem desembarcou no Rio de Janeiro foi o advogado paulista Frederick Wassef, que logo procurou Jair Bolsonaro para oferecer seus conselhos e serviços jurídicos para defender Flávio. Os dois se conheciam havia alguns anos e Wassef nem precisou gastar muita lábia para convencê-lo. Os Bolsonaro já tinham posto na cabeça que não podiam confiar em Marinho. A teoria conspiratória do momento era de que, em uma eventual cassação do senador, quem assumiria a cadeira no Senado seria justamente o empresário, que era o suplente do filho mais velho do presidente.

Assim, Wassef escanteou a equipe de advogados de Marinho em um fim de semana. A decisão foi comunicada em um rápido encontro após a diplomação de Flávio no dia 18 de dezembro. O parlamentar agradeceu e informou ao empresário, sem meias-palavras, que estava optando por um novo "esquema jurídico" a pedido de seu pai.

O cérebro do novo esquema era Wassef, e a estratégia inicial consistia em tirar Fabrício Queiroz de circulação e escondê-lo. Ele também já articulava a ideia de ir ao STF questionar a validade do relatório do Coaf e ainda pensava como invalidar a investigação no Rio de Janeiro. Queiroz não iria depor. Ninguém saberia que era Wassef quem estaria dando as cartas nos bastidores para tentar conter o escândalo. E o advogado permaneceria anônimo por alguns meses. Situação suficientemente confortável para que ele pudesse, mais do que resolver os problemas da família Bolsonaro, ganhar espaço e influência para atuar por si e pelos seus. Inclusive apontando seus nomes preferidos para ocupar as vagas no Judiciário.

Alguns dias depois que Wassef assumiu o "esquema jurídico" de Flávio, ele participou de um jantar no shopping center VillageMall, na Barra. Estava acompanhado de Edevaldo de Oliveira, seu amigo de longa data, da mulher deste e de um outro homem do mundo jurídico, o desembargador Kassio Nunes Marques. Apesar de ser um local badalado, o grupo não parecia ter receio de que fosse visto junto. Tanto que eles se sentaram a uma mesa externa, junto aos corredores do shopping, e conversaram alheios a que pudessem ser ouvidos.

Ao longo do jantar, Wassef apresentou Nunes Marques como futuro ministro do STJ (Superior Tribunal de Justiça) e relatou detalhes do caso de Flávio, além de suas estratégias jurídicas. Wassef ainda disse a Nunes Marques que gostaria de levá-lo à casa de Jair Bolsonaro. Depois, o advogado teve que voltar sua atenção às precauções que deveriam envolver Queiroz, seu novo protegido. Ou cativo. Poucos além dele sabiam onde o policial estava. Na linha de defesa traçada por Wassef, o policial precisava se manter fora de circulação. Desaparecer.

ANTES DE VOLTAR PARA SÃO PAULO, Wassef ainda tinha alguns assuntos a resolver no Rio de Janeiro. Era preciso cuidar da situação dos outros ex-assessores de Flávio. Então ele marcou

Um fugitivo

encontros com as pessoas que constavam do relatório sobre a movimentação bancária do policial. E foi assim, meio sem entender, que Luiza Souza Paes chegou no Windsor Barra Hotel para conversar com o advogado na tarde do dia 20 de dezembro de 2018. Prestes a depor e ao ver seu nome citado no noticiário, ela havia procurado o pai, Fausto Paes, amigo de Queiroz havia anos e companheiro de muitas peladas em Oswaldo Cruz no time "Fala tu que eu tô cansado". Antes de ir ao hotel, Luiza tinha sido orientada a procurar o advogado Luis Gustavo Botto Maia em seu escritório. De lá ela seguiu, com o pai e o advogado para o encontro. Wassef, por sua vez, estava com Victor Granado Alves, o advogado e amigo de Flávio que acompanhava o caso desde o início.

Wassef não se apresentou como advogado de Flávio Bolsonaro. Como é de seu costume, iniciou um monólogo. Dizendo-se "poderoso", afirmou que cobrava milhões nas causas em que atuava, mas estava na defesa de Flávio de graça porque considerava que aquilo tudo era uma "covardia" contra a família Bolsonaro.

Luiza tinha sido convocada para depor no MP sobre os repasses para Queiroz, naquela mesma data. Os advogados a orientaram a não comparecer, justificando que nenhum outro assessor convocado iria fazê-lo. De fato, os promotores haviam convocado oito pessoas para a última semana antes do Natal e nenhuma foi.

Naqueles dias, todos os outros oito assessores citados no relatório nunca estavam em casa, como Queiroz. Era como se todas aquelas pessoas tivessem desaparecido. Ou fugido. Mas acabei descobrindo um vínculo do policial com a família de uma assessora.

Foi no início de uma tarde de domingo, ainda naquele dezembro de 2018, que fui a Oswaldo Cruz, bairro na Zona Norte do Rio, procurar uma moça chamada Luiza Souza Paes. A própria. Com 28 anos à época, Luiza havia estudado estatística e constara como assessora no gabinete de Flávio Bolsonaro de 2011 até 2012. Depois disso, ela teve outros cargos na Alerj. Chegou a ser lotada na TV da Casa e ficou por lá até 2017.

No relatório sobre Queiroz, Luiza é citada por repassar cerca de 3 mil reais para o policial. Eu e outros colegas do *Globo* já tínhamos tentado falar com ela por telefone: a mãe dela atendia irritada e desligava assim que nos identificávamos. Sem muita alternativa, fui até sua casa num domingo. Cheguei devagar. O motorista estacionou o carro e eu desembarquei para bater no portão de uma casa na rua Felizardo Gomes. Nenhuma resposta. Da rua, só se enxerga parte da casa, que fica nos fundos. Um vizinho me viu e gritou que não havia ninguém. Dona Leonora, a mãe de Luiza, estava em um bar ali perto. Era só descer uma quadra.

Fui ao bar. Tocava um samba no rádio, algumas pessoas bebiam cerveja. Mal perguntei por dona Leonora e uma senhora respondeu. Eu me identifiquei como jornalista e ela concordou em conversar. Logo de cara ficou na defensiva, sua filha não tinha nada a ver com o que eu estava perguntando. Não seria alguma homônima?

"Tá dando a maior confusão na vida dela por causa disso. Eu não sei, inclusive, veio uma outra pessoa aqui em casa também, e não tem nada a ver." Mas não havia erro: a pessoa citada no relatório era a filha dela. Eu tinha conferido endereço, CPF e, inclusive, o nome da mãe da Luiza antes de ir ao local. Apesar disso, deixei que ela continuasse sua história. Foi aí que a dona Leonora acabou contando que realmente conhecia o Queiroz.

Um fugitivo

"Na verdade, justamente na tentativa de esclarecer, não ter nenhum erro, é importante a gente conversar com as pessoas, entendeu?", argumentei.

"Eu entendo."

"Não tô aqui pra acusar sua filha de nada. Na verdade…"

"Minha filha não tem de ter acusação nenhuma."

"Mas eu quero deixar claro isso. Não é nenhuma acusação à sua filha. Quem trabalhava lá no gabinete, quem parece que fez alguma coisa errada, foi aquele rapaz que estão falando, o tal de Queiroz."

"Que era morador daqui da rua também", contou Leonora, com uma expressão de ironia.

"Era morador daqui da rua, é?", perguntei.

"É, há muitos anos atrás. Entendeu? Não tem nada a ver, a gente se conhece e uma coisa não tem nada a ver com a outra, entendeu?"

Mas, talvez por ter notado meu interesse no detalhe, ela logo se irritou e a conversa não evoluiu bem: "Vocês ficam insistindo, ficam ligando na minha casa, toda hora essa perturbação, isso já virou uma perturbação, e eu até, inclusive, falei pro meu ex-marido que eu vou começar a xingar todo mundo. Isso já tá dando no saco, entendeu?".

"Tá bom então. Dona Leonora, a senhora quer ficar com meu telefone? Se em algum momento…"

"Não."

"Tem certeza?"

"Absoluta."

"Eu não tô aqui acusando."

"Não, você não tá acusando, você tá me perturbando. Eu tô em um dia de lazer e você tá me perturbando."

Como ela já parecia muito estressada, resolvi ir embora antes que a coisa desandasse. Apesar de aquela conversa não ter resultado em nada concreto, não esqueci que ela disse que conhecia o Queiroz. Eu não sabia ainda, mas a proximidade era importante e ia explicar muita coisa sobre aquela lista de assessores que faziam repasses e sobre o esquema que existia no gabinete de Flávio Bolsonaro.

Dois anos depois, Luiza se tornaria crucial para o caso. Ela acabaria confessando que nunca havia trabalhado de verdade e que era obrigada a devolver o salário. Mas isso aconteceria mais tarde. Naquele momento, só me restava acompanhar os eventos. E, em dezembro de 2018, Luiza era orientada por seu pai, Fausto Paes, que recebia instruções de Queiroz. Ela chegou a ir à Alerj assinar folhas de ponto antigas, para tentar forjar que trabalhava no local.

Ao mesmo tempo, nas conversas com Queiroz, Fausto recebeu dicas do que Luiza deveria dizer em um depoimento futuro. Primeiro, o pai da moça chegou a pedir à filha todos os seus extratos bancários, para que ele contabilizasse o total. Depois, ele e Queiroz bolariam uma explicação para o dinheiro repassado, que era muito superior ao que aparecia no relatório do Coaf. Da conta dela, haviam saído cerca de 155 mil reais — que foram parar nas mãos ou nas contas de Queiroz.

Era uma tentativa de combinar uma versão. Queiroz tinha pedido a Luiza que dissesse que entregava dinheiro a ele para um suposto investimento na compra e venda de carros. Uma história que pai e filha consideraram esquisita, mas acataram. Esse detalhe sobre venda de carros faria mais sentido para ela dias depois.

Um fugitivo

A SAGA DE QUEIROZ atrás de um defensor enquanto fugia da imprensa e do MP teve uma importante virada uma semana antes do Natal. Naquele momento, ele já havia desistido do criminalista Ralph Hage, advogado indicado pela equipe que Paulo Marinho havia começado a organizar. Em 18 de dezembro, o policial dispensou os serviços do advogado Cezar Tanner, a quem pagou 5 mil reais. No dia seguinte, o experiente criminalista Paulo Klein apresentou no MP uma procuração do policial, que o constituía seu advogado a partir daquele dia. Klein já trabalhara em alguns casos de grande repercussão. Representara, por exemplo, no auge da delação da JBS, o ex-procurador da República Marcelo Miller, acusado de usar informações da PGR para ajudar os irmãos Batista a formular o acordo de delação que envolvia o ex-presidente Michel Temer e o deputado federal Aécio Neves.

Com a troca de advogados, o depoimento então esperado para aquela data não ocorreu. Em seguida, Queiroz desapareceu. Enquanto toda a imprensa procurava por ele no Rio de Janeiro, o policial já estava bem longe. Ainda no dia 19 de dezembro, o advogado Frederick Wassef, nos bastidores da defesa de Flávio Bolsonaro, ajudava Queiroz a deixar a capital fluminense para, em princípio, cuidar de sua saúde em São Paulo. Depois, para facilitar o controle de Wassef sobre ele.

Enquanto os advogados se movimentavam no Rio, Queiroz seguiu para uma consulta com Wladimir Alfer Jr. no Hospital Israelita Albert Einstein, na unidade do Morumbi. Pesquisador de urologia pela Harvard Medical School, Alfer Jr. é doutor pela Universidade de São Paulo. Não saía por menos de setecentos reais uma consulta com ele, que tinha entre seus pacientes o próprio Wassef. Depois de avaliar Queiroz, Alfer Jr.

o encaminhou ao conceituado cirurgião e gastroenterologista Pedro Custódio de Mello Borges, em cuja lista de pacientes já esteve o ex-jogador Sócrates. Tudo bastante longe da realidade financeira de Queiroz.

Os exames detectaram um câncer no intestino. Essa descoberta fez com que o policial e seus familiares sentissem que, não fosse o escândalo do relatório do Coaf, possivelmente a doença não teria sido identificada no início. Ou seja, por pior que tenha sido, a confusão acabou salvando sua vida. Mais que isso, o cuidado recebido deixou Queiroz eternamente grato a quem o ajudou. Naqueles dias, ele teve a impressão de estar protegido por um "anjo". E foi justamente assim que o policial, sua família e até o grupo mais próximo no entorno de Bolsonaro passaram a chamar Wassef. O Anjo até andava armado com uma pistola, dia e noite, enquanto estava com Queiroz. Dependendo da perspectiva, podia ser um reforço na proteção ou mesmo um modo de intimidação.

O diagnóstico de câncer, por mais assustador que pudesse ser, naquele momento ajudava a todos, sobretudo à sua defesa. Dava aos advogados e aos Bolsonaro tudo de que precisavam: tempo. Podia-se explicar, e até comprovar, o sumiço do policial, que àquela altura já virara meme na internet — "Cadê o Queiroz?", o país indagava. Uma pergunta que se espalhou na internet e em pichações nas ruas das grandes cidades brasileiras.

O jornalista Lauro Jardim chegou a noticiar que ele ficou escondido por um tempo, no início de dezembro de 2018, em Rio das Pedras, comunidade sob domínio do grupo criminoso Escritório do Crime.

Internamente, os advogados passaram a se aconselhar com experientes assessores de imprensa e avaliaram que era preciso

Um fugitivo 119

criar uma situação "controlada" para mostrar Queiroz ao Brasil. Como parte da estratégia de defesa, Wassef marcou uma entrevista com o SBT para o dia 26 de dezembro de 2018. Só que para tanto era preciso montar uma estrutura, e essa logística foi feita com ajuda do também advogado Edevaldo de Oliveira. Criminalista, Oliveira é ex-policial rodoviário federal e tem um escritório em Atibaia, no interior de São Paulo, mesma cidade onde mora. Como Wassef, tem um sítio na cidade.

Logo depois dos exames na capital paulista, Queiroz foi levado por Wassef para o Faro Hotel, no centro de Atibaia.[3] Eles chegaram de madrugada: 1h26. Queiroz ficou e Wassef saiu para retornar horas mais tarde. Naquela data, uma quarta-feira depois do Natal, Wassef voltou ao hotel com Oliveira para encontrar Queiroz. O advogado de Flávio solicitou uma sala ao hotel para conversar com Oliveira e Queiroz pouco antes da primeira aparição pública do policial.

Depois da reunião, o advogado Paulo Klein, que atendia Queiroz na época, chegou ao hotel para encontrar o cliente e ir ao encontro dos jornalistas, junto com Oliveira, em outro local. A entrevista ia ser gravada em um imóvel de dois andares, com uma parede de pedra em uma das salas e um grande terraço. Foi nesse lugar que Queiroz tentou dar suas explicações. Ensaiou uma versão de que "fazia rolos" e que isso justificaria o dinheiro na sua conta: "Eu sou um cara de negócios, eu faço dinheiro, compro, revendo, compro, revendo, compro carro, revendo carro", afirmou, com um sorriso forçado. Parecia que nem ele acreditava no que dizia.

Mas até na visão dos apoiadores de Bolsonaro a entrevista piorou uma situação que já era muito ruim. Queiroz contou que os valores altos de sua conta vinham também de vendas e compras de carros, embora tudo que se achou em seu nome foram dois carros antigos — um Del Rey Belina, marrom, modelo 1985/86, e um Voyage preto, modelo 2009/2010. A narrativa do policial era arrematada por uma defesa dos antigos patrões: "Meu problema é meu problema, não tem a ver com o Flávio Bolsonaro. Não tem a ver com ninguém. Eu vou responder pelos meus atos".

Queiroz não podia explicar como é que o dinheiro entrava e saía. Mas dizia receber valores de modo informal, por meio de "rolos". Ora era um homem humilde, ora tinha dinheiro de origem desconhecida. Também tentou explicar o desaparecimento dos dias anteriores: "Em momento algum eu estou fugindo. Quero muito esclarecer. E depor na frente do promotor. Agradecê-lo por acatar, por não pedir minha prisão. Eu falei, vou ser preso. No terceiro depoimento, eu estava sendo atendido, eu tenho aí em mãos, eu faço questão de entregar depois para você ler, tirar foto, mostrar para a imprensa, para o Brasil, eu sendo atendido por um dos melhores... doutor Wladimir (Alfer). Foi constatado um câncer".

Dias depois do encontro com Wassef, Luiza e o pai viram Queiroz se explicando na tevê e comentaram no WhatsApp: "Você chegou a ver ou ouvir a entrevista do nosso amigo no SBT? Depois eu vou conversar contigo se você não ouviu. Se você tiver gravado aí manda pra mim porque eu queria ouvir. Ouvi um pedaço, mas não ouvi o teor inteiro. Que ali, pela parte que eu ouvi já muda algumas coisas bem interessantes. Isso deve ter sido orientação daquele maluco lá, né? Que nós encontramos com ele lá. Porque aquilo é louco de pedra...".

O "louco de pedra" era Wassef. E ele manteria Queiroz sob sua vigilância por mais de um ano.

9. O advogado em off

Escondido, Frederick Wassef coordena defesa de Flávio a pedido de Jair

São Paulo, 24 de novembro de 2019

Era madrugada quando o policial Fabrício Queiroz escreveu uma mensagem de texto para a mulher, Márcia Oliveira de Aguiar, que estava no Rio de Janeiro. O celular registrou o envio às 00h15, início do domingo, 24 de novembro de 2019.

"Estamos indo para a casa do Anjo."

"Felipe também? Tomara que tenha boas notícias", ela respondeu em seguida.

Passou um tempinho. Queiroz respondeu por meio de uma foto na qual o filho do casal, Felipe, aparecia sentado em um sofá branco com uma ampla sala ao fundo.

Horas mais tarde, quase meio-dia, Márcia perguntou de novo:

"Está na casa do Anjo?"

"Estamos."

"Dormiram na casa dele ou no hotel?"

"Sem bateria, 1%. Dormimos."

"Resume, ele falou alguma coisa?"

"Querendo mandar todos para São Paulo se a gente não ganhar. Aquela conversa de sempre."

"Morar aí? Acho exagero."

"Não vamos entrar no mérito agora."

"Sim, mas só se estivéssemos com prisão decretada. Sabe que isso será impossível né? Mais vamos aguarda[r]. A possibilidade de não ganharmos são grandes? Ele disse alguma coisa?"

"Sim. Mas ele tá de boa. Sabe [o] que faz. Ele só quer eu aí no Rio."

"Você quis dizer que ele não quer você aqui no Rio. Isso?"

"Sim."

Nesse dia, ignorando a tensão vivida pelos pais, Felipe Queiroz fazia selfies na mesma sala ampla da foto enviada horas antes. Impressionado com o ambiente, cheio de espelhos e lustres, o jovem enviou as imagens a um amigo, gabando-se do cenário. Só que, ao enviar as fotos pelo aplicativo de mensagens, o celular acusou a localização de Felipe. O aparelho automaticamente registrou "rua Jerônimo da Veiga, esquina com a rua Emanuel Kant", endereço do prédio onde a empresária Maria Cristina Boner, ex-companheira de Frederick Wassef, tem um apartamento na capital paulista.

Anjo. Os Queiroz continuavam chamando o advogado pelo apelido posto quase um ano antes. O problema disso era a contrapartida. Queiroz recebia ajuda, mas devia obedecer a todas as orientações de seu protetor. E a principal delas era ficar sob seus cuidados, ou melhor, sob seu monitoramento. O policial não podia ficar zanzando por aí, não podia em hipótese alguma ser flagrado pela imprensa. Ainda mais agora, que estava tão perto o julgamento que definiria o rumo do caso que envolvia Flávio e Queiroz.

Naquela semana, a última de novembro de 2019, o stf finalmente decidiria a legalidade do compartilhamento de dados

O advogado em off 123

entre o Coaf e os órgãos de investigação. A decisão poderia anular o trabalho dos promotores ou então destravar a apuração, àquela altura parada por uma liminar. Como as sessões de julgamento são públicas e transmitidas pela tv Justiça, Queiroz e família já haviam percebido que o clima não era favorável para eles. Mas o Supremo ainda não finalizara a leitura dos votos dos ministros.

Naquela noite, Queiroz tinha chegado tarde ao apartamento da rua Emanuel Kant. Havia quase um ano que ele se comportava como um fugitivo. Todos os envolvidos no caso demonstravam nervosismo quando questionados sobre seu paradeiro.

ERAM MAIS DE DEZ MESES sem notícias de Fabrício Queiroz. Nenhuma informação concreta desde dezembro de 2018. Eu, como outros jornalistas, havia tentado localizá-lo, ou a algum de seus parentes. De tempos em tempos, percorria os endereços da família em diferentes bairros da Zona Norte e Oeste — fiz esse trajeto dezenas de vezes. Passava na casa na Taquara, depois no apartamento das filhas em Jacarepaguá, na casa de vizinhos e amigos em Oswaldo Cruz, e ainda no apartamento da ex-mulher. Deixava bilhetes nas portarias dos prédios. Quando não tinha porteiro, enfiava uma mensagem por baixo da porta, me apresentando e pedindo que entrassem em contato comigo.

Em agosto de 2019, soube que o caçula do policial, Felipe, jogava futebol nas categorias de base do Sampaio Corrêa, clube de Saquarema, na região dos Lagos. Diziam que às vezes o pai aparecia. Fui conferir. Passei um sábado vendo jogos entre times das categorias de base. Até identifiquei Felipe no banco de reservas. O time dele venceu por 6 a 0 o AD Itaboraí. Mas nada de seu pai.

Como meu foco voltara a ser o paradeiro de Queiroz, era inevitável entrar em contato com Frederick Wassef, então advogado de Flávio Bolsonaro. Suspeitava-se que ele soubesse onde estava Queiroz, ainda que negasse.

Além disso, *O Globo*, onde eu trabalhava, queria uma entrevista com o advogado para que ele pudesse expor os argumentos da defesa. Era parte do nosso trabalho cobrar explicações do senador e dar espaço para que ele também fosse ouvido. Wassef ouvia os pedidos, reclamava de perseguição da imprensa contra ele e seu cliente, mas não queria se alongar acerca dos indícios do esquema de corrupção com entrega de dinheiro e nomeações de funcionários-fantasmas.

Em setembro de 2019, estive em Brasília para conversar pessoalmente — a paranoia sobre grampos telefônicos estava bastante difundida — com algumas fontes que diziam ter pistas do destino de Queiroz. A revista *Veja* havia publicado uma foto do policial no Einstein, mas sem nenhuma declaração dele, nenhuma referência de como vivia ou se tinha dinheiro para seguir se tratando em um dos hospitais mais caros do país. A foto dividiu os envolvidos ou interessados no caso. Nos corredores do MP, a história foi vista como uma tentativa de emplacar a imagem de um "homem doente" perseguido pelos investigadores. Já no entorno de Bolsonaro, ela foi interpretada como uma ação para aplacar o clima tenso instalado pelo sumiço. A todo momento, Bolsonaro era indagado: "cadê o Queiroz?".

O advogado em off

Em Brasília, almocei com uma fonte que me disse que Wassef estava escondendo Queiroz. Essa história soava absurda, mas mesmo assim muitos repórteres haviam desconfiado dessa possibilidade e tentaram flagrar Queiroz em algum endereço do advogado em São Paulo. E ele tem vários — na capital, no Guarujá, no litoral paulista, e ainda em Atibaia, no interior.

Alguns dias depois, estava na redação do *Globo* e telefonei para Wassef para saber se ele aceitava o pedido de entrevista que lhe havia feito para que explicasse os pontos da defesa de Flávio. Wassef atendeu a chamada por WhatsApp, mas não falou nada da entrevista. Engatou mais um longo monólogo de críticas à imprensa e às reportagens sobre o caso da rachadinha. Não rebateu nenhuma informação em especial, não apontou nenhum erro de informação. Era como se quisesse desabafar. Fez ironias dizendo que o jornal era tendencioso: "Onde estava o *Globo* e a revista *Época* quando o PT roubou o Brasil?". Passou a defender Bolsonaro e argumentou que o novo governo estaria "salvando" o país. Em certo ponto, foi direto: "Você aí dentro desse imenso prédio azul do *Globo* acha que é a todo-poderosa Juliana Dal Piva, mas quando você sai na rua você é só mais uma que pode tomar um tiro no meio da cara porque a violência do Rio de Janeiro é muito grave e o presidente está trabalhando para melhorar tudo isso e vocês da imprensa ficam perseguindo ele".

O discurso sobre a "violência" do Rio de Janeiro ainda durou alguns minutos. Eu ouvia e me perguntava se ele realmente tinha tido coragem de dizer aquilo. Incomodada, relatei o episódio ao meu editor e combinamos redobrar os cuidados nas comunicações com Wassef. A cautela se mostraria necessária, pois outros episódios envolvendo jornalistas mulheres iriam se suceder.

Passaram-se alguns dias, e em outubro Wassef chegou de carro ao hall anexo do STF. Ele tinha concedido uma entrevista para a repórter Luísa Martins, do *Valor Econômico*, na qual tecia um cenário favorável para a defesa de Flávio no julgamento do STF. Chegou a dizer que "na prática, temos quatro ministros, isto é, quase metade da Corte". Alguns conselheiros do senador avaliaram que Wassef havia falado demais e que a situação gerava constrangimento ao STF. Ao ver as declarações publicadas, Wassef enfureceu-se contra Luísa e achou que podia intimidá-la. Ao encontrá-la no Supremo, passou a coagi-la a entrar no carro dele para reclamar da matéria.[1]

TRÊS MESES ANTES, no dia 16 de julho de 2019, o então presidente do STF, ministro Dias Toffoli, decidira suspender as investigações feitas com base no compartilhamento de dados financeiros sem autorização judicial, atendendo a um pedido da defesa do senador Flávio Bolsonaro. O julgamento no Supremo, marcado para novembro, iria decidir se a Receita Federal podia compartilhar informações financeiras com órgãos de investigação quando constatasse indícios suspeitos. O detalhe é que em alguns casos o alerta que a Receita havia dado ocorrera sem autorização judicial prévia.

Wassef quis comparar a situação da Receita com os relatórios de outro órgão governamental, o Coaf, responsável pelo documento que envolvia Queiroz e Flávio Bolsonaro. O advogado argumentou que a atividade do Coaf também devia ser considerada ilegal e defendia que se exigisse ordem judicial para esse órgão, contrariando não apenas a jurisprudência interna do país como as boas práticas de combate à lavagem

O advogado em off

de dinheiro existentes no exterior. Para Wassef, os relatórios do Coaf também representariam quebra de sigilo bancário. Só que extrato bancário é uma coisa, e os dados com que o Coaf trabalha, outra. Diferentemente dos sistemas da Receita, o Conselho não tem acesso às contas bancárias dos cidadãos.

O Coaf é alimentado por alertas que os bancos fazem a partir de movimentações "atípicas". Um depósito de 50 mil reais em dinheiro vivo, de uma só vez, em determinada conta, pode gerar um alerta. Um saque dessa quantia também. Se alguém recebe, ao longo de um ano, o dobro do total de seus salários, isso pode gerar um alerta. Nem sempre há alguma ilegalidade, mas esse é o modo de rastrear lavagem de dinheiro.

Com a liminar de Toffoli, o STF paralisou a investigação sobre as apurações instauradas a partir de relatórios do Coaf. O episódio causou enorme confusão nos Ministérios Públicos país afora, atrapalhou até parte da investigação da morte de Marielle Franco, e representou a primeira vitória de Wassef na defesa do senador. Seria preciso esperar o Supremo avaliar a legalidade ou não do compartilhamento de dados.

A decisão envaideceu o advogado. O jornalista Bruno Abbud, então meu colega na redação da revista *Época* e do jornal *O Globo*, presenciou o momento em que ele recebeu a notícia da liminar do STF e quando falava ao telefone sobre a vitória da defesa:[2] "Você não sabe o que está acontecendo! Você não tem noção do que está acontecendo, você não tem noção! A decisão... Amor... O meu nome... Tá o Brasil inteiro me ligando e me chamando de Deus! Você não tem noção! É uma bomba atômica! Amor, está comigo, te mando agora. O Flávio, o presidente, tudo infartado, chorando...".

PAULISTANO, solteiro, 26 anos de idade. Foi assim que Frederick Wassef se identificou para o delegado João Ricardo Noronha, na sala do cartório da Delegacia de Ordem Social do Paraná, em Curitiba. Era 14 de outubro de 1992 e ele obtivera a carteira da OAB havia pouco tempo. Mas já se via às voltas com uma investigação, só que no caso o investigado era ele, envolvido num crime de repercussão nacional, o Caso Evandro.

Investigadores paranaenses apuravam o desaparecimento de algumas crianças e a morte de um menino chamado Evandro Caetano, assassinado em Guaratuba, litoral do Paraná, naquele ano. A gravidade dos crimes chocara o país. O corpo mutilado levou os policiais a suspeitar que a criança teria sido vítima de algum ritual macabro.

Entre idas e vindas, uma das linhas de investigação tentava reconstruir as circunstâncias em que outro menino, Leandro Bossi, havia desaparecido, também em Guaratuba, em fevereiro do mesmo ano. Averiguando as últimas pessoas que estiveram próximas de Leandro, a polícia se deparou com um grupo místico chamado LUS (Lineamento Universal Superior), com origem na Argentina, liderado por José Teruggi, argentino, e Valentina de Andrade, brasileira. Wassef esteve com o casal num hotel do litoral paranaense em um período próximo ao desaparecimento do menino.

Além da coincidência das datas, o contato que Wassef fez com Valentina resultou no pedido de prisão do advogado depois que um delegado que apurava o caso viu um vídeo gravado dias antes do desaparecimento de Leandro. Na época, inicialmente, foi dito que Teruggi dizia a Valentina estar com algum espírito incorporado e pedia: "Matem a criancinha que eu pedi". No entanto, um perito contratado pela defesa refutou

O advogado em off

totalmente a transcrição da polícia e apontou que o correto seria: "Mas tem criancinhas que são experientes".[3]

A juíza Anésia Kowalski negou o pedido de prisão de Wassef por falta de fundamentos. Mesmo assim, ele foi chamado para explicar sua relação com Valentina e a LUS. Wassef contou que, quatro anos antes, no fim de 1988, ele havia comprado o livro *Deus, a grande farsa*. Escrito por Valentina Andrade, o livro discorria sobre as primeiras experiências e contatos dela com alienígenas que "vinham a este mundo para trazer as respostas e/ou verdades sobre o mundo em que nós vivemos". E continha uma interpretação peculiar sobre a "existência de Deus": Deus não seria um "criador do universo", mas "um ser representante do mal", o "capeta" ou a "besta enfurecida".

Wassef contou aos policiais que teve "grande curiosidade em contatar com a autora". Escreveu a ela uma carta, endereçada à caixa postal referida no livro, em Londrina, no Paraná. Valentina respondeu e eles passaram a trocar cartas duas a três vezes por ano. Ele escrevia porque "procurava indagar mais acerca de certas dúvidas advindas da leitura do livro". A correspondência resultou num encontro em São Paulo, quando Wassef tentou intermediar uma reportagem para divulgar o livro. Após as cartas, eles passaram a trocar fitas de áudio gravadas.

A camaradagem entre os dois fez Wassef ir a Londrina num fim de semana de novembro de 1991. Outra vez para conversar sobre o livro. Mais tarde, por duas vezes ela o convidou a ir a Guaratuba. A primeira em março e a segunda em abril de 1992. Em maio, ele foi a Buenos Aires e conheceu a sede da LUS. Em todos os encontros havia palestras que tratavam do conteúdo do livro *Deus, a grande farsa*, disse Wassef. E menções às quatro práticas "proibidas pela seita, sob pena de expulsão": "uso de droga, prostituição, abuso de confiança e falta de respeito". O advogado concluiu o depoimento, e sua participação naquela investigação foi dada por encerrada. O desaparecimento de Leandro Bossi nunca foi totalmente esclarecido embora a ossada do menino tenha sido identificada em junho de 2022.

Em 2003, Valentina de Andrade chegou a ir a julgamento por outro caso, conhecido como "Meninos de Altamira". Ela respondeu por uma série de assassinatos e mutilações que ocorreram contra meninos e adolescentes de oito a catorze anos, no Pará, entre 1989 e 1992. Valentina acabou absolvida pelo júri. Frederick Wassef chegou a participar de sua defesa na fase inicial, mas teve que sair na fase de julgamento por problemas de saúde.

Descobri essa história quando preparava um perfil de Fabrício Queiroz, em março de 2019. Em uma rápida pesquisa em jornais, deparei com uma matéria do *Estadão* de 25 de julho de 1992 dizendo que a polícia havia pedido a prisão do "líder da seita satânica", o argentino José Teruggi, e do brasileiro Frederick Wassef.[4] Na ocasião, o jornal registrou que ambos foram dados como foragidos pelos investigadores. Segundo os jornais, a polícia ainda tinha feito uma busca em uma casa de Wassef em Atibaia, mas nada encontrara. Até me perguntei se não seria um homônimo. Mas com um sobrenome tão único, Frederick Wassef, advogado... Então cheIquei os dados e constatei que de fato se tratava dele. Comecei a perguntar para pessoas ligadas à família Bolsonaro quem era esse homem.

O advogado em off

Aos poucos, com certo constrangimento e muita reserva, algumas fontes me contaram que o advogado, um tanto desconhecido na época, estava encabeçando a defesa de Flávio. Era o coordenador nos bastidores e encarregava outros advogados de apresentar petições e habeas corpus em defesa do senador, que naquela ocasião não tinha um advogado que o defendesse publicamente. Era bastante inusitado que Flávio, sendo tão atingido, se escondesse. Em algumas ocasiões, ele se manifestou apenas por notas em suas redes sociais, combinadas com Wassef. Mas por que ele escondia o advogado?

O próprio trânsito de Frederick Wassef no Palácio do Planalto e no Alvorada iria revelar que ele era o advogado de Flávio no caso da rachadinha e que esse era o motivo pelo qual tinha tanto acesso a Jair Bolsonaro. No entanto, a tarefa de esconder Queiroz seria descoberta apenas em junho de 2020. Até porque Wassef passaria a conviver com as intensas disputas de poder no entorno do presidente e, como costuma acontecer naquela roda, a colecionar inimizades entre integrantes do governo. Assim surgiram histórias a respeito dele e informações sobre como conhecera Jair. Em uma difícil entrevista, já em março de 2021, o advogado deixou escapar que conhecia o presidente havia pouco mais de sete anos: "Desde 2014, eu conheço o Jair e toda a família. Desde então eu sempre atuei como advogado, consultor jurídico, em todas as causas que você imaginar ou não", me disse ele, em um tom ríspido, acrescentando que não queria citar a palavra "presidente".

Dois anos antes, ele havia contado à jornalista Andréia Sadi que, internado em um hospital, tratando uma doença, ele tinha visto Bolsonaro no YouTube falando sobre controle de natalidade. A identificação foi imediata: ele também concordava que o controle da criminalidade[5] passaria pela esterilização da população mais pobre. O advogado ligou para o gabinete do deputado e foi o próprio quem atendeu. Entre os assessores mais próximos de Bolsonaro, também circula um outro episódio que teria aproximado os dois e diz respeito à defesa da comprovadamente ineficaz fosfoetanolamina sintética, a tal "pílula do câncer", que nem mesmo pode ser chamada de medicamento.

É sabido que em 28 anos na Câmara dos Deputados Jair Bolsonaro apresentou 171 projetos e aprovou dois. Um deles foi justamente pela liberação da "pílula". Assessores de Bolsonaro mencionam o interesse de Wassef no projeto, pois o advogado enfrentara a doença naquele período. Era a primeira vez que Bolsonaro defendia uma substância sem eficácia para o combate de doenças. Apesar da aprovação e até da sanção de Dilma Rousseff ao projeto, em 2016, o STF vetou a norma legal.

Pouco antes, a relação entre Bolsonaro e Wassef tinha se tornado também comercial. Em 2015, o então deputado comprou um Land Rover preto modelo 2009/2010 por 50 mil reais da empresa Compusoftware, comandada pela empresária Maria Cristina Boner, mulher de Wassef à época. O carro valia mais. Fora avaliado em 77 mil reais, mas o negócio foi fechado assim mesmo.

No Congresso Nacional, também ficaram registrados alguns desses encontros. Pedi à Câmara dos Deputados, por meio da Lei de Acesso à Informação, o arquivo de visitantes ao gabinete de Jair Bolsonaro e localizei uma visita de Wassef no dia 5 de outubro de 2017. Às 15h06, a portaria da Câmara dos Deputados registrou que o advogado ia ao gabinete 482, onde ficava o escritório de Jair Bolsonaro. Meses antes, em 6 de junho,

O advogado em off 133

Wassef também havia deixado seus dados na portaria, sem identificar a qual gabinete ia. Em 2015 e 2016, o nome dele não apareceu na lista.

Naquele período, Jair Bolsonaro respondia a dois processos criminais no Supremo por ter dito à deputada federal Maria do Rosário (PT-RS) que ela "não merecia ser estuprada" pois era "muito feia". As ações o acusavam de injúria e apologia ao estupro. Formalmente, quem exercia a defesa de Jair era o advogado paranaense Arnaldo Faivro Busato Filho. Anos depois, o site The Intercept iria divulgar um áudio de junho de 2017 em que Wassef dizia ser "parceiro" de Bolsonaro e ainda se autoproclamava "advogado em off", sem explicar o que ele queria dizer com a expressão.[6]

Tempos depois, soube-se que Wassef fez repasses de 276 mil reais a Busato por meio do escritório de Wassef & Sonnenburg Sociedade de Advogados, além de outros 15 mil reais que saíram de sua conta pessoal. Os pagamentos ocorreram entre 2015 e 2020. A explicação de Busato é que os valores diziam respeito a uma parceria entre os dois em outro processo, no Maranhão. De Bolsonaro, ele não teria cobrado nada.[7]

O Supremo ainda não julgou se Bolsonaro cometeu injúria contra a deputada, nem se fez apologia ao estupro. Mas ele é réu em ambos os processos. Se o caso tivesse ido ao STF e Bolsonaro tivesse sido condenado, ele até poderia ter ficado inelegível. Mas ele venceu a eleição para presidente e a Constituição não permite que o líder do Executivo seja julgado por atos anteriores ao mandato enquanto for o titular da cadeira da Presidência da República.

Wassef considerava uma vitória que o julgamento não tivesse ocorrido antes das eleições de 2018. Já contava com prestígio junto a Bolsonaro por ter conseguido o arquivamento de uma investigação na PGR, aberta em 2015, para apurar suspeitas de subfaturamento na compra de dois imóveis no Vivendas da Barra. As aquisições não poderiam ser justificadas pelo salário do deputado. Rodrigo Janot, então chefe do MPF, avaliou que não existiam "indícios mínimos de irregularidade" e encerrou o procedimento.[8]

Mas o prestígio de Wassef teria concorrência no âmbito jurídico junto ao círculo mais próximo do futuro presidente. Além do caso da deputada Maria do Rosário, Bolsonaro tinha outra pendência no STF pouco antes da eleição, uma ação na qual ele era acusado de racismo. Em um evento no clube Hebraica no Rio de Janeiro, o candidato vociferou contra as demarcações de terras para populações indígenas e quilombolas: "Eu fui num quilombo, o afrodescendente mais leve lá pesava sete arrobas. Não fazem nada! Eu acho que nem para procriador ele serve mais". Como sempre, contava com a imunidade parlamentar para dizer o que bem entendesse. Esse foi o processo que Bolsonaro mais temeu no período prévio à eleição e a primeira vez que Wassef viu sua gestão jurídica da família Bolsonaro ameaçada. Até então, era ele que cuidava do caso, até o advogado carioca Gustavo Bebianno se aproximar do capitão.

Dois anos antes, a candidatura de Bolsonaro à presidência entusiasmara Paulo Marinho e Bebianno, que chegou a ser coordenador da campanha pelo PSL. Quando ganhou a confiança do então deputado, pediu-lhe que trocasse de advogado no processo sobre racismo no STF. Bolsonaro atendeu e o assessor escalou outro criminalista para a defesa do presidenciável. Wassef foi escanteado e nasceu a rixa entre os dois advogados.

O advogado em off 135

Em setembro de 2018, a 1ª Turma do STF julgou o processo e rejeitou a denúncia de racismo contra Bolsonaro por três votos a dois. Os ministros Luís Roberto Barroso e Rosa Weber foram vencidos por Marco Aurélio Mello, Luiz Fux e por Alexandre de Moraes, o último a votar. Moraes avaliou que não existiu um "discurso de ódio": "No caso em questão, na contextualidade da imunidade, não me parece que, apesar da grosseria, apesar do erro, da vulgaridade, do desconhecimento das expressões, não me parece que a conduta do denunciado tenha extrapolado os limites da liberdade de expressão qualificada e abrangida pela imunidade material. Não teria a meu ver extrapolado um verdadeiro discurso de ódio, de incitação ao racismo ou à xenofobia".

Mesmo com o crescimento de Bebianno, Wassef não deixou de ter intimidade com o futuro presidente e seguiu circulando ao redor do capitão. Estava na casa dele no dia da vitória no segundo turno da eleição presidencial em 2018.

Bebianno me falou da disputa entre os advogados em outubro de 2019, meses depois que deixara a pasta da Secretaria-Geral da Presidência e se transformara em adversário do clã. Naquele tempo, Bebianno se articulava para as eleições que ocorreriam em 2020. Vivia muito cauteloso. Marcou um encontro numa loja de conveniência de um posto de gasolina na Zona Sul, um lugar discreto, onde não entraram mais do que duas ou três pessoas durante as duas horas em que conversamos.

Sentamos num banco de canto, perto de uma janela, e ele logo me pediu para desligar o celular e guardá-lo na bolsa. Temia que tentassem pôr escutas, grampos ou aplicativos de invasão no telefone. Quando se sentiu um pouco mais à vontade, falou do processo de racismo e, ao pedir sigilo, rememorou o que sabia sobre o início do escândalo que envolvia Fabrício Queiroz. Relembrou como foi chamado por Marinho para ajudar a pensar estratégias depois que Flávio Bolsonaro acionara seu suplente.

Em dezembro de 2018, disse Bebianno, uma análise interna aconselhava a que não se deixasse a história do relatório financeiro de Queiroz contaminar Flávio; se o filho se visse envolvido, era preciso não deixar o problema chegar ao pai. Os juristas que estavam se organizando para defender os Bolsonaro avaliaram que o ideal era que as coisas ficassem restritas a Queiroz. Mas se Bebianno tinha levado a melhor antes, a situação mudou depois da vitória de Bolsonaro. A relação dele com o presidente e os filhos se deteriorou. Nos bastidores, sua ascensão foi vista com desconfiança e ele passou a ser alvo de críticas. Em especial de Carlos Bolsonaro e seu grupo.

Então, em dezembro de 2018, quando surgiu o relatório do Coaf, não foi difícil para Wassef dar o troco em Bebianno e recuperar o protagonismo e a exclusividade jurídica junto ao clã. Num fim de semana, Wassef convenceu Bolsonaro a deixá-lo cuidar da situação. No início, ele jurava que preferia os bastidores, não gostava de aparecer. Quando teve de assumir que atuava como advogado de Flávio Bolsonaro, Wassef disse que tinha em sua clientela Flávio Rocha, acionista das lojas Riachuelo, e David Feffer, da Suzano Papel e Celulose. Foi desmentido por ambos. Wassef não mencionou, mas no primeiro semestre de 2019 ele atuava para a JBS e já tinha trabalhado para a Fecomércio, no Rio. Da primeira empresa, recebeu 9 milhões e outros 2,6 milhões da segunda, por meio de um escritório de advogados.[9] Sempre atuando nos bastidores.

Depois da decisão liminar de Toffoli, em julho de 2019, Wassef já não tinha nenhum problema em estar sob os holofotes. Pelo contrário, dava entrevistas para jornais, sites e televisões. Andava com desenvoltura e era recebido por Jair até nos fins de semana. Foram pelo menos oito encontros em 2019.

A empresária Maria Cristina Boner igualmente colecionava vitórias naquele ano. Ela e Frederick Wassef viveram em união estável de 2008 até 2017, quando teriam se separado. Pelo menos é o que os dois sustentam, embora boa parte de seus conhecidos diga que eles continuaram se relacionando depois disso. Em 2018, poucos meses antes da eleição, estiveram juntos em festas de família. Wassef também frequentou o apartamento da empresária em São Paulo e a casa dela em Brasília, no Lago Sul, ao longo de 2019. Até marcou entrevistas em imóveis dela.

Se Wassef ia bem com Bolsonaro, as empresas de Maria Cristina Boner podiam dizer o mesmo. Em 15 de março de 2019, uma multa de 27 milhões de reais aplicada pelo governo federal a um consórcio de empresas do qual fazia parte a holding Globalweb Outsourcing, que tem Boner como fundadora e suas filhas como sócias, foi suspensa. Os contratos da holding com o governo também tiveram diversos aditivos em um total que chegou a 53 milhões de reais, entre 2019 e 2020.

As contas de Wassef também iam bem. No período em que já atuava nos bastidores como advogado do senador Flávio Bolsonaro, de 5 de dezembro de 2018 a 11 de fevereiro de 2020, o advogado recebeu de Bruna Boner, filha de Maria Cristina, um total de 2,4 milhões de reais em oito transferências mensais. As duas maiores foram em fevereiro de 2020, pouco mais de 1,5 milhão de reais. Já nas contas do escritório Wassef & Sonnenburg Sociedade de Advogados também entraram mais de 1 milhão de reais da empresa Globalweb. A empresa justificou que os valores são oriundos do pagamento de serviços de Wassef. Em 2021, o advogado conseguiria anular o relatório do Coaf sobre suas contas bancárias no TRF-1 (Tribunal Regional Federal) alegando que o documento foi produzido de forma injustificada.

A empresária se tornou conhecida no Brasil depois de uma foto sua com Bill Gates nos anos 1990, anunciando que ela seria a representante da Microsoft para as vendas do software Windows a órgãos públicos brasileiros. Depois disso o negócio decolou. A pequena TBA Informática virou TBA Holding, arregimentando mais de trinta empresas. O próspero negócio foi feito junto com Antonio Basso, ex-marido de Boner.

Boner e Basso se separaram em 2007 e passaram a guerrear por um patrimônio de cerca de 300 milhões de reais. Wassef se tornou advogado de Boner e os dois passaram a manter um relacionamento. Em meio à partilha, a empresária acusou Basso de agressão e extorsão. Condenado, ele ficou sete meses preso. Nesse contexto, o advogado criminalista fluminense Paulo Klein atuou para a empresária.

A separação litigiosa não foi o único problema de Boner no Judiciário. Em 2014, ela colecionava, em um mesmo processo criminal, 168 acusações por corrupção passiva e 21 por lavagem de dinheiro devido ao "mensalão do DEM". As imputações vieram depois que ela foi flagrada em um vídeo, de 2006, negociando propinas de 1 milhão de reais, que seriam pagas em doações eleitorais ao ex-governador José Roberto Arruda (DEM) em troca de contratos sem licitação na área de informática.[10] O processo se arrasta há anos no Judiciário. Com todos os imbróglios, a empresa de Boner mudou de nome e hoje é por meio da holding Global-

O advogado em off

web que ela comanda o negócio, que tem formalmente como sócias suas filhas.

Durante esse período, ao lado de Wassef, Maria Cristina conheceu Jair Bolsonaro, que chegou a frequentar sua casa. E foi assim que ela também viu a ascensão do ex-companheiro com quem ainda convivia bastante. Separados ou não, Wassef mantinha intimidade suficiente com ela para levar Fabrício Queiroz até um apartamento seu em São Paulo.

10. Marionetes do "Anjo"

Família Queiroz tensa com as promessas vazias de Wassef

RIO DE JANEIRO, 25 DE NOVEMBRO DE 2019

A cabeleireira Márcia Oliveira de Aguiar passava os dias à beira de um colapso no apartamento da família na Taquara. Em meio a crises de choro e ansiolíticos, a mulher de Fabrício Queiroz não aguentava mais viver escondida. Tinha medo de ser reconhecida depois de tantas imagens da família no noticiário. Mas, sobretudo, ela não suportava mais se sentir uma marionete do Anjo.

Naquele mês, Márcia estava especialmente nervosa com o julgamento do STF que poderia acabar com o caso da rachadinha, e talvez aliviar a barra dos Queiroz. Era o que ela esperava e o que de alguma maneira tinha sido prometido pelo advogado Frederick Wassef. Contudo, depois de um ano convivendo com ele, Márcia entendeu que era muito custoso estar sob a proteção do Anjo. E o único jeito de atravessar aquele novembro de 2019 era desabafar com a advogada Ana Flávia Rigamonti, funcionária de Wassef em São Paulo, e de quem Márcia tinha se tornado próxima.

"Só que eu também não tô aguentando, tá entendendo? Eu tô muito preocupada com ele e a minha saúde também tá abalada, tá entendendo? A gente não pode mais viver sendo marionete do Anjo. 'Ah você tem que ficar aqui, tem que trazer a família.' Esquece, cara, deixa a gente viver a nossa vida. Qual o problema? Vão matar? Ninguém vai matar ninguém, se tivesse que matar já tinha pego um filho meu aqui, você tá entendendo? Então deixa a gente viver a nossa vida aqui com a nossa família. Todo mundo tá vivendo a sua vida com os seus filhos, com a sua família. Só a gente que tá separado."

E o ápice da revolta de Márcia era que Wassef sustentava que, caso o STF não desse a decisão que poderia encerrar a investigação, a família Queiroz deveria ir morar em São Paulo: "Isso daí não tem pé nem cabeça. Afinal de contas, a gente está foragido? A gente tá com a prisão decretada depois dessa decisão, se for positiva ou negativa? Porque, poxa, eu tô vendo que todo mundo tá vivendo sua vida. Alguns se mudaram para outro estado porque é trabalho. Agora a gente não, a gente está há um ano nessa luta aí. Então nós somos foragidos para viver fugindo? Estar em outro lugar? Não é possível isso. Entendeu? Bota isso para eles. Pode falar que é a minha palavra mesmo, quero saber o fundamento disso. Eu não vou sair do Rio para morar em São Paulo".

MÁRCIA AGUIAR NASCEU no Rio de Janeiro em 1º de outubro de 1971. Passou a viver com Queiroz em 2001, aos trinta anos. O relacionamento, porém, começara no ano anterior, com o nascimento de Felipe, o único filho deles. Ela já tinha outros dois filhos, Fernando e Evelyn Mayara, de sua relação com outro paraquedista da reserva, Márcio Gerbatim. Queiroz tinha três filhas do primeiro casamento: Nathália, Evelyn e Melissa. O casal passou a morar numa casa numa vila, na Taquara.

Foi lá que Márcia viveu uma das maiores dores de sua vida, quando seu filho mais velho se matou com um tiro disparado por uma arma de Queiroz, em março de 2012. E esse não foi o único episódio difícil ali.

Na manhã de 1º de março de 2008, Márcia esteve na Delegacia Especializada de Atendimento à Mulher de Jacarepaguá para registrar um boletim de ocorrência contra Queiroz. Horas antes o casal havia tido uma discussão e ele "partiu para cima" dela, desferindo "vários socos na cabeça, costela e [nos] braços". Não era a primeira vez que sofria agressões dele, embora não tivesse registrado as anteriores. No boletim, ela expressou "desejo de representar criminalmente" contra o companheiro e pediu medidas protetivas. Naquele momento, Márcia não indicou testemunhas e disse que não tinha lesões aparentes. A delegacia a encaminhou para exames no Instituto Médico Legal às 6h43 daquele dia e, em seguida, para a Defensoria Pública, munida de um pedido de medida protetiva a ser apresentado ao Tribunal de Justiça. Márcia não foi ao IML nesse dia, nem nos seguintes.

Horas depois Queiroz foi à 32ª Delegacia de Polícia, a mesma na qual costumava registrar suas ocorrências quando integrava o 18º BPM, e fez uma queixa de lesão corporal contra Márcia. Registrou que tinha sido agredido com socos, tapas e pontapés. A mulher tentou pegar sua arma, e por isso ele teve que reagir. Uma semana mais tarde, Queiroz compareceu à Delegacia da Mulher para prestar depoimento. Disse que os dois viviam bem, mas "esporadicamente ocorrem discussões normais de casal". Sobre a denúncia de Márcia, admitiu as agressões, mas contou ter sido agredido. Nas suas palavras, "o casal teve uma discussão por motivo familiar e os dois entraram em vias de

Marionetes do "Anjo"

fato". Defendeu-se dizendo que nunca havia se envolvido "em ocorrência de violência doméstica".

O tempo passou e em 25 de abril Márcia Aguiar foi à Defensoria Pública e retirou o pedido de medida protetiva que havia feito. Anotou de próprio punho: "Declaro que não preciso de proteção (medida protetiva) e não pretendo continuar com o processo criminal". O inquérito ficou parado por bastante tempo, até que, em 30 de setembro de 2010, o MP arquivou a denúncia.

Quando tudo isso aconteceu, Márcia estava lotada na Alerj como consultora especial de Flávio para assuntos parlamentares. Trabalhava, porém, como cabeleireira. Mais tarde, em 2015, chegou até a oferecer esses serviços em seu perfil no Facebook: "escova de tratamento para realinhamento e hidratação dos fios" por 220 reais, "sem formol". No RH da Assembleia, ainda era assessora.

Vaidosa, a cabeleireira sempre registrou com muitas selfies os looks com que ia às festas. Loira, o cabelo escovado e devidamente maquiada, ela prezava a intimidade com o clã Bolsonaro. Em 21 de março de 2015, quando Bolsonaro começava a se projetar candidato a presidente, ela acompanhou Queiroz a uma festa de aniversário dele. Ao entrar no restaurante Fratelli, na Barra, os dois tiraram fotos e fizeram questão de postar no Facebook. Um ano antes estiveram no aniversário de Michelle e, meses depois, no de Laura, a caçula do presidente. A proximidade e o convívio entre os Bolsonaro e os Queiroz não eram segredo. Carlos até interagia com os filhos do policial nas redes sociais.

Por anos eles viveram bem sob a proteção do clã, com vagas em diferentes gabinetes. Chegaram a ter oito familiares nomeados. Angela Melo Cerqueira, ex-cunhada de Queiroz, foi a primeira, entre 2006 e 2007. Em seguida, Márcia Aguiar e Nathália em 2007, lotadas no gabinete de Flávio na Alerj. Mais tarde até Márcio Gerbatim, ex-companheiro de Márcia, e um sobrinho dele. A engrenagem funciona como uma dança de cadeiras: sai um, entra outro. Nos últimos anos de Flávio na Alerj, entraram Evelyn Queiroz e Evelyn Mayara Gerbatim, respectivamente, filha e enteada de Queiroz. Evelyn Mayara ocupou a vaga da mãe, Márcia, mulher de Queiroz, a partir de setembro de 2017. Nathália deixou o lugar no Rio para a irmã Evelyn e ocupou um cargo no gabinete de Jair, em Brasília.

Além dos salários, os assessores também tinham acesso a benefícios. Valores para alimentação, transporte e gastos com educação. Mas existiam algumas regras. Os funcionários recebiam uma cota mensal como auxílio educação para cada filho, com limite máximo de três crianças. Em 2007, o benefício era de 447,25 reais. Mas se o pai e a mãe fossem funcionários da Alerj, o auxílio valia para apenas um deles, não era cumulativo. Como não estavam formalmente casados e não disseram à Alerj que viviam juntos, Márcia Aguiar e Fabrício Queiroz recebiam o benefício para todos os seis filhos. Com isso, chegaram a embolsar mais de 376,5 mil reais só de auxílio-educação. A Alerj até identificou que os dois tinham um filho juntos e a possibilidade de formarem um casal, mas o RH não checou as declarações dos dois negando a união. Nenhum funcionário do departamento de pessoal ou da Procuradoria deu uma olhadinha nos perfis do Facebook da dupla.

Em 30 de dezembro de 2018, Queiroz se internou no Albert Einstein, em São Paulo, para operar um tumor no intestino.

Quatro dias antes havia dado uma entrevista para o SBT contando que estava doente. Por isso faltara às convocações para se explicar como havia movimentado mais de 1 milhão de reais se não recebia o suficiente para isso.

Mas, apesar do clima tenso, os Queiroz mantinham o espírito galhofeiro. Na véspera da cirurgia, 31 de dezembro, gravaram um vídeo dançando e gargalhando no quarto do hospital. Ao rodopiar com um suporte para soro e medicamentos intravenosos, ele fez até um sinal de positivo com as mãos. Quando o vídeo vazou, não faltou quem duvidasse que o câncer era uma desculpa. O clã Bolsonaro não aprovou a divulgação do vídeo, mas logo em seguida a defesa de Queiroz forneceu ao MP ampla documentação dos exames e da cirurgia. A internação no Einstein chamou a atenção porque dias depois da alta de Queiroz foi a vez de Bolsonaro fazer uma cirurgia no mesmo hospital. A coincidência era comentada nos bastidores devido às dúvidas sobre quem estava custeando as despesas médicas de Queiroz. Mais tarde, esse detalhe suscitaria o interesse dos promotores do Rio que o investigavam.

Em janeiro de 2019, porém, a principal preocupação de Queiroz era se manter longe dos holofotes. Para tanto, ele precisava de um lugar discreto e inacessível à imprensa. As questões jurídicas seriam resolvidas por seus advogados. Na estratégia de Wassef, importaria ganhar tempo e fazer com que o problema de Flávio caísse no esquecimento. Assim, Queiroz partiu para o primeiro esconderijo: um apartamento de duzentos metros quadrados de frente para a praia de Pitangueiras, no Guarujá, litoral paulista. O imóvel, da mãe de Wassef, abrigou o policial por cerca de quatro meses. Márcia o visitava com certa frequência, mas voltava ao Rio para ficar com os filhos.

146   *O Negócio do Jair*

Apesar de seguir as orientações do Anjo, Queiroz tomou suas precauções. Antes de sair do Rio, anotou uma série de contatos para a mulher acionar em caso de emergência. Preencheu 49 páginas de uma pequena agenda em cuja capa havia a imagem de um homem vestido de branco e a frase "Jesus Misericordioso". Nas primeiras páginas ele registrou os números de alguns policiais amigos e do deputado estadual Rodrigo Amorim, além do deputado federal Lourival Gomes, dono do time de futebol amador onde Felipe jogava. A partir da página 17, os celulares de Flávio e Fernanda Bolsonaro, e na página seguinte, de Jair e Michelle. Também anotou o contato do policial do Bope Max Guilherme Machado de Moura, assessor especial do presidente, além de Alexandre Santini, sócio de Flávio na loja de chocolates. Mais para o final, escreveu o número de "Vitor, advogado do Flávio" e "caso do Queiroz". O telefone era de Victor Granado Alves. O telefone da mãe de Adriano da Nóbrega também estava lá.

O policial entregou a agenda a Márcia, que passaria a registrar os gastos com o tratamento do marido. As duas consultas custaram 1,4 mil reais. A cirurgia sairia por 60 mil reais e o tratamento na oncologia 9 mil reais. Já o custo da internação, a despesa hospitalar, mais 70 mil reais. Exames e hotel dos primeiros dias: 6 mil reais. Passagens de avião: 1,6 mil reais. Total: 148 mil reais. "Dinheiro recebido": 174 mil reais. Ao lado, Márcia ainda registrou, entre parêntesis, "sobrou 26 mil reais".

Na agenda, ela anotou outras despesas, instruções, senhas e orientações para administrar a casa no Rio. E o que dizer num eventual depoimento. Primeiro: "fazer ponte entre a população e o político", já que "nosso deputado nem sempre podia estar com seus eleitores por diversos compromissos. E aí que

nós acessores [sic] fazemos essa parte entre eleitor e deputado".
Segundo: "Éramos escolhido para representar o deputado em
eventos importantes as quais ele não podia comparecer, ano-
tando as demandas da população e dando feedback aos cidadãos (por exemplo)". Terceiro : "Eu realizava pesquisas diversas
que tenham como objetivo identificar as demandas dos cidadãos e constatar quais ações o político deve tomar para trazer
benefício a população". Um ano e meio depois essas agendas
seriam apreendidas e as anotações, divulgadas.

Em 16 de janeiro de 2019, Danielle Nóbrega contou a Queiroz, por WhatsApp, que fora intimada pelo mp dias antes: "Eu
já fui orientada. Ontem eu fui encontrar os amigos". Mas a
ex-mulher de Adriano também estava tensa. Reclamava das
contas, demonstrava nervosismo. Danielle se queixou a uma
amiga, "Paty", que lhe disse que o ex tinha de dar um jeito de
manter os repasses de dinheiro. "Isso [vaga no gabinete] foi ele
[Adriano da Nóbrega] que arrumou, nem era uma coisa assim
digamos legal", escreveu Paty, lembrando que a amiga "podia
ter se enrolado". Em outra conversa, com "Meme", Danielle admitiu: "Enfim amiga… por outro lado, eu não [sei] se comentei
com você, mas eu já vinha um tempo muito incomodada com
a origem desse $ na minha vida. Sei lá, Deus deve ter ouvido".
A Polícia Civil e o mp estavam prestando toda a atenção nas
pessoas ligadas a Adriano Nóbrega, tanto que seis dias depois
Danielle, ainda de pijama, foi acordada por uma operação de
busca e apreensão. Era o começo da Operação Intocáveis. De
lá, os policiais saíram com documentos e seu celular, com todas as mensagens trocadas com Queiroz.

Naquele dia, 22 de janeiro, treze pessoas foram denunciadas por assassinato, extorsão e outros crimes. Algumas foram presas. Nóbrega estava na lista dos que deviam ser presos, mas não foi localizado. Acabava, enfim, o segredo guardado até entre os promotores do MP do Rio: a ex-mulher do capitão Adriano da Nóbrega fora assessora de Flávio Bolsonaro por onze anos, e a mãe de Nóbrega, Raimunda, por outros dois anos e meio.[1]

Não era tudo. Flávio e Carlos Bolsonaro haviam prestado homenagens ao policial. Também veio à tona um discurso de 2005 do então deputado federal Jair Bolsonaro a favor do miliciano. Escondido no apartamento da família de Frederick Wassef, Queiroz teve que assumir a responsabilidade e admitir que fora ele o responsável pelas indicações de Danielle e Raimunda.

MÁRCIA AGUIAR PASSARIA o ano de 2019 viajando entre São Paulo e Rio. Quando falava com amigos, Queiroz tergiversava sobre sua localização, mas dizia sentir falta da vida que tinha antes. E, ignorando o perigo, tentava atuar nos bastidores. Em março, ele trocou mensagens com um conhecido e admitiu que, no fim de 2018, havia conversado com Bolsonaro sobre uma assessora lotada no gabinete de Carlos.

O presidente lhe teria falado de sua preocupação com o assédio dos jornalistas que batiam à porta de uma casa utilizada como escritório político em Bento Ribeiro, na Zona Norte. A caseira era Cileide Mendes, que trabalhava com a família desde 2001. Esteve lotada no gabinete de Carlos por quase vinte anos, mas sua ocupação, antes de cuidar daquela casa, fora como babá de Jair Renan e de Ivan, primeiro filho de Cristina. Na

Marionetes do "Anjo" 149

troca de mensagens, Queiroz disse que Bolsonaro lhe contara não ter outra alternativa a não ser tirar Cileide do esquema: "Na época, o Jair falou para mim que ele ia exonerar a Cileide porque a reportagem estava indo direto lá na rua e para não vincular ela ao gabinete. Aí ele falou: 'Vou ter que exonerar ela assim mesmo'. Ele exonerou e depois não arrumou nada para ela não? Ela continua na casa em Bento Ribeiro?". Ela havia sido demitida em janeiro, no que pareceu uma nova operação limpeza, já no auge das notícias sobre o gabinete de Flávio Bolsonaro. Mesmo assim ficou morando no local por bastante tempo.

Queiroz não negava estar aflito com os rumos da investigação sobre Flávio. Meses depois, em junho, conversou com um amigo e queixou-se das restrições para circular, até porque não conseguia fazer seus trabalhos de espionagem para os Bolsonaro. Irritado, comparava sua situação à de Adélio, o homem que fez um ataque à faca contra Bolsonaro e estava encarcerado numa prisão de segurança máxima. Queiroz avaliava Adélio como um privilegiado por estar incomunicável no cárcere, o que impedia que as pessoas de confiança de Bolsonaro descobrissem um suposto mandante para o atentado.

Nas palavras de Queiroz, se ele não estivesse com a investigação do MP, ele e os homens de confiança iriam "desvendar" o caso: "Se eu não estou com esses problemas aí, cara, a gente de bobeira, não ia ter que ficar fazendo muita coisa, com eles lá em Brasília, podia estar aí igual a você aí, andando, entendeu, aí dava para investigar, infiltrar, botar um 'calunga' no meio deles, entendeu? Para levantar tudo. A gente mesmo levantava essa parada aí. É o que eu falo, pô, o cara lá [Adélio] tá hiperprotegido". Na sequência, no mesmo desabafo, Queiroz se ressente de uma ajuda mais efetiva para acabar com o caso da rachadinha: "Eu não vejo ninguém mover nada para tentar me ajudar aí. Entendeu? Ver, tal. É só porrada, cara, o MP está com uma pica do tamanho de um cometa para enterrar na gente e não vem ninguém agindo".

Depois do Guarujá, o policial passou uns dias em São Paulo e, a partir de junho de 2019, instalou-se num sítio de Frederick Wassef, em Atibaia. Pouca gente conhecia seu paradeiro — sua família e os advogados de Flávio, Victor Granado, Luis Gustavo Botto Maia e Frederick Wassef. Mas até no governo havia quem desconfiasse de que o presidente e os filhos sabiam de tudo.

11. Mensagem na madrugada

"Madalena" revela caminho do esquema até Jair

RIO DE JANEIRO, MAIO DE 2019

"Olá, boa noite!"

Era tudo que a mensagem dizia. Ainda na cama, chequei a hora de envio. Fora de madrugada. Desde a eleição, eu estava atrás de quem tivesse conhecido Jair Bolsonaro ao longo da vida. No início queria compreender melhor a história dele, mas aos poucos vi que ele escondia muito sobre quem de fato era, o que realmente pensava e como agia. Procurei mais de cinquenta pessoas. A partir de 2018, porém, eram poucas as que aceitavam conversar, e com frequência manifestavam medo. No fim de setembro de 2018, enviei uma mensagem a alguém que convivera com Jair por anos: "Oi, como vai?".

Enviei a mensagem por uma rede social que deixava ver onde eu trabalhava — era repórter da redação da *Época* e do *Globo*, no Rio. Tinha esperança de que a resposta chegasse antes de eu revelar o assunto da conversa, mas imaginava que a pessoa iria supor que se tratava de Jair Bolsonaro. A resposta chegou sete meses depois. Respondi imediatamente: "Como vai? Meu nome é Juliana, sou repórter. Desculpa te abordar aqui. Você não me conhece. Quando te mandei mensagem estava fazendo uma matéria no meio da eleição [...]. Toparia conversar comigo por telefone? Gostaria de te ouvir".

Em seguida, escrevi meu telefone e uma hora depois recebi uma longa resposta: "Podemos conversar sobre a situação, mas ainda não sei o que pode acontecer comigo após serem publicadas minhas opiniões. Temo perder meu emprego. Ao mesmo tempo, gostaria de contribuir de alguma forma para desmitificar o 'mito' [...]. Foram anos de convivência com ele e presenciei muita coisa (ruim). Como seria esta entrevista?".

Na sequência, fizemos um acordo para uma conversa sob sigilo. Aqui, ela será chamada "Madalena", como Maria Madalena, figura cercada de mistério, testemunha de parte essencial da história e com muita informação relevante. Ela foi a primeira de outras fontes que presenciaram os bastidores dos gabinetes e a intimidade da família Bolsonaro muito antes de eles conquistarem os postos mais altos da República.

Uma das primeiras coisas que Madalena disse foi que nós estávamos muito focados em Queiroz. Na verdade, tudo dizia respeito ao Negócio do Jair: "Jair Bolsonaro envolveu toda a família nessa história. Tudo passava por ele. Tenho nomes pra passar...".

Essa troca de mensagens durou boa parte daquela manhã e seguiu nos dias posteriores. Madalena pediu off de toda a conversa, mas era possível checar boa parte dos dados por meio de documentos públicos a partir dos nomes completos que ela me forneceu. Solicitei o nome de todos os funcionários de Jair Bolsonaro na Câmara dos Deputados desde 1991. Na Alerj, a transparência é mais restrita. Então comecei a procurar algumas fontes que, sob anonimato, me auxiliaram com informações sobre uma pequena lista de nomes. Parecia um caminho mais

Mensagem na madrugada 153

ágil do que aguardar o retorno de todos os pedidos formais, que pode durar até vinte dias ou mesmo um mês.

Enquanto aguardava os documentos, consegui convencer Madalena a se encontrar comigo cerca de uma semana depois de nosso primeiro contato. Conversamos por muitas horas. Ela repassou vários episódios sobre o início do esquema e seu desdobramento ao longo dos anos, sobretudo durante o casamento com Cristina. Ao final, ela me disse que eu poderia ouvir uma gravação, mas com algumas condições: só podia ouvir, não poderia publicar e, claro, precisava manter o seu anonimato. Concordei.

O conteúdo era bastante perturbador. Em um dos trechos mais comprometedores, Andrea Siqueira Valle, ex-cunhada de Jair, admitia muita coisa: "Eu ajudei, ele ajudou, beleza. Certo ou errado [agora] já foi, não tem jeito de voltar atrás". Havia mais, e era tudo muito grave, mas eu não tinha autorização para publicar. Sabia de uma bomba e não podia torná-la pública. Alguns dias depois, saiu a autorização da quebra de sigilo dos investigados no gabinete de Flávio e as informações que Madalena havia me relatado passaram a ter ainda mais importância.

QUANDO VI A LISTA DE NOMES da quebra de sigilo, desconfiei que os investigadores não tinham ideia de que ali existiam tantos familiares relacionados a Jair Bolsonaro. As pessoas listadas não tinham o sobrenome do presidente, pois o parentesco se dava por meio de dois casamentos de Jair. Os promotores pareciam somente querer apurar os funcionários de Flávio desde 2007, ano em que Queiroz entrou para o gabinete oficialmente.

O MP quis evitar um pedido formal de dados à Alerj para não identificar o que estava sob investigação e impedir que o senador soubesse daquelas diligências. Assim, eles optaram por um rastreamento eletrônico, fazendo uma varredura nos diários oficiais da Alerj. A medida também ajudava a identificar pessoas que haviam atuado de modo terceirizado, por meio de indicações de Flávio para comissões.

Mas essa varredura só foi feita a partir de fevereiro de 2019, quando o caso desceu para a primeira instância e foi parar no Grupo de Atuação Especializada no Combate à Corrupção, Gaecc, que funcionava no segundo andar do prédio principal do MP. Antes, o caso estava no oitavo andar do mesmo edifício, a PGJ. E era nítido que lá tudo andava com excessiva cautela e precaução. Tanto é que por seis meses, de julho a dezembro de 2018, a apuração praticamente não saiu do lugar. Além disso, a informação sobre os cheques depositados para a primeira-dama era deliberadamente ignorada pelo MP. Nos bastidores, comentava-se que ela não fora assessora de Flávio e por isso não era investigada.

Era notável o esforço que a cúpula do MP do Rio fazia para ser discreta e não polemizar sobre o assunto publicamente. Uma vez divulgada a existência da investigação, em dezembro de 2018, o primogênito do presidente passou a acusar os promotores de perseguição. No dia 18 de janeiro de 2019, o jornalista da GloboNews Octavio Guedes e o então procurador-geral do MP-RJ Eduardo Gussem foram vistos almoçando em um restaurante no Jardim Botânico. Um apoiador de Jair Bolsonaro fotografou a cena e Flávio passou a acusar os dois de vazamento, sem prova alguma.

No dia anterior, registrava-se a primeira paralisação do caso por ordem judicial. Flávio ainda não havia tomado posse. Con-

Mensagem na madrugada 155

vidado a prestar esclarecimentos ao MP-RJ, ele pediu para antes ter acesso aos autos. Quando sua defesa soube dos pedidos por relatórios sobre movimentação atípica de Flávio, foi um auê. Flávio não atendeu ao convite do MP e foi ao STF pedir, no plantão judiciário, uma liminar para interromper a investigação até que o foro apropriado ao caso fosse "esclarecido". Ainda que no passado ele houvesse criticado duramente o foro especial concedido a políticos com mandato, não seria agora que ele iria levantar essa bandeira. O ministro Luiz Fux, titular no plantão do STF, concedeu a liminar. Meses antes, porém, o STF já tinha decidido, ainda em 2018, que com o fim do mandato encerrava-se o foro.

A defesa de Flávio também passou a dizer que o Coaf violara o sigilo bancário dele. A argumentação era completamente infundada, não havia prova alguma. Os advogados chegaram a inventar que os pedidos dos relatórios tinham sido feitos por e-mail ao órgão, o que era falso. Para sustentar a falácia, a defesa de Flávio fez referência a trocas de mensagens internas restritas a integrantes do MP. Com isso conseguiram simular uma confusão e Flávio passou a atacar o MP-RJ.

Menos de 48 horas depois, surgiram na imprensa os primeiros dados acerca de um relatório do Coaf sobre Flávio Bolsonaro: ele havia feito 48 depósitos de 2 mil reais no caixa da Alerj em alguns dias entre junho e julho de 2017, quando ainda era deputado.

Os episódios daquela semana deixaram Gussem e os promotores em geral ainda mais receosos em comentar o caso. O procurador-geral nunca mais daria entrevista sobre o assunto. No entanto, quando acabou o recesso do Judiciário, o relator do pedido de Flávio no STF, ministro Marco Aurélio Mello, retornou ao trabalho. Ele já havia adiantado publicamente que costumava "remeter ao lixo" petições como a de Flávio, que contrariavam a jurisprudência estabelecida pelo STF. E foi o que fez.

A investigação então foi retomada no Rio e acabou encaminhada a um promotor da primeira instância, seguindo a decisão do ministro. Por atribuição formal, a investigação foi enviada à 24ª Promotoria de Investigação Penal, comandada pelo promotor Claudio Calo. A papelada mal chegou e foi passada adiante no dia seguinte, pois Calo se declarou suspeito. A imprensa havia noticiado suas posições conservadoras, com ideias próximas às do clã Bolsonaro, e ele logo foi visto como bolsonarista nas redes sociais.

Calo avaliou que corria o risco de ser apontado como parcial qualquer que fosse o resultado da investigação, pois alguns colegas souberam que, logo após a campanha eleitoral de 2018, ele conversara com Flávio Bolsonaro na loja Kopenhagen que o agora senador tinha em um shopping na Zona Oeste. O promotor disse que havia ido expressar preocupação com os rumos que o governador eleito do Rio, Wilson Witzel, queria dar para a segurança pública. A conversa não teria ido adiante, segundo Calo, mas em fevereiro de 2019, com toda polêmica que já existia na investigação da rachadinha, o episódio certamente iria se somar à pilha de dúvidas.

Assim, em nova distribuição no MP, a investigação foi encaminhada para o promotor Luís Otávio Lopes, que por sua vez o encaminhou ao Gaecc. Criado em novembro de 2016, o Grupo de Atuação Especializada no Combate à Corrupção era uma resposta às críticas de que o MP fluminense teria sido leniente com os desmandos ocorridos durante o governo de

Mensagem na madrugada

Sérgio Cabral. Ao todo, sete promotores do Gaecc passaram a trabalhar no procedimento, coordenados por Patrícia do Couto Villela. Ali, uma investigação sobre o patrimônio do senador, arquivada em 2018, foi reaberta e unificada com o novo caso aberto a partir do relatório do Coaf.

O próximo passo era bastante evidente. A única maneira de saber se existiam outros repasses e transferências de Queiroz para Flávio, além de checar se o patrimônio do primogênito de Bolsonaro era compatível com seus ganhos, era por meio da quebra de seu sigilo bancário. Após a varredura eletrônica, o MP decidiu incluir no pedido a quebra de sigilo bancário e fiscal de 86 pessoas e nove empresas.

Assim, e sem conhecimento público, o juiz Flávio Itabaiana, da 27ª Vara Criminal do Rio de Janeiro, recebeu por sorteio eletrônico o pedido de quebra e autorizou o acesso aos dados bancários em 24 de abril de 2019. Ninguém soube de nada até o dia 13 de maio, quando a jornalista Ana Clara Costa,[1] então editora da redação integrada do jornal *O Globo* e da revista *Época*, descobriu a decisão.

Nas 87 páginas do documento, o MP havia pedido a quebra de sigilo de mais de cem nomes entre empresas e pessoas, a maioria das quais de assessores ou ex-funcionários de Flávio. Dez dos nomes que Madalena citara para mim integravam a lista. Depois de muita conversa, ela me autorizou a divulgar a existência da gravação que havia me mostrado e parte de seu conteúdo em uma matéria.[2]

Um novo caminho se abria, com outra linha de investigação que chegava até Jair Bolsonaro e aprofundava o caso, independente da história dos cheques de Queiroz para a primeira-dama Michelle Bolsonaro. Agora era necessário conhecer as histórias das dez pessoas. E a primeira com a qual eu precisava entrar em contato era justamente a dona da voz da gravação que confessava os crimes: Andrea Siqueira Valle.

Em maio de 2019, fui a Guarapari, no litoral do Espírito Santo. É uma cidade pequena, a uma hora da capital do estado, conhecida pelo surfe. Poucos meses antes Andrea mudara de Resende para lá. Havia alugado uma quitinete por oitocentos reais, na praia do Morro, e tentava se estabelecer. Segundo os amigos e vizinhos, a fisioculturista passava por um período de grande aperto financeiro. Procurava emprego diariamente, mas encarava qualquer bico de faxina que aparecesse. Mal conseguia pagar as contas.

Era uma situação bastante estranha para alguém que havia passado vinte anos ganhando bons salários entre os gabinetes de Jair, Carlos e Flávio Bolsonaro, uma média de 10,8 mil reais em valores atualizados. O montante bruto recebido por ela nesse tempo todo era superior a 2,6 milhões de reais, também atualizados.

Depois de alguns dias de pesquisa, havia conseguido um endereço e um número de celular. Só que fiquei com medo de ligar e ela bater o telefone na minha cara. Resolvi tentar uma conversa olho no olho. Cheguei a Guarapari à noite e me hospedei numa pousada a poucas quadras de onde Andrea estava morando. Por volta das nove horas da manhã do dia seguinte, 22 de maio, eu já estava no endereço. Era um prédio pequeno, de dois andares. Do lado de fora, só dava para ver o muro e o portão de alumínio. Eu havia apurado com uma fonte que Andrea estaria na quitinete, mas logo que cheguei recebi uma

Mensagem na madrugada 159

mensagem informando que ela fora fazer compras. Resolvi esperar. Sentei num barzinho que ficava na esquina e lá fiquei uma, duas, três horas. Mexi no celular, tomei água, almocei.

Até que, pouco depois do meio-dia, Andrea passou andando muito rápido. Já não tinha o cabelo comprido como nas fotos do casamento do irmão. Pelo contrário, usava um corte estilo Joãozinho e estava loira. Quase não a reconheci. Vestia uma blusa rosa e um shorts colorido. Saí andando atrás dela e disse: "Andrea...".

Ela virou o rosto para trás, surpresa: "Quem é você?".

"Meu nome é Juliana, sou repórter d'*O Globo*, queria falar sobre a Alerj."

"Não tenho nada a declarar."

Depois disso, ela passou a correr. E eu também, atrás dela.

"Andrea, mas você trabalhou tanto tempo com o senador Flávio..."

"Não tenho nada a declarar."

"As pessoas tão dizendo que você tá com dificuldades. Como alguém que já ganhou até 8 mil reais tá morando nessa quitinete?"

Andrea saiu em disparada até o portão do prédio. Continuei fazendo perguntas, mas ela enfiou a chave, claramente nervosa, abriu e entrou, como se quisesse se esconder. E em certa medida ela tinha razão, pois já sabia que estava com o sigilo bancário quebrado e que os promotores iam ter acesso a tudo que dizia respeito à sua conta.

Fiquei alguns minutos por ali e comecei a conversar com os vizinhos. A vida dela na cidade se resumia a pouco mais de duas quadras, entre a quitinete, a academia, algumas pousadas onde trabalhou temporariamente como faxineira, e uma pizzaria da qual era cliente. Meia hora depois Andrea passou e me viu conversando com um dos funcionários da pizzaria e fez o maior escândalo. Gritou que ia chamar a polícia e decidi ir embora.

No avião, voltando para o Rio, entendi que, para seguir buscando as pistas do esquema do clã Bolsonaro, era preciso ir atrás do passado de outra família, os Siqueira Valle, "assessores" de Flávio Bolsonaro.

QUANDO CRISTINA FOI VIVER COM BOLSONARO, em 1998, Andrea inaugurou a lista de seus muitos parentes que passaram a ter cargo no gabinete de Jair Bolsonaro. O segundo foi José Procópio da Silva Valle, pai de Cristina. José entrou na lista de funcionários de Jair em novembro de 1998, e ficou até 2000. Depois, quando Flávio conseguiu um mandato na Alerj, seu José ganhou outro cargo no gabinete, onde ficou de 2003 a 2008. Tudo isso sem nunca ter saído de Resende para pisar no Congresso Nacional ou no Palácio Tiradentes. Eu precisava falar com ele. Resolvi telefonar para a residência do casal em 27 de maio de 2019: "Alô?".

"Sim, quer falar com quem?"

"Com o seu José."

"É ele mesmo."

"Seu José, meu nome é Juliana. Tudo bem?"

"Tudo bem."

"O senhor trabalhou para o deputado Flávio?"

"Olha, por favor, eu não tenho nada a declarar neste momento, tá bom? Por favor, eu não queria falar nada."

"Eu só quero... É que assim, a Alerj não tem nenhum registro do seu trabalho lá."

Mensagem na madrugada

"Me desculpa, tá? Mas eu não tenho nada a declarar."

"Mas o senhor trabalhou?"

"Nada a declarar, nada a declarar. Obrigado, tchau."

"Alô, seu José? Alô?"

Logo depois ouvi um barulho estranho, como se ele tivesse tentado desligar o aparelho, só que eu continuava escutando. Quer dizer, ele pensou que havia desligado, porém a ligação continuava. Não entendi isso de imediato e o chamei, mas ele não me escutou. Então continuei ouvindo. Alguns segundos depois, ele começou a contar nossa conversa para alguém: "Se eu trabalhei para o Jair. Desliguei na cara dela". Mas, à medida que falava, José inventava coisas: "Ela ficou insistindo se eu tinha dinheiro, se tinha salário para eles, se eu tinha recebido. Aí eu não falei mais nada. Não tenho problema nenhum. Não sei de nada e não vou dar entrevista. Tchau. Bati o telefone".

No início, ele parecia conversar com uma mulher que lhe perguntava a respeito do telefonema. Depois parecia falar com alguém em outro aparelho. E, novamente, reclamava de mim: "Mas toda hora ligam. Quando não é um é outro. Fiquei famoso. Vou cobrar lá a minha imagem, um velho gostoso. Ah, sim, isso aí vai acabar em pizza mesmo. Vai dar em nada. Tão fazendo isso tudo para derrubar o homem lá em cima, mas vai ser difícil. O que eles podem fazer? Nada. A gente não pode falar muito nisso porque pode estar grampeado, entendeu, aí fica meio chato. Mas a gente está tranquilo. Já falei para a Cristina, para a Henriqueta, não vamos falar antes do tempo. Talvez não aconteça nada, vamos ver. Se eu tiver que ir lá, vou lá e falo o que tiver que falar e mais nada. Pior vai ser se for me botar na cadeia junto com o Lula. É, vou tomar umas cachacinhas com ele lá".

O ex-presidente Lula estava preso devido a uma condenação da Operação Lava Jato fazia mais de um ano. A menção a Lula era, além de debochada, curiosa. Em uma conversa íntima, ele próprio mencionava a hipótese de também ir para a cadeia, mas a tensão era mesclada a uma esperança de impunidade — tudo terminaria em "pizza".

Tentei conversar com outros parentes de Cristina listados como assessores de Flávio, como o veterinário Francisco Siqueira, primo de Cristina, mas ele bateu o telefone na minha cara. Descobri detalhes de vários outros "servidores", e então decidimos publicar uma reportagem sobre alguns deles. Foi a matéria que abriu a edição de domingo do *Globo*, em 2 de junho de 2019.[3] Trazia informações sobre quatro parentes de Cristina.

Em seguida sugeri ao jornal um projeto para mapear todos os funcionários da família Bolsonaro. Na apuração para a matéria de domingo, eu tinha entendido uma coisa sistêmica. Bolsonaro usara a própria família, mas não era só isso. Os documentos dos funcionários do clã mostravam que existiam muitas pessoas com sobrenomes parecidos: Fabrício Queiroz, Nathália Queiroz e Evelyn Queiroz; Márcio Gerbatim e Claudionor Gerbatim; Waldir Ferraz, o "Jacaré", também aparecia, junto com a filha, Bárbara Ferraz; Marília de Oliveira Francisco, Jorge Francisco e Jorge de Oliveira Francisco. Existia um modus operandi. Empregar pessoas de confiança e seus familiares.

Só que o volume de informação era imenso. Eu precisava acompanhar o noticiário diário, além de tentar obter pistas de onde estava Fabrício Queiroz. Assim, decidimos fazer uma espécie de força-tarefa com sete repórteres da equipe de política de *O Globo*. Além de mim, participaram Juliana Castro,

Mensagem na madrugada 163

Rayanderson Guerra, Pedro Capetti, Bernardo Mello, Marlen Couto e João Paulo Saconi. Dividimos tarefas. Precisávamos transformar uma pilha de centenas de páginas num arquivo digital no Excel para sistematizar os nomes, cargos, profissões e salários de todos os assessores que um dia haviam sido nomeados pelo clã Bolsonaro. Já tínhamos os dados brutos de Jair e Eduardo. Em seguida obtivemos, agora por um pedido formal na Alerj, a lista dos assessores de Flávio. Mas ainda era preciso monitorar os documentos que não tinham chegado e tentar outras maneiras de obtê-los. Em especial os relativos aos funcionários de Carlos Bolsonaro. Nisso, arrumamos algumas brigas, a principal delas com a Câmara de Vereadores, que se recusava a atender ao pedido e nem sequer dava uma justificativa.

Foi aí que Rayanderson Guerra resolveu tentar a sorte na Biblioteca da Câmara, então no prédio ao lado do Palácio Pedro Ernesto. E deu certo. Em uma tarde de junho de 2019, ele folheou alguns diários oficiais e encontrou nomeações, exonerações e os cargos de pessoas no gabinete de Carlos. Uma consulta analógica, nenhum diário daquela época estava digitalizado. Tínhamos como meta terminar o trabalho até o fim de julho. Então decidimos fazer um mutirão para ler os diários oficiais na biblioteca da Câmara. Na manhã seguinte, Rayanderson, Juliana Castro e eu estávamos lá.

Passamos dias inteiros lendo diários oficiais da Câmara em busca dos assessores de Carlos Bolsonaro desde 2001. Livro por livro, página por página, começamos a notar que havia um padrão também nas nomeações e exonerações. Quase como se os cargos de livre nomeação no gabinete de Carlos fossem herdados por pessoas de uma mesma família. Uma pessoa entrava em determinada ocasião e tempos depois era exonerada para dar lugar a um parente. Andrea Siqueira Valle, por exemplo: em 2006 ela ocupou uma vaga que até então era de seu irmão, André, à época estudante. Como os dois, existiam vários outros casos. Carlos Bolsonaro tinha empregado, aos dezoito anos, sete parentes da ex-madrasta, a maioria dos quais exercia outras atividades.

Decidimos fazer uma reportagem sobre as nomeações que envolviam Cristina e Carlos. Mapeamos detalhes profissionais de cada servidor, seus endereços. Conversamos com amigos, vizinhos, colegas de escola. Levantei até a monografia de fim de curso de duas estudantes que faziam faculdade em Resende e ao mesmo tempo eram assessoras de Carlos no Rio de Janeiro. Fui à Câmara de Resende para tentar falar com Cristina. Autorizada a entrar, subi pelas escadas mesmo. Quando cheguei ao terceiro andar, dei de cara com ela no corredor e fui logo perguntando: "Você pretende falar em algum momento?".

"Não."

"Por quê? E se seus parentes forem acusados de lavagem de dinheiro, peculato, que é o que está recaindo sobre a própria investigação que envolve outros assessores?"

"Eles vão responder. Nada a declarar."

Enquanto eu estava em Resende, Juliana Castro, que trabalhava comigo, achou uma cunhada de Cristina em Juiz de Fora, Marta Valle, casada com o primogênito de seu José. Marta constou como assessora de Carlos Bolsonaro por sete anos e meio, entre novembro de 2001 e março de 2009. Sem sair de Juiz de Fora.

"Em qual gabinete que você trabalhou?"

Mensagem na madrugada

"Eu não trabalhei em nenhum gabinete, não. Minha família lá que trabalhou, mas eu, não."

"Ah, entendi. É porque tem seu nome nomeada, durante nove anos lá."

"É, mas não fui eu, não. Foi a família do meu marido, que é Valle, que trabalhou."

"Mas você sabia que tinha sido nomeada?"

"Mas logo em seguida já me tiraram do cargo."

"É, mas é que tem nove anos."

"Olha, eu prefiro não dar nenhum depoimento. Você me desculpa, tá?"

A reportagem citava vários membros da família de Cristina lotados no gabinete de Carlos durante o período em que ela era a chefe. Depois dessa matéria, o MP passou a investigar Carlos e Cristina. O caso guardava semelhanças com o de Flávio e Queiroz. A matéria era bastante detalhada. Falamos de quase duas décadas de assessores de Carlos Bolsonaro, mostramos que, além da prática de nepotismo, havia um chefe de gabinete que nem crachá tinha, e ainda por cima morava a mais de 160 quilômetros do local de trabalho. Publicamos até o áudio da entrevista com Marta Valle. Mesmo assim, a maior parte dos veículos de comunicação não repercutiu a história. O MP, porém, leu e imprimiu uma versão da reportagem para análise.

Nos dias seguintes, continuamos trabalhando. Queríamos saber quantos funcionários o clã teve, desde 1991, que cumpriam aquele padrão de nepotismo e funcionários-fantasmas. Mapeamos pessoas e suas famílias por todos os meios possíveis. O clã Bolsonaro, Jair e os três filhos mais velhos, usou seus mandatos em três Casas Legislativas do Brasil para nomear 286 pessoas que constaram como seus assessores. Desse total,

102 tinham algum laço familiar entre si e pertenciam a 32 familiares diferentes.

Pessoas da família do presidente, seus sogros de dois casamentos, duas de suas mulheres e vários policiais de sua confiança e suas famílias, todos envoltos em uma teia de suspeição sobre como e para que eram realmente usados os gabinetes da família Bolsonaro. Esse padrão de nomeações sugeria um modus operandi. Primeiro, vinha a prática de nepotismo. Nomeavam-se familiares, até por intimidade. Depois, amigos próximos e seus respectivos parentes, também por confiança. A primeira parte do esquema indicava uma tentativa de manter controle sobre as pessoas.

Depois de levantar a lista completa dos nomes e as relações familiares, aprofundamos a segunda etapa sobre a existência de funcionários-fantasmas. A suspeita era de que a entrega ilegal de salário, a rachadinha, era, sobretudo, praticada entre os que não trabalhavam efetivamente.

Assim, fomos pesquisar em bancos de dados públicos, arquivos do tribunal de justiça e redes sociais para conhecer o perfil profissional dos nomeados. Dali, identificamos indícios de que pelo menos 37 assessores do total tinham outros trabalhos, profissões e as mais diversas atividades em uma situação incompatível com quem seria assessor parlamentar. Eram babás, donas de casa, homens e mulheres que trabalham com serviços gerais, aposentados, entre outros. Ou seja, tratava-se de funcionários-fantasmas.

Nesse quadro geral, também chamava a atenção que, mesmo alguns que não tinham parentes nomeados, igualmente atuavam em outros serviços e atividades de modo concomitante. O que tornava impossível que fossem realmente

Mensagem na madrugada

funcionários do clã nas Casas Legislativas. Portanto, estava desenhado que o esquema criminoso podia contemplar tanto os assessores com parentes quanto os demais.

E, enquanto levantávamos os dados dos assessores, também detalhamos os valores recebidos por eles. O grupo de 102 pessoas com laços familiares entre si, por exemplo, obteve no período em que esteve nomeado, em algum dos anos entre 1991 e 2018, um total de 80 milhões de reais, em valores atualizados pela inflação. Já entre os assessores-fantasmas os valores de salários recebidos alcançaram 36 milhões de reais corrigidos. Na outra ponta, um contraste. Uma boa parcela do grupo tinha uma vida bastante simples e com dificuldades para se sustentar. Pessoas como a fisiculturista Andrea, ex-cunhada do presidente.

A primeira reportagem saiu no domingo, 4 de agosto. Jair Bolsonaro reagiu bem à sua maneira. Primeiro, criticou: "Empreguei mesmo, e daí?". Dois dias depois, em um discurso para empresários no 29º Congresso & ExpoFenabrave, deu um recado a um jornal do grupo Globo: "Essa imprensa que eu tanto amo. Até sobre a matéria de domingo, sobre 102 parentes, eu queria dizer que eu não sou o deus Príapo. Então, ontem assinei uma medida provisória que fala sobre publicação de balanços referentes às empresas de capitais aberto. Quantas vezes nós abrimos os jornais e temos ali balanços de grandes empresas, como a Petrobras, dezenas de páginas, bem como outras empresas não estatais, também com algumas páginas publicando seu balanço. Então, para ajudar a imprensa de papel e para facilitar a vida de quem produz também, a nossa medida provisória faz com que o empresário possa publicar seus balanços a custo zero em sites da cvm ou no *Diário Oficial da União"*, completou. Por fim, rindo, foi direto na ameaça: "Espero que o *Valor Econômico* sobreviva à medida provisória".

Talvez Jair Bolsonaro já soubesse que naquele momento ele tinha dois filhos, e não só um, investigados por esquemas de corrupção dentro do gabinete. Esse número quase chegou a três. Eduardo Bolsonaro é aquele de quem menos se fala nas investigações, o que não significa que não tenha o que explicar. Deputado federal por São Paulo desde 2015, ele está em seu segundo mandato no Congresso. Antes de entrar para a política, foi escrivão concursado da PF, e por algum tempo, entre 2010 e 2014, chegou a trabalhar em São Paulo.

Antes disso, ainda na faculdade, ex-colegas o consideravam um aluno regular, que estudava o suficiente para passar nas provas. Um cara cordial e de bom convívio, que chegava a rir das piadas dos colegas sobre o radicalismo de seu pai — ele nem o defendia quando o chamavam de "maluco".

Nunca se envolveu com grupos políticos de orientação conservadora ou de direita na faculdade; a política não o interessava, tanto que no início da vida adulta ele dizia explicitamente que não tinha vontade de seguir a carreira da família. Dividia o tempo entre as aulas, as ondas nos fins de semana e as ficantes. Uma ex-colega contou que ele era notado nos corredores da UFRJ, lembrava o cantor Nick, da boyband Backstreet Boys, com o cabelo loiro, liso, repartido ao meio. Visto como um playboy — era um dos poucos a ir de carro para a faculdade —, Eduardo também frequentava os eventos esportivos organizados pelos colegas do direito da UFRJ.

Com o tempo, ele mudou. Agora, quem o conheceu diz que não podia imaginar que ele trilharia o caminho do pai de maneira tão, aparentemente, convicta. Não apenas no discurso,

Mensagem na madrugada

mas também nas operações financeiras. Eduardo usou um total de 150 mil reais em dinheiro vivo para quitar duas aquisições. O primeiro caso ocorreu em 3 de fevereiro de 2011, quando ele comprou um apartamento em Copacabana. A negociação foi registrada no 24º Ofício de Notas do Rio. O imóvel, vendido por 160 mil reais, foi em parte pago com um cheque administrativo de 110 mil reais e o valor restante, como foi descrito pelo cartório na escritura, em "50 mil reais através de moeda corrente do país". Outro padrão que Eduardo repetiu foi a imensa capacidade da família de comprar imóvel abaixo do valor de avaliação para efeitos fiscais. O apartamento tinha sido avaliado em 228,2 mil reais, à época. Com isso, Eduardo obteve um desconto de 30%. Em 2016, ao comprar outro apartamento, em Botafogo, ele voltou a quitar o imóvel com dinheiro vivo. Dessa vez, uma aquisição bastante superior. O imóvel custou 1 milhão de reais e o deputado obteve um financiamento junto à Caixa Econômica Federal de 800 mil reais para a compra. No entanto, na escritura, ficou registrado que ele já tinha dado um sinal de 81 mil reais pelo imóvel, sem esclarecer de que modo, e que estava pagando 100 mil reais no ato da escritura — "em moeda corrente do país".

E as coincidências sobre o modo de agir de Eduardo com o pai e os irmãos não param por aí. Como o pai e os irmãos, ele empregou assessores e suas respectivas famílias: entre 2015 e 2018, Jorge Francisco e Jorge Oliveira Francisco, pai e filho, cuidavam respectivamente das chefias de gabinete de Jair e Eduardo Bolsonaro. Os gabinetes funcionavam lado a lado e, como o próprio pai costumava dizer, funcionavam como uma coisa só, os dois de modo unificado, inclusive, com os dois mandatos dos irmãos no Rio.

Nesse tempo, constou como assessora de Eduardo a aposentada Marília de Oliveira Francisco — viúva de Jorge Francisco, morto em 2018, e mãe de Jorge Oliveira Francisco, que com a eleição de Bolsonaro chegou a titular da Secretaria-Geral da Presidência e depois virou ministro do TCU.

Sobre Eduardo ainda circulam histórias de que ele chegou a ter um cofre em seu gabinete na Câmara para guardar dinheiro vivo e que alguns de seus assessores também passaram a cultivar a prática da rachadinha. Gil Diniz, conhecido como Carteiro Reaça, foi seu assessor no primeiro mandato e depois eleito deputado estadual por São Paulo em 2018. No ano seguinte, um dos funcionários de Diniz o acusou de cobrar a entrega de parte do salário e chegou a denunciá-lo ao MP de São Paulo. A quebra dos sigilos bancários até mostrou saques próximos às datas de pagamento, mas o MP não encontrou provas de que o deputado saiu beneficiado e arquivou o caso mais tarde.

A história de que Eduardo também fizera uso de dinheiro vivo para a compra de imóveis chegaria até a PGR após uma reportagem que fiz com Chico Otavio no jornal *O Globo*, em 2020. No entanto, a cúpula do MPF, sem nenhuma diligência para apurar a origem do dinheiro, arquivou o procedimento, como boa parte das suspeitas sobre a família Bolsonaro que chegaram até Augusto Aras, procurador-geral escolhido pelo presidente para dois mandatos na liderança da instituição. Por anos, Eduardo ficaria em silêncio, sem responder aos questionamentos sobre o assunto.

12. O pedido ao miliciano amigo

*Queiroz pede ajuda a Adriano da Nóbrega para acabar
com caso da rachadinha*

SÃO PAULO, FEVEREIRO DE 2019

No sítio de Wassef, Queiroz tomava uma série de cuidados.
Desligava o celular pouco antes de chegar ao endereço onde
estava escondido e instruiu os familiares a fazer o mesmo.
Dizia para a família apagar as mensagens e evitava ligações
na linha convencional do telefone.

Quando já estava recuperado da cirurgia, ele resolveu encontrar seu advogado, o criminalista Paulo Klein, para redigir
alguns esclarecimentos ao MP fluminense. Ninguém é obrigado a falar durante a fase de investigação. No entanto, soava
como admissão de culpa a ausência de explicações de alguém
que queria parecer inocente. Depois que a entrevista que dera
ao SBT fora avaliada como desastrosa, a defesa achou melhor
tomar precauções e fez um depoimento por escrito. Assim,
Klein e Queiroz se reuniram no Hotel Ibis, perto do aeroporto
de Congonhas, e elaboraram um documento.

Luis Gustavo Botto Maia, um dos advogados de Flávio, havia sugerido que Queiroz dissesse que, para melhorar a votação do deputado, o policial teria passado a atuar como chefe de
gabinete informal e começara a coletar dinheiro dos assessores

para, posteriormente, fazer outras contratações de funcionários "por fora". Sua intenção era ampliar o trabalho de base e o eleitorado, e, nessa fábula, Flávio não saberia de nada.

E foi isso que constou do documento que Klein protocolou junto ao MP. Surgia outra justificativa para os "rolos" que apareceram no relatório do Coaf. Só que a história, além de admitir uma ilegalidade, parecia uma anedota. Ainda mais depois que Agostinho Moraes da Silva, outro policial que fora assessor de Flávio, prestou depoimento no MP em janeiro de 2019 e confessou entregar dois terços do salário para Queiroz. Mas a versão do assessor para a entrega era outra: investimento na compra e venda de carros.

Nos corredores do MP, aqueles depoimentos soaram como confissões. Avaliava-se, porém, que as investigações precisavam se aprofundar para mostrar e identificar o destino do dinheiro depois que era depositado para Queiroz. E o policial, mais que à sua própria defesa, ouvia Frederick Wassef. O advogado da família Bolsonaro usava-o como marionete e garantia que cuidaria do problema: em breve ele iria resolver o caso no STF.

LONGE DA POLÍTICA, Queiroz reclamava do ócio e da falta de dinheiro. A família vivia dias duros. Todos tinham perdido o emprego no gabinete de Flávio e agora dependiam da aposentadoria de Queiroz. Nathália, a personal trainer, estava sem alunos por causa do escândalo. Contra a vontade de Wassef, ela voltou ao Rio, mas não durava nos empregos. Assim que descobriam quem era seu pai, ela acabava saindo.

Depois de uma década ao lado de Flávio, Queiroz sentia falta do cotidiano dos gabinetes e da Alerj. O sonho de acompanhar

O pedido ao miliciano amigo

os Bolsonaro na presidência havia se frustrado, sentia-se enjaulado. E, para se envolver um pouco na antiga rotina, gradualmente voltou a se comunicar pelo celular com mais frequência e menos cuidado. A partir de março de 2019, passou a enviar mensagens aos amigos, em geral por áudios de WhatsApp. Via aquilo tudo "atrasando" a vida dele e da família. Recluso no sítio de Atibaia, torcia pelos movimentos de Wassef: "Torcendo para essa pica passar. Vamos ver no que vai dar isso aí para voltar a trabalhar, que já estou agoniado", confessou.[1]

Queiroz desabafava com amigos que seu sonho era voltar para a política, fazia planos dentro do PSL. Em um áudio a um conhecido, disse: "Politicamente, eu só posso ir para o partido. Trabalha isso aí com o chefe aí. Passando essa ventania aí, ficamos eu e você de frente. A gente nunca vai trair o cara. Ele sabe disso. E a gente blinda, a gente blinda legal essa porra aí. Espertalhão não vai se criar com a gente".[2]

Como evitava contato direto com Bolsonaro, Queiroz acompanhava pelo noticiário o desenrolar das brigas entre o governo e o então presidente da Câmara, Rodrigo Maia. Não entendia o uso do Twitter para anúncio de medidas e ataques a adversários, iniciativa implementada por Carlos Bolsonaro. O policial então opinava e enviava recados para "parar com esse lance de Twitter" porque estava "pegando mal pra caralho". Na visão do policial, Bolsonaro tinha que "focar no governo".

Pouco afeito à institucionalidade dos cargos, sugeria que o presidente usasse Moro para atacar Maia — que se servisse de um órgão de Estado para perseguir um adversário político: "Estão fazendo chacota do governo dele. Rodrigo Maia está esculachando. As declarações dele humilham o Jair. Jair tinha que dar uma porrada nesse filha da puta. Botar o Sergio Moro para ir no encalço dele".

Queiroz falava, falava, falava, e Nathália desaprovava. A personal tinha se tornado braço direito do pai para resolver os problemas no Rio de Janeiro, já que Márcia vivia viajando. Era da primogênita, por exemplo, a responsabilidade de lidar com os advogados e cuidar de documentos do processo. Ao se ver envolvida no escândalo, ela se arrependeu de ter confiado no pai, mas precisava ajudar a família a lidar com as consequências. O problema é que ela notava que o pai continuava metido a fazer contatos com políticos e discutindo indicações a cargos, e isso a irritava e causava discussões entre os dois.

Queiroz continuava fazendo o que pensava ser melhor. Em junho de 2019, matutava soluções para ajudar a família a pagar as contas. Também era um jeito de se manter no jogo. Então, numa conversa com um amigo, sugeriu em um áudio: "Tem mais de quinhentos cargos lá, cara, na Câmara, no Senado. Pode indicar para qualquer comissão ou, alguma coisa, sem vincular a eles [família Bolsonaro] em nada. Vinte continho para gente caía bem para caralho. [...] Caía igual uma uva". O amigo ouviu. Os dois avaliavam que Bolsonaro estava se distanciando do grupo mais antigo e deixando para trás pessoas que eles consideravam de confiança. Ambos se sentiam perdendo espaço.

O dinheiro andava curto e chegava alguma ajuda pelo antigo amigo da polícia, o miliciano Adriano da Nóbrega e ainda por pessoas que só Queiroz e a família sabem quem são.[3] Quando Márcia não estava no Rio, era Evelyn Mayara, filha dela, a responsável por receber os valores para pagar as contas da casa e as despesas das filhas de Queiroz. A mãe orientava

O pedido ao miliciano amigo   175

a filha por mensagens no celular. Em 3 de setembro de 2019, Márcia escreveu para Evelyn Mayara: "Sabe me dizer se deram o dinheiro do mercado e das coisas da Melissa? Não manda áudio". Na sequência, a filha disse: "Deram".[4]

Quase sempre valores recebidos em dinheiro vivo, o que não permite um rastreio da origem. No hospital Albert Einstein, eles já tinham feito pagamentos assim, como descobriu o jornalista Chico Otavio, do *Globo*. Mais tarde, Julia Lotufo contaria que o marido, Adriano da Nóbrega, entregaria uma parte dos 135 mil de que Queiroz precisava para custear o tratamento inicial do câncer.

Por todas essas coisas que eles não podiam ou não queriam explicar, os Queiroz continuavam fugindo da imprensa. Ou se escondendo, como o próprio ex-assessor. Eu e boa parte da imprensa continuávamos com a missão de tentar saber onde Queiroz estava. Fui então atrás de antigos companheiros dele na polícia e na Alerj.

Perguntei o que pude. Onde ele estava? "São Paulo." Como está de dinheiro? "Mal, vive reclamando." Conversa vai, conversa vem, semanas se passaram até que um deles me enviou um áudio de Queiroz. Era a primeira vez que se ouvia a voz dele em quase dez meses. O policial citava a existência de "Tem mais de quinhentos cargos lá, cara, na Câmara e [no] Senado. Pode indicar para qualquer comissão ou, alguma coisa, sem vincular a eles [família Bolsonaro] em nada. Vinte continho aí para gente caía bem para caralho. Caía como uva". Com a publicação, o Brasil conseguiu ouvir Queiroz, finalmente sem filtro. Era outubro de 2019.

Na véspera da publicação, ao pedir uma nota para a assessoria de Flávio, ouvi de um desesperado Frederick Wassef insinuações a respeito da proximidade do julgamento do STF — ele queria perícia da PF para determinar se era Queiroz na gravação. A sugestão era risível, já que o ex-assessor havia me enviado uma nota, por meio de seus advogados, confirmando que o áudio era dele, e também que ele seguia indicando cargos, uma vez que tinha ajudado a eleger muitos parlamentares da base bolsonarista. Queiroz não se importava em continuar sendo visto como alguém influente. Ao saber da posição do policial para a reportagem, Wassef ficou furioso. Foi ver o policial e o repreendeu. E também disse que ele, Queiroz, havia sido "traído".

Quando o áudio vazou e mostrou Queiroz atuando na política, a despeito de todas as investigações, a história pegou mal para os Bolsonaro em um momento avaliado como calmo. Nem em sua família Queiroz conseguiu apoio. Como sua mulher e suas filhas também estavam sendo investigadas, a exposição dele gerou até briga. Nathália ficou indignada e não poupou o pai para a madrasta, Márcia Aguiar. As duas também tinham como hábito trocar áudios no WhatsApp: "Márcia, na boa, cara. Meu pai é muito burro. O que que ele tem que falar essas coisas? Ele não aprendeu com esse monte de merda que aconteceu? Aí vai e ainda fica falando mais de política, gente? Que prazer é esse que ele tem?".

"Agora eu levantei e vi esse negócio [a reportagem] que a Melissa me mostrou aí, eu tô no Rio. Cara, é foda. Não sei quando é que teu pai vai aprender a fechar o caralho da boca dele. Foda. Quando a gente está prestes a conseguir alguma coisa, vem essa bomba aí. Sabe, eu fico puta com ele, mas eu fico com pena. Mas tem que estar do lado dele agora. Vamos pedir a Deus. Apesar que não tem nada comprometendo ele falando de nada, de nenhum deputado, mas já perceberam que

O pedido ao miliciano amigo 177

ele tem acesso com outros deputados também. Enfim, Nathália, é foda, cara."

"Márcia, eu vou te falar. De coração. Eu não consigo mais ter pena do meu pai, porque ele não aprende. Meu pai é burro! Meu pai é burro! Ele não ouve. Ele não faz as coisas que tem que fazer. Ele continua falando de política. Ele continua se achando o cara da política. Então, assim, parece que ele gosta de estar no holofote, de estar no site, de aparecer. Não é possível. Isso não é normal. Não consigo ter pena mais. Antes eu tinha. Agora, não consigo, porque isso daí é toda hora que eu vejo é ele falando de política, é ele falando negócio de vaga, é não sei mais o quê. No aniversário dele foi isso. Quando eu encontro com ele, toda vez é isso. Então, ele não sossega. Parece que não aprendeu. Tomou uma porrada dessa e não aprendeu. E continua fazendo a mesma coisa. Cara, eu fico com vergonha."

"É chato também, concordo. É que ainda não caiu a ficha dele que agora voltar para a política, voltar para o que ele fazia tão cedo, esquece. Bota anos para ele voltar. Até porque o 01, o Jair, não vai deixar. Tá entendendo? Não pelo Flávio, mas, enfim, ainda não caiu essa ficha dele. Fazer o quê? E eu tenho que estar do lado [dele]. Eu fico puta, Nathália. Concordo com o que você tá falando, também acho. Mas hoje já falei com ele, dei um esporro nele. Aí ele: 'pô, eu tô na merda, mesmo...'. Tá na merda porra nenhuma, pode ficar muito pior. Mas enfim. É foda, cara. Cada hora é uma. Confiar em amigos, entendeu? Nessa vida, a gente não tem que confiar em ninguém. Se bobear, nem na própria família. Ainda mais num caso desse daí. Ele fala da política como se ele tivesse lá dentro, trabalhando e resolvendo. Um exemplo que eu tenho, que parece. Parece aquele bandido que tá preso dando ordens aqui fora.

Resolvendo tudo. Mas é foda. Eu tô com pena dele, sim. Ele não escuta, mas quando está na merda, fazer o quê? Se eu der as costas, fudeu, né?"

"É foda, Marcinha, é foda. É foda. Quando tá tudo quietinho, aí vem uma bomba vindo do meu pai. Para piorar as coisas, o advogado, o oi, todo mundo fica puto, revoltado, com certeza todo mundo vai comer o cu dele falando. Não tenho dúvidas. E ele ainda vai achar normal. Porque você conhece meu pai. Vai falar 'não falei nada demais'. Sempre acha que não é nada demais."

"Mas enfim, pedir a Deus aí pra... Eu tô acendendo minhas velas, fui pagar a minha promessa, ano passado eu fiz, eu acendi vela do começo de outubro até dezembro e agora tô acendendo também. Acaba uma acende outra de sete dias até dia 21 de novembro, pedir a Deus aí pra... Esse negócio qualquer coisa é motivo para falar, né? Vamos ver", desabafou Márcia.

A divulgação do áudio de Queiroz sobre os cargos era o segundo problema de Wassef em menos de dois meses. Pouco antes, nós havíamos noticiado a existência de mensagens entre Queiroz e Danielle Nóbrega, identificadas no celular dela apreendido na Operação Intocáveis. Na conversa, os dois falavam sobre a demissão da ex-mulher de Adriano Nóbrega do gabinete de Flávio. Wassef sentia como se tudo estivesse sendo feito para minar o clima pré-julgamento do Coaf e alimentava suas teorias da conspiração.

No início de dezembro de 2019, o STF terminou de julgar a questão do compartilhamento de dados e a tese de Wassef saiu derrotada. Por unanimidade, o STF decidiu manter o que

O pedido ao miliciano amigo

já funcionava no Brasil havia muito tempo: a legalidade de o Coaf comunicar aos órgãos de investigação eventuais movimentações atípicas. Quando o Supremo estava finalizando esse julgamento, o desespero bateu forte na família Queiroz. Era preciso tomar várias providências. Uma delas seria pedir ajuda ao miliciano Adriano da Nóbrega por meio da mãe dele, Raimunda Veras Magalhães, a Vera (ela odeia o nome Raimunda). De certa forma, ela também estava escondida em Astolfo Dutra, uma cidade no interior de Minas Gerais, esperando pelo fim do julgamento.

Nas primeiras instruções, Queiroz pediu a Márcia para, com o advogado Luis Gustavo Botto Maia, ir encontrar Vera, mas até para discutir um assunto complicado como esse Gustavo sempre tinha certo deboche:

"Bom dia minha amiga, tudo bem? Falando nisso, tem uma reunião amanhã e é importante eu levar cerveja ou já tem cerveja lá?" Mais tarde, na casa de Vera, os três posaram para uma foto segurando uma garrafa de bebida e enviaram o registro para Queiroz pelo celular.

Apesar de o clima parecer festivo, o assunto entre eles era bastante pesado. O mp avaliou, em um primeiro momento, que eles foram à casa da mãe de Nóbrega discutir um plano de fuga. O que se debateu nesse encontro teria sido uma coisa muito diferente: Queiroz queria saber de Nóbrega quem, entre as autoridades públicas do Rio, estava em sua lista de propina e de Bernardo Bello, bicheiro e ex-presidente da Vila Isabel, acusado por assassinatos no Rio. Ele tinha informações de que alguém do Escritório do Crime poderia ter feito pagamentos ao ex-governador Wilson Witzel durante a campanha de 2018. Queiroz queria saber o nome do contato. E de posse da informação, o ex-assessor de Flávio pretendia, numa tentativa escusa, enterrar a investigação da rachadinha.[5]

Ao saber do pedido de Queiroz, Vera chamou Julia, companheira de Nóbrega. Ele não podia participar já que estava foragido da Justiça havia quase um ano. Ela era o contato para chegar ao miliciano. Tempos depois, Julia disse a conhecidos que ficou muito irritada quando chegou ao local do encontro e viu Márcia e Gustavo. Ela não fora informada de que a sogra estava com aquelas visitas, o que não colaborou para a situação de Queiroz. Apesar da contrariedade, Julia informou ao marido o que se passava na casa da mãe dele, e Nóbrega chegou a falar com Gustavo, por telefone, para ouvir o pedido de Queiroz. Mas o miliciano não quis entregar a informação.[6] Anos depois, Julia tentaria contar a história desse encontro em MG para as autoridades, mas não conseguiu.

Naquele dezembro de 2019, Márcia voltou ao Rio sem a informação pedida por Queiroz. E continuou tentando convencer Nóbrega a ajudar a família. Por isso, foi encontrar Vera e Gustavo alguns dias mais tarde, já na capital carioca, para reiterar os pedidos de Queiroz. Mas enquanto eles estavam se articulando, o Ministério Público queria recuperar o tempo perdido. Então, com todos os dados das quebras de sigilo totalizados, fez um pedido de busca e apreensão e entregou ao juiz Flávio Itabaiana, dias depois do julgamento do STF. Os alvos eram vários endereços da família de Queiroz na capital fluminense, e também os parentes de Cristina, a ex-mulher de Bolsonaro, em Resende.

No dia 18 de dezembro de 2019, a operação pegou todo mundo de surpresa. Ninguém imaginava que alguma coisa desse tipo poderia ocorrer naquela semana, dias antes do Na-

O pedido ao miliciano amigo 181

tal. Apesar de Queiroz ter sempre pedido aos parentes que destruíssem as mensagens, ninguém se preocupou com isso. Foi assim que os promotores conseguiram uma das principais provas da investigação: o celular de Márcia Aguiar. Além dos áudios, o telefone dela continha registros da localização do casal por todo o ano de 2019. Esses dados levariam os promotores ao paradeiro de Queiroz em Atibaia.

13. O prisioneiro do sítio em Atibaia

MP faz busca e apreensão e descobre esconderijo
de Queiroz para prendê-lo

RESENDE, DEZEMBRO DE 2019

Cristina chegou bastante agitada à casa dos pais, a poucas quadras da sua, no bairro Morada da Colina, em Resende. Ela cruzou a porta de madeira que fica no meio do muro amarelo-escuro e entrou. O casal mora ali desde 2000. Da rua pouco se vê além da entrada. No fundo do terreno ainda há outra pequena construção.

Marcelo Nogueira viu quando a advogada saiu da casa em que morava na cidade carregando uma sacola com dinheiro vivo, documentos e uma caixa de joias. Mal entrou e imediatamente começou a procurar onde esconder seus pertences. Sua urgência tinha uma razão: ela temia ser despertada nos dias seguintes do mesmo modo como acontecera com alguns de seus familiares naquela semana. Os parentes tinham virado alvo do MP. Ela, ainda não.

O CASAL HENRIQUETA E JOSÉ VALLE ainda estava deitado quando policiais e promotores chegaram na manhã de 18 de dezembro, poucos dias antes da visita de Cristina. Munidos

O prisioneiro do sítio em Atibaia 183

de um mandado de busca e apreensão assinado pelo juiz Flávio Itabaiana, da 27ª Vara Criminal do Tribunal de Justiça do Rio de Janeiro, o grupo entrou e passou a recolher o celular e alguns documentos do ex-sogro de Bolsonaro. Enquanto revistava os cômodos, um agente perguntou pela fisiculturista Andrea Siqueira Valle: "Vocês sabem onde está a Andrea?".

"Não, não sabemos."

"Não sabem onde ela mora?"

"Não."

Os agentes se entreolharam. Era no mínimo curioso que os pais desconhecessem o endereço da filha. Os investigadores andaram pela casa, recolheram alguns objetos e partiram no meio da manhã. Deixaram uma notificação para que José Valle fosse prestar depoimento no dia seguinte, 19 de dezembro de 2019, na sede do MP em Resende.

A casa na Morada da Colina, porém, não foi a única que acordou com a batida dos policiais e promotores naquela manhã. O mesmo ocorreu em outros sete endereços na cidade. Todos aqueles que um dia constaram como assessores de Flávio. Cristina também havia acordado cedo e tentara falar com o ex-enteado várias vezes, em vão. O senador também estava vivendo um dia daqueles e sua última preocupação seria a antiga madrasta.

A operação era apenas parte de uma ação ampla do MP que ainda incluía endereços na capital carioca, onde os alvos eram Fabrício Queiroz e três familiares. O juiz também autorizou buscas em outros oito ex-assessores de Flávio,[1] na casa do policial Diego Ambrósio e em sua empresa de segurança, além de uma empresa de contabilidade. Incluiu também o sócio do senador, Alexandre Santini, e a loja de chocolates dos dois. Um total de 24 endereços diferentes.

NAQUELE 12 DE DEZEMBRO de 2019, faltavam vinte minutos para a meia-noite quando Márcia enviou uma mensagem para Queiroz. Na semana seguinte, o MP daria início a uma operação para coletar provas em diferentes endereços do policial e sua família, mas naquela noite o casal estava alheio a essa possibilidade e conversava pelo celular. Na agenda de Márcia, o número do marido estava registrado sob a rubrica "Hop", uma saudação conhecida entre policiais. Do Rio, ela monitorava se ele estava na casa em Atibaia. Wassef costumava negar publicamente que soubesse onde Queiroz estava ou mesmo que o conhecesse. No entanto, o policial falava abertamente do advogado com a mulher. E, em um dos raros momentos de descontração, o casal riu da possibilidade de Wassef aparecer inesperadamente e flagrar Queiroz com um amigo que ele tinha feito em Atibaia, desconhecido do advogado, dentro da sua casa:

"Já chegou em casa?"

"Positivo."

"Beleza. Não falou nada."

"Estou vendo TV."

"Também estou."

"Eu e Daniel."

"Se Fredy chegar de surpresa, quero ver onde você vai enfiar o Daniel kkkk kkkk."

A conversa terminou à 1h11. Mas o criminalista estava longe: tinha marcado de conversar com o presidente Jair Bolsonaro em Brasília na noite do dia 13 de dezembro. E como o assunto não se esgotou, eles ainda se reuniram no Alvorada logo no início da manhã do dia 14, às oito horas.

Naquela semana, Wassef e Bolsonaro conversavam em Brasília. Dias depois, Márcia e a mãe de Adriano da Nóbrega se en-

O prisioneiro do sítio em Atibaia 185

contraram no Rio. O miliciano seguia foragido, escondido no interior da Bahia, e se comunicava por meio de Julia, sua companheira. Vera repassava os recados do filho e Márcia ainda tentava resolver o pedido de Queiroz levado por ela na reunião que tiveram na cidade Astolfo Dutra, em Minas Gerais, no início de dezembro. Queiroz continuava querendo ajuda do ex-companheiro da polícia que agora fugia das autoridades.

Depois de algumas tentativas de conciliar horários, Vera encontrou Márcia e o advogado Luis Gustavo Botto Maia na noite de 17 de dezembro de 2019. Qualquer que tenha sido o acerto entre eles, o plano não conseguiu sair da mesa porque a operação de busca e apreensão nos ex-assessores de Flávio chegou antes.

Os investigadores bateram tanto à porta do apartamento das filhas quanto na antiga casa em Taquara e no mais recente apartamento da família, em um condomínio novo e de alto padrão, em Jacarepaguá. Ao encontrar quase todos os Queiroz, o MP conseguiu apreender os celulares de Márcia, Nathália, Evelyn e Felipe, além de cadernos, agendas e diversos documentos. A família entrou em pânico: agora os promotores iriam descobrir o lugar onde o policial se escondia.

Na casa de outros funcionários, o nervosismo não foi diferente. Luiza Souza Paes também acordou com os agentes, a despeito das tentativas da mãe, que dizia que "Lulu" não tinha nada a ver com o escândalo de Flávio e Queiroz. Os investigadores saíram carregados de papéis, e inclusive um pen drive com a contabilidade da moça, com o registro dos gastos mensais e do valor real que lhe cabia todo mês após restituir 90% do salário. Entre os documentos, havia contratos de trabalho que revelavam que todo o tempo em que esteve nomeada na

Assembleia, ela atuava em outras empresas. Seu último emprego fora como analista de suprimentos na TV Globo, entre janeiro de 2017 e fevereiro de 2019. Naquele dezembro, ainda desempregada e sentindo-se perseguida pelo imbróglio do gabinete, a estatística finalmente começava a entender que todas as orientações que recebia de seu pai a punham numa posição cada vez mais perigosa. Mas Luiza ainda levaria meses para reagir.

As PRIMEIRAS INFORMAÇÕES de que o MP estava fazendo uma operação para coletar provas sobre o caso chegaram no meu celular no início da madrugada daquele 18 de dezembro de 2019. Eu estava em Park City, nos Estados Unidos, numa rara viagem de trabalho para o caderno de turismo do jornal. Eram 6h55 da manhã quando publicamos a matéria sobre a operação no site do *Globo*. Pouco depois, o Brasil só falava das acusações contra o senador. Mesmo longe, comecei a tentar acessar as razões daquela ação do MP. Jornalistas de todo o país também passaram horas procurando descobrir as provas apresentadas pelos promotores para justificar a operação nas casas de um amigo do presidente e dos familiares de sua segunda mulher, Cristina, que tinham se tornado alvo de mandados de busca e apreensão.

As razões dos promotores foram descritas em 114 páginas apresentadas ao juiz Flávio Itabaiana, da 27ª Vara Criminal do TJ-RJ. Como a investigação estava sob sigilo, só se conheceram os detalhes que tinham embasado a decisão do magistrado horas depois, ainda que eles não tenham sido divulgados oficialmente.

O prisioneiro do sítio em Atibaia 187

Soube que o clima no MP estava pesado naqueles dias. Desde que o caso passara para o Gaecc, em fevereiro de 2019, a cúpula do MP tinha perdido o poder sobre a investigação, mas mantinha observação em cada movimento dos promotores da primeira instância. A decisão de pedir a quebra de sigilo tinha sido uma opção do grupo, por exemplo, algo que a PGJ não tinha feito em quase um ano no comando do caso. E assim o Gaecc foi avançando. Uma vez analisados os dados financeiros dos investigados, um caminho natural seria a coleta de provas, com a apreensão de documentos e sobretudo celulares. Assim, para não perder mais tempo, os promotores resumiram algumas das principais descobertas nas contas bancárias de Queiroz, Flávio e outros investigados.

Veio então o primeiro atrito com a cúpula do MP. Embora o procurador-geral de Justiça do Rio à época, Eduardo Gussem, não fosse mais o titular do caso na promotoria, é praxe que os promotores de primeira instância avisem o comando da instituição antes de operações de grande repercussão. Apenas um aviso, não precisam de um aval. Só que, no caso de Flávio, quando a equipe da PGJ leu o documento e viu que na lista de endereços da operação estava a loja de chocolates, a cúpula do MP tentou vetar a busca no local.

Tanto o Gaecc como o procurador-geral do MP e sua equipe trabalhavam no edifício principal da instituição, na avenida Marechal Câmara, no número 370, no centro do Rio. Assim que o recado da cúpula saiu do oitavo andar e chegou ao segundo andar, os promotores sentiram uma tentativa de interferência no caso. Avaliavam que, depois de analisar os dados da conta bancária da loja, tinham motivos de sobra para buscar computadores e livros do caixa da empresa. Temiam a destruição de documentos caso não recolhessem tudo naquele momento. Resolveram, coletivamente, bater de frente. Se a busca não ocorresse como planejado, os promotores iriam entregar os cargos. A interferência não seria aceita. Um climão se instalou e a PGJ cedeu. O grupo tocou o trabalho como havia pensado originalmente, mas manteve-se longe da imprensa.

É compreensível que não interessasse aos investigadores tornar público o conteúdo de uma investigação em andamento, mas também era razoável esperar que a sociedade, em especial a imprensa, procurasse ter um conhecimento mínimo do que justificava aquela ação tão ampla. Afinal, o principal investigado é um senador, filho do presidente da República. Isso seria notícia em qualquer lugar e parlamentares precisam prestar contas à sociedade.

Só que, naquele 18 de dezembro, não ocorreu nenhuma entrevista coletiva para explicar a operação e os jornalistas dependeram exclusivamente de suas fontes anônimas. Em nada se parecia com a atuação da Força-Tarefa da Lava Jato, no MPF, que dava ampla publicidade para suas ações, o que também era alvo de crítica. Mas, em um caso com tanto interesse público e volume tão grande de investigados, é quase impossível manter sigilo dos documentos por muito tempo. Em uma contagem conservadora, entre o Judiciário, o MP e os advogados de defesa, mais de vinte pessoas tinham acesso direto aos documentos.

Demorou algumas horas, mas ainda no mesmo dia da operação vazou o pedido de busca e apreensão feito pelo MP e a decisão de Itabaiana. Então, quando finalmente conseguimos uma cópia, foi possível ver que o documento entregue ao juiz autorizando a coleta das provas era bastante completo e extenso. O MP apontava a existência de uma organização crimi-

O prisioneiro do sítio em Atibaia 189

nosa dentro do gabinete de Flávio, dividida em seis núcleos que interagiam: uma parte envolvida com a entrega dos salários e outra com a lavagem do dinheiro. Queiroz tinha um papel central, como mostrava sua conta bancária de 2007 até 2018: ele havia recebido 483 depósitos de um grupo de treze ex-funcionários de Flávio, num total de 2,062 milhões de reais. Outro núcleo era formado por dez familiares de Cristina que sacaram 4 milhões de reais em dinheiro vivo ao longo do tempo em que essas pessoas estiveram nomeadas no gabinete do primogênito de Jair.

Outro importante núcleo era formado por Danielle Nóbrega e Raimunda Veras Magalhães, que haviam repassado 203 mil reais a Queiroz de suas contas. Mas não era tudo. A conta de Queiroz também tinha recebido 69,2 mil em transferências ou cheques de duas pizzarias de Vera e mais 91,7 mil em depósitos não identificados de uma agência na mesma rua dessas pizzarias. Dados que viriam à tona adiante.

Naquele momento, além dos dados das contas de Danielle e Vera, o MP também havia registrado ao juiz parte do conjunto de mensagens que estavam no celular da ex-mulher do miliciano — suas conversas com Queiroz combinando as entregas de contracheque, seu incômodo com a origem daquele dinheiro e outros detalhes comprometedores.

O MP acompanhava as investigações da imprensa sobre o caso; citavam-se sobretudo as reportagens que havíamos feito ao longo do ano e que ajudaram a encontrar tantos funcionários-fantasmas e a desvendar suas relações com os Bolsonaro. Os promotores ainda listaram uma série de negociações imobiliárias de Flávio que não tinham lastro em suas contas e não condiziam com seu salário, nem que a ele se somassem os ganhos de sua mulher, a dentista Fernanda Bolsonaro. Um caso era bastante curioso. Em 27 de novembro de 2012, o casal comprou duas quitinetes em Copacabana, e informou ter pago tudo com cheques que somaram 310 mil reais. Os dois imóveis pertenciam a dois americanos e quem conduziu as negociações foi Glenn Dillard, um corretor americano que já havia se envolvido em algumas transações imobiliárias nebulosas. No dia da formalização da venda, 27 de novembro de 2012, Dillard anotou em sua agenda "closing at HSBC" — "fechamento no HSBC". Assim, o casal e Dillard se encontraram na agência nº 0898 do HSBC que fica na avenida Rio Branco, número 108, no centro, a 450 metros do cartório onde as escrituras de venda foram lavradas e a poucas quadras da Alerj.

No entanto, no banco, ficaram registradas informações que nenhum deles declarou ao cartório ou ao fisco. Dillard depositou no HSBC os cheques de Flávio e Fernanda e outros 38 mil reais em dinheiro vivo. Em seguida, o corretor tentou depositar também mais 600 mil reais em espécie. Como o volume era alto, era preciso uma autorização da gerência e a contagem das notas em máquinas próprias. Flávio nunca registrou esses valores nos documentos. Dillard voltou aos Estados Unidos e seu paradeiro é desconhecido.

Na manhã da operação de busca, diferentes fontes admitiram que o documento pedindo busca e apreensão nos endereços de Queiroz e de todos os demais soava como a prévia de uma denúncia. Era a sensação dos Queiroz, no Rio. Durante horas, eles viveram sob o temor de que o MP também tivesse pedido a prisão dele. O policial estava em São Paulo enquanto o caos se instalava no Rio de Janeiro, e tanto a família como seu advogado tinham dificuldade em se comunicar com ele.

O prisioneiro do sítio em Atibaia 191

Enquanto isso, Frederick Wassef estava em Brasília e fora ao Palácio do Planalto tanto no dia da operação do MP como nos dias seguintes. Ele ainda tentou um habeas corpus no STF para, pela sexta vez, tentar barrar o avanço das investigações. Já no Rio, Klein estava farto das intervenções de Wassef, que atropelavam a sua atuação local. Ações que atrapalhavam tanto a defesa que ele fazia de Queiroz quanto a própria defesa de Flávio Bolsonaro. O último episódio, e mais importante, tinha ocorrido no fim de setembro de 2019.

QUEM CONVIVE COM WASSEF sabe que ele não pergunta a opinião de ninguém e faz o que bem entende. Era importante acabar com o caso, mas também que as teses jurídicas dele fossem as vitoriosas para esse objetivo. Se outro advogado sugerisse algo, mesmo que mais útil, não importava. Tanto que atrapalhou uma ação que poderia beneficiar Flávio e teria impedido o MP de coletar provas na busca e apreensão em dezembro de 2019. Em 17 de maio daquele ano, pouco depois da descoberta da autorização da quebra de sigilos, o advogado de Queiroz entrou com um habeas corpus contra a decisão.

O defensor queria anular a autorização dada na primeira instância e, com isso, impedir o acesso aos dados. Em síntese, o recurso de Paulo Klein alegava que o juiz não explicara corretamente os motivos pelos quais concordava com o pedido do MP, sustentava que faltaria fundamentação para a decisão. A defesa de Flávio, liderada por Wassef, engatou um pedido semelhante três dias depois com argumentação bastante próxima. Mas não pressionou pelo julgamento.

Ao autorizar a quebra de sigilo, o juiz Flávio Itabaiana escreveu apenas dois parágrafos para justificar o sinal verde ao acesso de dados financeiros. A decisão sucinta é extremamente comum no Judiciário, mas pode ser criticada em Cortes Superiores e avaliada como um erro formal. Em casos de grande repercussão, envolvendo figuras públicas, a lei é esmiuçada por experientes advogados e a garantia de direitos dos investigados é mais assegurada.

Quem atua no meio sabe disso e, por essa razão, havia algum tempo que se temia, até dentro da promotoria, que a defesa conseguisse reverter essa decisão e anular a quebra de sigilo. Assim, o MP fez novo pedido de quebra de sigilos, incluindo mais um conjunto de funcionários que ficara de fora do primeiro lote. Ao analisar o documento, o juiz escreveu uma nova decisão mais ampla e a conectou à primeira. Tentava evitar problemas no futuro, um "erro formal". Mesmo assim, nos corredores do TJ-RJ, também se criticava o fato de o MP não ter justificado separadamente o motivo pelo qual precisava da quebra de sigilo de cada um dos nomes da lista.

As defesas observaram o movimento e enxergaram a oportunidade de anular a autorização para as quebras na segunda instância do TJ-RJ. Por sorteio, o desembargador Antônio Amado foi designado para a análise dos habeas corpus. E nos corredores próximos à 3ª Câmara Criminal, responsável pelo caso, comentava-se que o magistrado tinha avaliado muito mal a decisão de Itabaiana. No entanto, na segunda instância, três magistrados iriam analisar os pedidos de defesa e acusação. O julgamento sobre a validade da quebra foi inicialmente marcado para 8 de outubro de 2019.

E se de um lado a defesa de Queiroz atuava, de outro, o advogado Victor Granado passou a fazer uma campanha junto

O prisioneiro do sítio em Atibaia · 193

a Flávio Bolsonaro para ele ouvir uma outra tese de defesa, elaborada pelas advogadas cariocas Luciana Pires e Juliana Bierrenbach. A ideia era questionar a competência do juiz Flávio Itabaiana e defender que Flávio, ao se tornar senador, não tinha perdido o direito de ter seus processos analisados pelo Órgão Especial do TJ, a instância formada por 25 desembargadores que julgam os deputados estaduais. Seria um modo de tirá-lo das mãos do juiz com fama de durão e que já havia quebrado seu sigilo.

Flávio gostou da ideia e deu sinal positivo para as advogadas apresentarem esse recurso ao TJ do Rio, o que ocorreu em setembro de 2019. Dias depois, elas obtiveram um parecer favorável da procuradora Soraya Gaya, que atua na segunda instância, justamente na 3ª Câmara Criminal, onde o caso seria discutido. Em outras palavras, uma integrante do MP concordava com a defesa de Flávio, discordando de seus colegas promotores do Grupo de Atuação Especializada no Combate à Corrupção. Coincidência ou não, a procuradora tampouco via problema em demonstrar seu alinhamento às ideias, posições e políticas do presidente Jair Bolsonaro. Por exemplo, em julho de 2019, em meio às discussões sobre o avanço do desmatamento no Brasil, ela compartilhou um vídeo no Facebook de um canal chamado Folha do Brasil, no qual Bolsonaro questionava os dados sobre o desflorestamento divulgados pelo Instituto Nacional de Pesquisas Espaciais (Inpe). Gaya ainda escreveu: "Gostei das respostas dele, bem objetivo".

Wassef, porém, não levava fé na tese das advogadas e, ainda, ao tomar conhecimento de que o TJ-RJ ia julgar a validade da quebra de sigilo, ele resolveu impedir a análise do pedido de Klein. Apostava que sairia vencedor no STF com a argumentação sobre o Coaf, o que faria o caso de Flávio ser arquivado, e não queria dividir os méritos. Ele então fez uma petição ao

STF para paralisar não apenas a investigação (que já estava parada esperando o julgamento sobre o Coaf), mas também o julgamento do TJ do recurso de Klein para anular o acesso às quebras de sigilo. E Wassef conseguiu, após uma reclamação, uma liminar do ministro Gilmar Mendes, em 30 de setembro de 2019. Depois, Mendes também se tornou o relator do caso de Flávio Bolsonaro no Supremo, apesar de meses antes Marco Aurélio Mello ter sido sorteado para analisar outro habeas corpus do caso.

Assim, Wassef impediu o julgamento no TJ-RJ e a análise da legalidade das quebras. Mais que isso, ele ainda convenceu o clã a fazer Flávio desistir de invocar o direito ao foro especial. Se, com Flávio, Wassef criou uma forte relação, com Jair ela era ainda mais estreita. O advogado o acompanhou nos difíceis meses do início do governo e guardou alguns de seus segredos mais íntimos. Ambos se compreendem, dividem valores, ideias, e até acreditam nas mesmas teorias conspiratórias — das fraudes nas urnas eletrônicas à alegação de um mandante no atentado desferido por Adélio. O pai mandou e Flávio acatou, mesmo que todos os outros advogados torcessem o nariz.

Mas a aposta de Wassef de pôr todas as fichas no julgamento do STF deu errado. Em dezembro de 2019, eles perderam no julgamento sobre o compartilhamento de dados do Coaf e Wassef não conseguiu trancar o caso.

Quando a operação de busca ocorreu, em 18 de dezembro de 2019, justificada a partir dos dados da quebra de sigilo e todas as demais provas, os advogados do escritório de Klein, que defendia Queiroz, avaliaram que a situação havia se agravado e que as ações de Wassef em Brasília lhes tiravam o controle necessário para trabalhar no caso. E assim Klein foi convencido

O prisioneiro do sítio em Atibaia

a sair. Um dia depois da operação, o criminalista divulgou uma nota anunciando que estava deixando a defesa de Queiroz por "motivos de foro íntimo". Ele ainda afirmou que acreditava na inocência de seu ex-cliente, mas nunca falou publicamente do assunto. Nos bastidores, especulou-se também que Queiroz não teria condições de arcar com seus honorários.

A questão financeira do policial estava tão indefinida que, mesmo preocupado com uma denúncia, ele ficaria os seis meses seguintes sem advogado. Só voltaria a ter um defensor em junho de 2020, quando o MP apareceu para prendê-lo. E quem ia passar a defender o ex-assessor de Flávio Bolsonaro era alguém que já tinha representado o miliciano Adriano da Nóbrega, o criminalista Paulo Emílio Catta Preta.

Conheci o advogado em setembro de 2019, algum tempo depois de descobrir nas redes sociais uma rara foto pública de Wassef em um momento de descontração. Na imagem, sem data específica, ele posava numa festa ao lado da empresária Maria Cristina Boner e de outras duas pessoas, uma das quais era Catta Preta. Minutos depois, localizei registros de que o criminalista havia atuado em processos da ex-companheira de Wassef e entendi que os dois se conheciam havia algum tempo. Alguns cliques a mais e também identifiquei que Catta Preta era o mais novo defensor do miliciano Adriano da Nóbrega.

Coincidências. Foragido, Nóbrega contratou um defensor que atuava sobretudo em Brasília e não no Rio de Janeiro, onde ele era acusado por diferentes crimes em Rio das Pedras. Publiquei uma nota no site da *Época* e alguns dias depois Catta Preta me recebeu em seu escritório no Lago Sul, em Brasília, para explicar que fora contactado por meio de advogados de Nóbrega no Rio e que, independentemente das informações que apontavam o envolvimento de seu cliente em assassinatos e extorsões, ele era inocente. Além disso, Wassef não teria nenhuma relação com sua entrada na defesa de Nóbrega. Outra coisa que me chamou a atenção naquela semana foi uma entrevista de Wassef para a jornalista Andréia Sadi. Na ocasião, entre outros comentários, ele defendeu Nóbrega de maneira veemente, dizendo que ele nunca havia sido condenado por nenhum crime.

Os meses correram e, depois de passar todo o ano de 2019 fugindo da polícia fluminense, o ex-capitão do Bope foi localizado em Esplanada, no interior da Bahia, no dia 9 de fevereiro de 2020, e acabou morto durante uma nebulosa operação policial. Logo que chegou a confirmação de sua morte, a família do miliciano suspeitou da versão divulgada. Para suas irmãs, ele teria sido sumariamente executado.

A Polícia Civil do Rio tinha grampeado boa parte da família de Nóbrega para investigar seu paradeiro. Assim, foi possível ouvir Daniela desabafando com uma tia e relatando que havia uma ordem para a execução do irmão: "Ele já sabia da ordem que saiu para que ele fosse um arquivo morto. Ele era um arquivo morto para todo mundo. Já tinham dado cargos comissionados no Planalto pela vida dele, já. Fizeram uma reunião com o nome do Adriano no Planalto. Entendeu, tia? Ele já sabia disso, já. Foi um complô mesmo".[2] Tatiana Nóbrega, outra irmã, citou uma teoria distinta. Em uma ligação, ela falou que a determinação não vinha do Planalto, mas do então governador do Rio, Wilson Witzel. "Foi esse safado do Witzel, que disse que se pegasse era para matar. Foi ele", afirmou Tatiana. Mas ninguém saberia dessas conversas por mais de um ano. E, sem ter ideia do grampo, quem também saiu denunciando uma suposta execução de Nóbrega naqueles dias foi o clã Bolsonaro. Jair chegou a dizer que

O *prisioneiro do sítio em Atibaia*

tomaria "providências" para que uma "perícia independente" fosse feita. Só não explicou quais.

Com todas essas especulações, coube ao advogado Paulo Emílio Catta Preta ajudar a família de Nóbrega a pedir novas perícias sobre o corpo do miliciano e também questionar a versão dos policiais da operação. Na manhã em que Nóbrega morreu, conversei com o advogado por telefone e ele me disse que o cliente não queria se entregar porque acreditava que seria assassinado: "Ele me disse assim: 'Doutor, ninguém está aqui para me prender. Eles querem me matar. Se me prenderem, vão matar na prisão. Tenho certeza que vão me matar por queima de arquivo'. Palavras dele".

A conclusão da Polícia Civil da Bahia foi que Nóbrega morreu em uma troca de tiros. Dois laudos de necropsia produzidos tanto na Bahia quanto no Rio de Janeiro trouxeram informações que contradizem essa versão. Não havia vestígio de pólvora nas mãos dele, apesar dos relatos dos policiais de que o miliciano teria atirado sete vezes, além de outras controvérsias sem esclarecimento. O caso segue em investigação.

Quem tinha interesse na morte de Nóbrega? A resposta que ouvi em diversas conversas de bastidor é que muita gente preferia se livrar do ex-capitão do Bope a conviver com o medo de que ele falasse o que sabia sobre diferentes assuntos e pessoas no Rio de Janeiro. Conhecendo parte das informações que Nóbrega tinha, Julia Lotufo, sua viúva, precisou de apoio e abrigo nos dias seguintes à morte do companheiro. Ela deixou o sítio onde ele se escondia na Bahia horas antes da invasão da polícia e seguiu numa Hilux branca para o Rio de Janeiro. No entanto, por questões de segurança, decidiu deixar o estado quando soube da morte de Nóbrega.

Cerca de dez dias depois da morte de Adriano, Julia foi a Brasília se reunir com Catta Preta para discutir ações. Ela queria provar que o marido fora assassinado a mando do bicheiro Bernardo Bello em um complô com as autoridades fluminenses. Na capital federal, ela se dirigiu para o escritório do criminalista no Lago Sul. Pouco depois de sua chegada, Wassef apareceu no local e pediu para conversar com Julia. Ela concordou e deixou que ele explicasse o motivo. O advogado do clã Bolsonaro queria que ela procurasse o MP do Rio de Janeiro e denunciasse a relação do então governador Wilson Witzel com Bello. Julia sentiu a tentativa de uma tutela e negou o pedido. Não queria viver como Queiroz, que seguia como refém do Anjo. Em certo momento, Wassef chegou a dizer a ela que Julia não amava Adriano realmente. Ela ficou furiosa e os dois discutiram. Ao final, o advogado dos Bolsonaro tentou contemporizar, mas fez comentários constrangedores sobre sua aparência. Julia não quis mais ouvir. Catta Preta chegou a se desculpar com a cliente pelo episódio. Mas ela deixou o escritório e resolveu tocar a vida longe do clã Bolsonaro.

Alguns meses se passaram e, em 18 de junho de 2020, Catta Preta assumiu a defesa de Queiroz. Ao saber disso, perguntei a ele se havia relação com seu trabalho no caso de Nóbrega. Os familiares de Queiroz o procuraram, ele disse: "Posso supor que por eles terem visto a minha atuação no caso do Adriano. Eles eram amigos. Talvez isso tenha sido um dos motivos de eles terem me procurado".

A OPERAÇÃO DO MP assustou a família Siqueira Valle. Se por meses os familiares de Cristina aceitaram suas escusas pouco claras de que o caso "não iria dar em nada", o choque de ter a casa revistada acendeu um alerta. Eles então passaram a se reunir na casa de José e Henriqueta para discutir um jeito de se defender. O primeiro desses encontros foi na sexta-feira, 20 de dezembro de 2019, dois dias depois das buscas dos promotores.

Na ocasião, Cristina chegou acompanhada do advogado Magnum Cardoso, que deu uma primeira e breve orientação: todos deveriam ficar em silêncio até que fosse possível obter uma cópia dos autos da investigação. Só então se pensaria numa estratégia. Na cabeça de Cristina, porém, quem tinha que arrumar um jeito de resolver tudo aquilo eram Flávio e Jair. Ela contava com a impunidade, fosse por aqueles episódios terem ocorrido havia tanto tempo, fosse pelo que ouvia dos emissários do clã.

No entanto, ela estava um pouco mais atenta desde outubro de 2019, quando o MP também havia batido à sua porta, mas de uma maneira mais sutil, intimando-a a depor sobre o período em que chefiara o gabinete de Carlos, nos idos de 2001 a 2008. Os promotores estavam investigando Carlos por crimes parecidos aos de Flávio. Cristina procurou Magnum Cardoso, seu colega na Câmara de Vereadores de Resende, e ele fez o básico. Disse ao MP que ela não podia comparecer naquela data e pediu aos promotores que providenciassem um modo de Cristina prestar esclarecimentos em Resende e não na capital. Ganhou tempo.

Um primo dela, convocado pelo MP naqueles mesmos dias, agiu diferente. Resolveu ir ao gabinete de Carlos na Câmara Municipal. Eram 15h05 do dia 30 de outubro de 2019 quando as câmeras da portaria do Palácio Pedro Ernesto registraram a entrada do advogado Guilherme de Siqueira Hudson e de seu pai, o coronel aposentado Guilherme dos Santos Hudson. Guilherme, o filho, constou como assessor-chefe de Carlos durante dez anos — de 2008 a 2018. Nunca teve crachá, tampouco tinha cópias de e-mails trocados com Carlos ou qualquer prova do trabalho que teria feito. O advogado possuía, havia anos, residência fixa em Resende, onde mantinha um escritório de advocacia. Mesmo assim, recebia um salário médio corrigido que, junto com os benefícios, chegava a 24,4 mil reais. Com isso, ele ganhou um total de 2,8 milhões de reais ao longo do período.

Já o coronel, antigo colega de Jair no Exército, costumava se apresentar como funcionário dos Bolsonaro, apesar de ter aparecido na lista de assessores de Flávio por apenas dois meses em 2018. Com o tempo, seria possível saber que ele trabalhava, sim, mas seu papel era recolher os salários da família de Cristina.

Os Hudson foram ao gabinete de Carlos Bolsonaro e lá ficaram por quase três horas. O vereador estava na Casa, porém nunca quis explicar aquele encontro. Mas, na semana seguinte, Guilherme, o filho, foi ao MP, onde tentou se explicar dizendo que no início da assessoria a Carlos teria morado um tempo no Rio, depois havia atuado à distância e entregava seu trabalho a Carlos em pen drives. Falou muito e disse pouco.

Com a busca e apreensão nas residências de vários dos Siqueira Valle, e até na casa dos Hudson, a tensão se instalou e eles passaram a cobrar providências de Cristina. No TJ, o advogado Magnum Cardoso não fez nenhum movimento de defesa dos Siqueira Valle. Não reclamou das buscas nem apresentou recursos questionando qualquer ação do MP. A todos os questionamentos da imprensa, ele respondia que só poderia explicar os detalhes dentro do processo porque o caso corria em segredo de justiça.

Fora do tribunal, o advogado agiu conforme queria Cristina. Depois de muita insistência dela, usando Jair Renan de intermediário, Wassef aceitou um encontro com Cardoso. O defensor da segunda mulher de Bolsonaro então foi à capital paulista para discutir a situação de Cristina e seus parentes. Cardoso levava o recado: ela queria que a defesa de Flávio resolvesse a situação de todos eles, ou seja, encontrasse alguma maneira de livrar todos das acusações. Também queria que os Bolsonaro custeassem os gastos com os advogados, tanto dela como do restante da família. Mas, pelo menos nesse momento, o pedido não foi atendido.

Em meados de fevereiro de 2020, Cardoso teve outra reunião com os Siqueira Valle, dessa vez muito mais tensa e difícil. A questão dos honorários dele, sobretudo, precisava ser resolvida. Assim, em uma noite de sexta-feira, pouco antes do Carnaval, todos se encontraram na casa do patriarca. Reunidas na sala, umas dez pessoas: José e Henriqueta, Cristina e diversos dos investigados nos casos de Flávio e Carlos. Esse episódio me foi relatado por duas pessoas que pediram sigilo e por Marcelo Nogueira, que ainda trabalhava para Cristina.

A reunião foi requisitada pelo advogado para acertar os honorários: cada um deveria pagar mil reais pelo trabalho já realizado nos dois meses anteriores e outros quinhentos reais mensalmente, a partir do mês seguinte. Eram taxas fixas para cada um. O criminalista explicou que o caso era complexo e tomaria muito tempo. Apenas a cópia da investigação, custeada do próprio bolso, já tinha sido um bom dinheiro. O clima na sala esquentou. Henriqueta virou-se, irada, para Cristina e disse:[3]

"Não vou pagar e quem vai pagar é você". E Cristina respondeu: "Cada um se vira". A mãe seguiu reclamando, até que a advogada resolveu desviar o assunto: "Mãe, depois a gente vê isso".

Na sequência, uma das tias de Cristina quis entender o pior cenário: "E se der tudo errado? O que acontece?", perguntou Marina, irmã de Henriqueta e investigada por ter constado como assessora de Flávio. Em uma eventual condenação, todos eles poderiam ter que devolver o dinheiro, com correção dos valores, disse Cardoso. Os nervos explodiram. Alguns levantaram e ameaçaram ir embora, outros choraram.

Desde o fim de 2018, Cristina sabia que a imprensa podia voltar a bater à sua porta. Mas acreditava na impunidade, pensava que aqueles fatos estavam esquecidos e que era remota a chance de os promotores chegarem ao ponto de fazer uma operação na casa de seus pais. Quando isso se tornou realidade, em dezembro de 2019, ela entendeu que precisava se movimentar. De algum jeito, era como andar em círculos. O capítulo da história dela com Bolsonaro nunca havia de fato acabado e ela nem fazia questão disso.

Embora seu casamento com Jair tivesse terminado doze anos antes, em 2007, a vida de Cristina e a de seus parentes ficaram marcadas para sempre por aquele relacionamento. A partir de 2009, já morando na Europa, Cristina recomeçou a vida. Depois do casamento com o construtor norueguês Jan Raymond Hansen, ela — que precisou aprender um pouco de norueguês para obter a cidadania daquele país — também fez alguns negócios por lá. Comprou um carro e duas casas na pequena Halden, cidade que fica a cerca de uma hora de Oslo, capital da Noruega. Abriu uma pequena empresa e foi tocando a vida.

O prisioneiro do sítio em Atibaia 203

Mas o tempo passou e as diferenças culturais do estilo de vida na Noruega pesaram. A língua, o clima frio e a reserva europeia se somaram à saudade dos filhos. Ela voltou ao Rio em 2014 e foi morar em Resende. Arrumou um emprego como assessora de um vereador local e foi se restabelecendo. Jair Renan seguia morando no Rio aos cuidados de Bolsonaro, mas agora convivia mais com a mãe, ainda que os conflitos entre ela e o ex-marido continuassem.

E não era só a relação de Bolsonaro e Cristina que vivia por um fio. Michelle, a nova mulher do capitão, e Jair Renan não conseguiram compartilhar o mesmo teto por muito tempo. As brigas eram tantas que Bolsonaro decidiu alugar para o filho um apartamento num prédio vizinho ao Vivendas da Barra, com direito a empregadas que iam cozinhar e limpar. "Não faltava nada para ele, a não ser a família", relembra Nogueira.

Cristina sabia das brigas entre a madrasta e o enteado e cobrava o ex-marido. Depois que se reestabeleceu no Brasil, ela decidiu comprar um terreno perto dos parentes. Outro pagamento em espécie. No terreno, que custou 125 mil reais, ela construiu uma casa de dois pisos, quatro quartos e piscina. Assim Jair Renan voltou a viver com a mãe.

Cristina notou que os ventos no país tinham mudado e, se antes o ex-marido era visto como parlamentar inexpressivo, as coisas pareciam diferentes à medida que as eleições de 2018 se aproximavam. Cansada de ser coadjuvante na assessoria de diferentes parlamentares, ela resolveu tentar uma vaga na Câmara dos Deputados surfando na popularidade de Bolsonaro. Na ocasião, assim como Jair fez por anos, ela também ocultou patrimônio na declaração de bens ao TSE.

Ao longo dos meses que antecederam a eleição, ela fez tudo que estava a seu alcance para se viabilizar. Aproximou-se do clã por meio de vídeos e imagens nas redes sociais. Apresentou-se como Cristina Bolsonaro, sobrenome que nunca teve formalmente. Fez campanha na rua e defendeu o ex-marido dos protestos do #EleNão convocados por diferentes movimentos feministas no país. Circulou no grupo político que serviu de palanque para Bolsonaro no Rio e que tinha como candidato o ex-juiz Wilson Witzel. As notícias sobre a separação dela e Bolsonaro lhe valeram a pecha de ex-mulher ressentida, coisa que ela mesma criou para si ao dizer que havia inventado todas as acusações contra o ex. Cristina teve 4,5 mil votos, esteve longe de conquistar uma cadeira na Câmara.

Fora da Câmara dos Deputados, ela usou o período pós-campanha para transitar no entorno de Witzel, já eleito governador. Esteve em jantares e reuniões da equipe e até participou de encontros que contavam com a presença do vice-presidente eleito, Antônio Hamilton Mourão, e do general Augusto Heleno, cotado para ser um dos ministros do novo governo. Transitou para conseguir um cargo qualquer para o filho Ivan Mendes na Secretaria de Estado de Esporte e Lazer do governo fluminense.

Só que ela também acompanhou o momento em que o caldo começou a entornar, a partir do imbróglio Queiroz, uma figura que ela conhecia havia muitos anos. Quando surgiram as notícias de que sua família estava no meio da investigação, ela, a princípio, não se preocupou. Costumava dizer para amigos e no trabalho, na Câmara de Resende, que tudo havia prescrito. Com o avanço do caso, tinha claro que era Jair quem precisava se mexer, e havia meses ela enviava cobranças, especialmente por meio de Jair Renan, filho do casal.

O *prisioneiro do sítio em Atibaia* 205

Mas a espiral de acontecimentos ainda era bastante contrária aos movimentos da defesa de Flávio e, nos bastidores, os advogados intensificaram a disputa por espaço. Em fevereiro de 2020, foi retomado no TJ-RJ o julgamento sobre a legalidade da quebra de sigilo do primogênito de Bolsonaro, Queiroz e os outros investigados. A análise que Wassef impediu em outubro de 2019 após obter uma liminar do STF. Quando o tribunal analisou, quatro meses depois, o relator Antônio Amado até votou para anular a decisão de Itabaiana, mas o timing era outro, e Amado acabou vencido pelos votos das colegas, as desembargadoras Suimei Meira Cavalieri e Mônica Tolledo. Restou à defesa de Flávio reclamar ao STJ. E, para irritação de Wassef, as advogadas Luciana Pires e Juliana Bierrenbach retomaram a estratégia do foro especial e decidiram centrar a artilharia no juiz Flávio Itabaiana. Na defesa, o raciocínio era um só. Era necessário tirar o futuro do senador das mãos do xará que ficava na 27ª Vara Criminal do TJ-RJ.

NA FAMÍLIA ITABAIANA, a magistratura passou de geração em geração desde os anos 1920. Antes de Flávio Itabaiana Nicolau vestir a toga, em 1995, o pai, o avô, o bisavô e o trisavô dele foram juízes. Itabaiana se formou em direito pela Universidade Candido Mendes, em 1989, e seis anos depois foi o segundo colocado no concurso público para juiz no TJ do Rio. Ele bem que tentou escapar da sina da família, tendo se graduado primeiramente como engenheiro elétrico, chegando a fazer uma especialização em engenharia econômica. Mas o apelo dos tribunais soou mais forte.

A primeira vez que ouvi o nome dele foi quando acompanhei as investigações a respeito de 23 manifestantes envolvidos nos protestos entre 2013 e 2014. Um caso bem complexo e com uma investigação um tanto frágil que deu muita notoriedade a Itabaiana. Lembro que me chamou bastante a atenção um trecho nos autos do processo que fazia referências a "matérias jornalísticas" retiradas da internet e que apontavam a possibilidade de Elisa Pinto Sanzi, a Sininho, ter feito "cursos de ativismo político e agitação com formação em ações de guerrilha e terror urbano em Cuba e na Rússia". Eles chegaram a ser presos preventivamente, mas depois conseguiram responder às acusações em liberdade. Mesmo assim, em meio a uma imensa papelada, em 2018 Itabaiana condenou Sininho e outros 22 manifestantes, que ainda estão recorrendo.

As decisões de Itabaiana no caso de Sininho reiteraram sua fama de "mão pesada" — ele profere sentenças duras na 27ª Vara Criminal do TJ-RJ há dezessete anos. Há quem diga que é de família. Nos anos 1950, o juiz Décio Itabaiana, primo da mãe de Flávio, invadiu a casa de um foragido para prendê-lo devido à inércia da polícia.

Em uma rara entrevista, Itabaiana disse à revista *Época*, em 2020, que o processo mais importante de sua carreira foi um caso no qual uma aposentada filmou por dias seguidos o tráfico de drogas na Ladeira dos Tabajaras, em Copacabana. Em 2005, uma testemunha, de nome fictício Dona Vitória, gravou 22 fitas com 33 horas mostrando o envolvimento de moradores da comunidade e policiais no comércio de drogas. O caso foi revelado pelo jornal *Extra* e, depois, o processo chegou a ter mais de 8 mil páginas. Terminou em cinco meses, com dezessete pessoas condenadas.

No entanto, talvez nenhum outro caso tenha dado a Itabaiana tanta dor de cabeça quanto a investigação sobre Flávio

Bolsonaro. Em 15 de abril de 2019 ele foi sorteado para analisar o pedido de quebra de sigilo do senador, de Queiroz e de outros investigados. Duas semanas antes, sua filha, a advogada Natália Nicolau, havia sido nomeada para um cargo na Casa Civil do governo estadual do Rio, comandado por Wilson Witzel. Rodrigo Cerqueira, genro de Itabaiana, também tinha sido nomeado no governo do Rio, ainda em janeiro de 2019. Ex-juiz, Witzel foi eleito fazendo dobradinha com Bolsonaro em 2018 e com a forte campanha de Flávio. Até então, nenhum problema.

Mas os meses se passaram e, no segundo semestre de 2019, Witzel começou a mencionar abertamente a possibilidade de disputar a presidência em 2022. Viu o caso de Flávio Bolsonaro desgastar Jair nas redes sociais e na opinião pública de modo geral, e passou a sonhar com a possibilidade. Trocava mensagens com contatos no WhatsApp enviando figurinhas com uma imagem sua usando a faixa presidencial. Tudo isso chegou aos ouvidos de Jair Bolsonaro, que passou a vê-lo como um adversário. Mas a guerra entre os dois foi deflagrada depois de um depoimento do porteiro do condomínio de Bolsonaro, que disse que um dos assassinos de Marielle pediu para ir à casa de número 58, a residência de Jair. No entanto, a gravação do interfone mostrava outra coisa. Élcio Queiroz pediu para ir à casa 65 e quem autorizou a entrada foi Ronnie Lessa, ambos acusados pelo homicídio da vereadora.

Devido à polêmica instalada, inclusive na imprensa, o presidente passou a culpar Witzel pelo episódio do porteiro e depois misturou o discurso de conspiração com o caso da rachadinha. Nas teorias que o clã passou a espalhar, a filha de Itabaiana, servidora do governo Witzel, estaria conspirando junto ao governador do Rio, tramando situações contra o clã. Inclusive, a investigação sobre Flávio. Alguma narrativa precisava colar, já que as explicações objetivas sobre a entrega de salários e funcionários-fantasmas, bem como o uso de dinheiro vivo não vinham. O silêncio público soava como admissão de culpa.

Então, pouco depois da operação de busca e apreensão nos Queiroz e Siqueira Valle, em dezembro de 2019, o presidente disse à imprensa, com ironia: "Vocês já perguntaram para o governador Witzel por que a filha do juiz Itabaiana está empregada com ele? Já perguntaram? Pelo que parece, não vou atestar aqui, é fantasma". Flávio Bolsonaro fez o mesmo dias depois. "Parece que a boquinha é boa", criticou, ao falar que o MP tinha que investigar a situação.

No TJ, Itabaiana começou a receber visitas surpresas da corregedoria. A defesa de Flávio também o reportou ao Conselho Nacional de Justiça devido à nomeação da filha e do genro. Corregedor do CNJ, o ministro Humberto Martins abriu o procedimento contra o juiz. Meses depois, Martins passou a ser cotado para uma vaga no STF.

Mas, apesar de todas as pressões, a mão pesada de Itabaiana atingiu Flávio Bolsonaro e Fabrício Queiroz uma última vez.

QUINTA-FEIRA, 18 de junho de 2020. Eram três horas da manhã quando vinte policiais do Grupo Armado de Repressão a Roubos e Assaltos (Garra) deixaram a capital paulista rumo a Campinas para uma operação que ia cumprir mandados de prisão e coleta de provas. Era começo do inverno e as ruas andavam ainda menos cheias que o usual porque o Brasil estava no meio da primeira onda de casos da pandemia de covid-19.

O prisioneiro do sítio em Atibaia 209

Os agentes deixaram São Paulo sem informação sobre o alvo da operação. Uma hora depois, já em Campinas, receberam instruções específicas: deveriam se dirigir a Atibaia, no interior do estado, para prender Fabrício Queiroz. Mas nem os titulares da investigação no Rio de Janeiro tinham certeza se ele realmente estaria no local indicado no mandado de prisão, pois as informações de que dispunham eram de dezembro de 2019.

Coordenados pelo promotor José Báglio, os agentes do MP-SP fizeram um reconhecimento prévio no endereço da operação, e durante a campana identificaram Queiroz. Na véspera, informaram aos colegas fluminenses que o local era quente, o alvo seguia no endereço. Um tanto céticos, os investigadores do Rio nem sequer enviaram alguém deles para acompanhar a prisão.

Assim, às seis da manhã, após as instruções da promotoria, os agentes chegaram a uma chácara no bairro Jardim dos Pinheiros, à rua das Filgueiras, no número 644. Na frente do endereço, uma placa com a inscrição "Wassef & Sonnenburg Sociedade de Advogados", o nome do escritório de Frederick Wassef. Por isso, para prevenir questionamentos, representantes da OAB foram chamados para acompanhar toda a ação dos policiais.

Na tentativa de evitar o uso da força, os agentes tocaram a campainha algumas vezes. Nenhuma resposta. Depois de alguns minutos, decidiram entrar. Cortaram uma corrente no portão e forçaram a porta da frente da casa. Ao entrar no imóvel, os policiais se depararam com um assustado Fabrício Queiroz ainda deitado na cama.

Talvez por estar sonolento, Queiroz tentou enrolar os agentes quando eles perguntaram seu nome. Mas os investigadores disseram que sabiam quem ele era, então ele admitiu ser quem de fato era: Fabrício Queiroz. A ficha foi caindo aos poucos. Enquanto os policiais revistavam a casa, ele vestiu uma camisa vermelha e uma calça de moletom, e calçou um chinelo branco. Sentou numa cadeira junto à mesa de jantar. Cruzou os braços e apoiou as costas em um colchão que estava atrás, encostado à parede. Sério, entregou os telefones e esperou que terminassem a busca por documentos.

Tudo parecia improvisado. Nos quartos, apenas camas e armários. Na cozinha, o básico: geladeira, fogão e utensílios domésticos. Nada lembrava um escritório de advocacia, segundo a análise do próprio promotor José Báglio.

As horas passaram e quase no meio da manhã Queiroz saiu escoltado. Vestia jeans, camisa azul-marinho e casaco grosso marrom-escuro. Boné e máscara. Resignado, trocou algumas palavras com os agentes. Disse que já havia efetuado muitas prisões na vida, mas jamais imaginou passar por aquilo. Também perguntava sobre a mulher e as filhas, sua maior preocupação. Tomou conhecimento de que havia uma ordem de prisão contra Márcia e ficou nervoso, pois soube que ela ainda não tinha sido localizada.

De Atibaia, ele seguiu num comboio para a capital, onde passou por exames no Instituto Médico Legal e pelos trâmites burocráticos no DHPP — Departamento Estadual de Homicídios e de Proteção à Pessoa. Nesse momento lhe permitiram ligar para a família, e ele pediu a Nathália que acionasse um advogado. Na sequência, foi conduzido ao Aeroporto do Campo de Marte, na Zona Norte. Eram dez da manhã quando um helicóptero decolou. Depois de cerca de duas horas de voo, Queiroz pousou no Aeroporto de Jacarepaguá e foi recepcionado pela coordenadora do Gaecc, a promotora Patrícia Villela.

O prisioneiro do sítio em Atibaia 211

Ali, na pista, ele recebeu voz de prisão. No MP a cena causou incômodo e foi considerada uma exposição desnecessária.

Queiroz foi levado para novos exames no IML do Rio e, depois, para Bangu 8. Na ordem de prisão, havia instruções para não deixá-lo na unidade prisional destinada a policiais, pois acreditava-se que ele podia tentar obstruir o caso mesmo dentro da cadeia. Restou então enviá-lo a Bangu 8 junto aos presos da Lava Jato, onde ele foi trancado numa cela para cumprir isolamento de catorze dias, segundo o protocolo de prevenção à covid-19. No local, tornou-se vizinho de cela do ex-governador Sérgio Cabral. Chegou em silêncio e se manteve discreto na maior parte do tempo em que esteve preso. Uma das poucas interações ocorreu quando pediu emprestado um livro de autoajuda para Wilson Carlos, ex-secretário de Sérgio Cabral e operador do esquema de propinas do governo.

Por pior que fosse, estar atrás das grades o poupava de enfrentar a imprensa e a opinião pública diariamente. Jair Bolsonaro e Frederick Wassef, no entanto, não tinham como fugir dos holofotes e microfones — eram procurados o tempo todo, eram inúmeras as cobranças sobre como Queiroz havia se escondido no sítio do advogado.

A prisão de Queiroz aprofundou a crise em torno do caso e do próprio Bolsonaro, que já vivia um calvário havia dois meses, quando o ex-juiz Sergio Moro deixou a pasta da Justiça acusando-o de tentar interferir na PF. Moro saiu atirando, e pouco depois o empresário Paulo Marinho concedeu uma entrevista à jornalista Mônica Bergamo, da *Folha de S.Paulo*, revelando que ainda durante a campanha o clã já sabia do relatório sobre Queiroz. Ambas as acusações desgastaram a PF e geraram investigações que envolviam Jair, Flávio, Queiroz, Victor Granado e outros.

Mas a prisão de Queiroz atingiu Wassef em cheio e deixou sua situação insustentável junto ao clã. Uma das tentativas mais esdrúxulas de justificar que não sabia do paradeiro de Queiroz ocorreu em uma entrevista para a jornalista Andréia Sadi, da TV Globo: "O senhor emprestou a casa para ele?", perguntou Andréia.

"Não, porque eu não falei com o Queiroz, não tenho o telefone do Queiroz, eu nunca troquei mensagem com o Queiroz. Então, o que eu vou dizer é o seguinte: sobre a pauta Queiroz, eu só vou poder falar até o ponto em que eu posso falar por uma questão de sigilo [...]. Não dá para falar tudo isso agora."

"O Queiroz pulou o muro? Ele apareceu voando na casa do senhor? Ou foi levado por alguém?"

"Não vou poder avançar ainda hoje, mas eu vou falar tudo com muito prazer, porque a verdade é uma coisa que você vai gostar de ouvir. Fica tranquila, tá?" Depois disso, ele passou dias fugindo da imprensa. Queria ganhar tempo e articular uma narrativa para abafar a crise instalada pela prisão de Queiroz. Nos bastidores, porém, a avaliação de que ele precisava se afastar do clã era unânime. Quanto mais tempo permanecia no caso, mais a situação de Flávio se agravava e, por tabela, o problema de Jair Bolsonaro.

Mesmo relutante, Wassef teve que pedir para sair.

FAZIA ALGUNS MESES que a advogada Luciana Pires se sentia segura sobre a vitória que podia obter em 25 de junho daquele ano. Era a data marcada para a análise do habeas corpus que ia discutir a situação do foro do senador. Ela e Flávio Bolsonaro haviam se cruzado na Alerj quando ela assessorava a ex-depu-

O prisioneiro do sítio em Atibaia 213

tada Cidinha Campos. O tempo passou e ela atuou em outra área do interesse dos Bolsonaro: a defesa de militares acusados de atentados, assassinatos e desaparecimentos durante a ditadura militar.

A partir de 2014, diversos militares foram processados pelo Grupo de Justiça de Transição do Ministério Público Federal no Rio. Luciana Pires, junto com Rodrigo Roca, seu irmão e então sócio, atuaram pelos réus. Naquela época, o MPF argumentava que crimes como sequestro, desaparecimento, estupro, execuções não estavam cobertos pela Lei de Anistia de 1979. São crimes contra a humanidade, não passíveis de anistia em todos os países que se submeteram ao Tribunal Penal Internacional em Haia, criado em 2002. Na lista de clientes da advogada esteve o general Nilton Cerqueira, implicado no atentado do Riocentro, em 1981, quando era comandante-geral da PM do Rio e teria mandado suspender o policiamento na área do centro de convenções quando um grupo de militares pretendia plantar bombas no local.[4] Do rol de clientes de Rodrigo Roca constava o general reformado José Nogueira Belham, acusado do assassinato e ocultação do cadáver do deputado federal Rubens Paiva em janeiro de 1971.

Jair Bolsonaro tem a ver com os dois militares. Cerqueira foi um de seus principais apoiadores durante a campanha para vereador em 1988. Depois, foi secretário de Segurança do Rio quando Bolsonaro sofreu um assalto em 1995, e comandou operações contra o tráfico na Zona Norte em função do crime. Quanto a Belham, sua mulher constou como assessora de Bolsonaro durante o ano de 2003.

Mas, fora da agenda ideológica bolsonarista, os criminalistas também atuaram nos casos da Lava Jato. Roca advogou para o ex-governador Sérgio Cabral, deixando o caso quando o político decidiu fazer delação premiada. Pires representava o ex-presidente da Fecomércio-RJ Orlando Diniz. Todos esses detalhes e diversos outros foram discutidos no Planalto por Bolsonaro e seus assessores mais próximos, enquanto outro grupo tentava convencer Wassef a renunciar à defesa de Flávio. O problema é que havia algum tempo ele achava que a advogada atuava para tirá-lo do caso. Sua principal queixa contra ela nem era pública na ocasião: ela representava Orlando Diniz no acordo de colaboração premiada que o empresário estava fazendo, e alguns dos principais tópicos dessa delação eram supostas negociações espúrias com diferentes advogados, um dos quais era Wassef.[5] Daí a relutância dele em ceder o espaço a Luciana Pires. Wassef deixou a defesa fazendo o substabelecimento, termo técnico para a substituição, para Rodrigo Roca, que ele ignorava ser irmão de Pires. Junto aos dois se somou Juliana Bierrenbach, outra sócia.

No domingo à noite, 21 de junho, ele anunciou a saída e no dia seguinte a postura da defesa de Flávio era outra. A primeira mudança foi apresentar um pedido para prestar um depoimento junto ao MP no caso. Uma reviravolta, já que a estratégia de Wassef era paralisar o caso e evitar que Flávio, Queiroz ou os demais explicassem qualquer coisa. Nos bastidores, os novos advogados temiam que o MP fizesse um pedido de prisão contra Flávio.

O jogo virou de vez na quinta-feira, 25 de junho de 2020.

As previsões de Luciana Pires se concretizaram. Em um momento crítico da pandemia, a 3ª Câmara Criminal do TJ se reuniu virtualmente e votou o recurso de Flávio pelo direito ao foro. O caso tramitava em sigilo e a imprensa não pôde

O prisioneiro do sítio em Atibaia 215

acompanhar, só pôde saber do resultado. Como a procuradora Soraya Gaya já havia se manifestado, e era a favor da tese da defesa, uma situação inusitada ocorreu. O MP escalou outra procuradora para defender os argumentos dos promotores do Gaecc. Eles ressaltavam que em 2018 o STF tinha julgado que ao fim do mandato também acabava o foro, e que a garantia de foro junto ao Órgão Especial contrariava a jurisprudência de diversos casos no Supremo.

Por dois votos a um, os desembargadores decidiram conceder o pedido da defesa e afastaram Flávio Itabaiana da titularidade do julgamento do caso. Por pouco não anularam todas as provas coletadas por ordem do juiz, conforme a defesa pedia. Horas depois começaram a circular nas redes sociais e em grupos de WhatsApp fotos antigas de Luciana Pires ao lado do desembargador Paulo Rangel em um momento de confraternização. Rangel, autor do livro *Direito processual penal*, em que criticava o foro privilegiado, votou a favor de Flávio no julgamento.

Esse dia marcou o início de uma série de derrotas do MP no caso. Incluindo até um tropeço nas próprias pernas que teria graves consequências.

A DERROTA NA 3ª Câmara Criminal e a troca de juiz não representavam em si um obstáculo à apresentação da denúncia. A cúpula do MP — em especial o procurador-geral de Justiça do Rio, José Eduardo Gussem — teria que assumir a titularidade da investigação, mas com um trâmite interno ele permitiu a colaboração dos colegas do Gaecc. Assim, o MP iria dar sequência ao que faltava para concluir o documento da denúncia ao mesmo tempo que se prepararia para lutar contra a decisão do TJ que concedeu foro especial a Flávio.

Na ocasião do julgamento, os promotores que investigavam Flávio divulgaram nota informando que "há pelo menos duas décadas os deputados estaduais não são mais julgados originariamente pelos Tribunais de Justiça depois de cessado o exercício da função". Não é incomum que o Judiciário se deixe influenciar pelas circunstâncias, mas, mesmo naquela época, a configuração do STF fazia crer que seria muito difícil para Flávio que a Suprema Corte mantivesse aquela decisão, uma vez que já tinha decidido a questão do foro em 2018, pouco tempo antes. Alterar de novo a jurisprudência do STF devido ao caso de Flávio era algo bastante improvável em meados de 2020. Então havia esperança de vitória para o MP. Assim, ficou combinado que a cúpula do MP fluminense faria uma reclamação ao STF para questionar se o TJ-RJ tinha descumprido a jurisprudência da Suprema Corte. Outro contra-ataque seria um recurso na própria sentença da 3ª Câmara para que a discussão fosse também levada ao STJ. O Gaecc ficou responsável pelo último documento.

No Judiciário, para recorrer da decisão é preciso aguardar que o voto dos magistrados seja publicado no que se chama acórdão, quando então as partes, defesa e acusação, são informadas. É uma espécie de formalização do que foi dito no julgamento. A partir daí, cada parte toma conhecimento e inicia o prazo para apresentar recurso: quinze dias. Tudo começa a contar depois que a intimação é aberta e "toma-se ciência".

O acórdão foi disponibilizado em 2 de julho de 2020. Mesmo sem intenção de recorrer, já que foi a favor da tese da defesa, a procuradora Soraya Gaya abriu a intimação no mesmo dia.

O prisioneiro do sítio em Atibaia 217

Tomou ciência pelo MP. Do outro lado da promotoria, quem pretendia combater a decisão, o Gaecc, acessou o sistema no dia 3 de julho. Essa diferença foi crucial.

Nos processos, a contagem começa no dia seguinte ao momento em que as partes tomam ciência do acórdão. A exceção ocorre nas vésperas de final de semana e nos feriados. No caso, como os integrantes do Gaecc acessaram na sexta-feira, acreditava-se que o prazo começaria a valer na segunda-feira seguinte, 6 de julho, e terminaria no dia 20. Mas como a procuradora Soraya Gaya acessou no dia 2 de julho, o prazo final para a apresentação do recurso passou a ser 17 de julho.

Só que os promotores de primeira instância veem o sistema de um modo diferente dos procuradores, que atuam na segunda instância. Então o Gaecc não viu que Gaya havia acessado. Essa confusão burocrática teve um resultado desastroso para os investigadores de Flávio. A partir dessa sucessão de equívocos, ocorreu o erro mais básico que pode acontecer no Judiciário: o MP perdeu o prazo do recurso. Só depois da apresentação do recurso, já com prazo expirado, é que todos souberam do ocorrido.

De Brasília, mais especificamente do Superior Tribunal de Justiça, vieram outros sinais de que os ventos estavam mudando a favor do clã Bolsonaro. Uma semana antes de o MP perder o prazo, o STJ aliviou a barra da família Queiroz. No plantão do Judiciário, o ministro João Otávio de Noronha autorizou que o ex-policial fosse para a prisão domiciliar. O mesmo benefício foi concedido a Márcia, apesar de na ocasião, 9 de julho, ela ainda estar foragida. Fazia quarenta dias que a mulher do policial não era localizada. Apesar disso, Márcia conseguiu a prisão domiciliar do STJ sem declarar onde estava nem justificar por que fugira da ordem de prisão. Ela reapareceu na manhã do sábado, 11 de julho, já no apartamento da família na Taquara. Flávio Bolsonaro respirou aliviado, pois circulavam boatos e notinhas na imprensa de que ela estaria sondando advogados sobre a possibilidade de fazer uma delação.

Começava a segunda fase da tentativa de melar o caso.

No círculo mais próximo de Flávio, avaliava-se que não era possível rebater cada prova. Era preciso matar o caso processualmente, como se diz no linguajar jurídico. Apontar fragilidades nos meios como a investigação obteve provas, anular o uso de documentos. Juliana Bierrenbach acreditava ter encontrado uma maneira. Embalada em acusações de integrantes da Receita Federal do Rio, de que existiriam acessos ilegais aos sistemas da Receita, ela defendeu junto à sócia que Flávio também podia ter sido vítima de um relatório "encomendado". As duas marcaram uma reunião com Jair Bolsonaro, e mais o ministro Augusto Heleno, do Gabinete de Segurança Institucional, e o diretor da Agência Brasileira de Inteligência, Alexandre Ramagem, na qual pediram ajuda para encontrar provas de que os dados de Flávio haviam sido acessados ilegalmente. Na visão delas, o assunto integrava questões de segurança nacional, pois o senador é filho do presidente.

O encontro, em 25 de agosto de 2020, nem constou da agenda presidencial. Só veio à tona porque foi descoberto pelo jornalista Guilherme Amado. Dali em diante, as duas iriam protocolar diversas petições para identificar os servidores que acessaram os dados de Flávio. Posteriormente, essa consulta ainda ia se ampliar para quase todos os principais integrantes do clã Bolsonaro. Nada de extraordinário seria descoberto e as suspeitas de violação de sigilo ilegalmente não seriam comprovadas.

O prisioneiro do sítio em Atibaia 219

A situação criada, porém, teria como consequência uma série de mudanças em cargos importantes na Receita Federal. Cristiano Paes Leme Botelho, ex-chefe do Escritório da Corregedoria da Receita Federal no Rio de Janeiro, perdeu o cargo em dezembro de 2020, após treze anos na função em diferentes governos.[6] Mais tarde, em dezembro de 2021, José Barroso Tostes Neto perdeu o posto de secretário-especial da Receita Federal.[7] Nos bastidores, a saída foi explicada devido à resistência dele em nomear um indicado por Flávio Bolsonaro para a Corregedoria do órgão.

14. O caminho dos milhões em espécie

Flávio depõe e promotores mostram provas;
Nunes Marques é escolhido para o STF

7 DE JULHO DE 2020

Passava pouco das duas da tarde quando a promotora Patrícia do Couto Villela, coordenadora do grupo que investigava Flávio Bolsonaro no MP-RJ, abriu uma chamada de vídeo no computador. Com a pandemia, os promotores tinham deixado de ir ao prédio da avenida Marechal Câmara e passaram a trabalhar de suas respectivas casas. Além de Villela, participavam pelo MP os promotores Luís Fernando Ferreira Gomes e Eduardo Santos de Carvalho. Todos formais, no visual e no trato, como se o ambiente da promotoria tivesse simplesmente mudado de cenário. Na última tela, via-se Flávio acompanhado de Luciana Pires, sua principal advogada. O senador e a defensora estavam no gabinete dele no Senado, sentados lado a lado, ambos de máscara.

Assim, à distância, Flávio finalmente atendeu ao pedido de depoimento dos promotores. Não que ele fosse obrigado a ir: apenas um juiz, com um processo instaurado, é que pode tornar o depoimento obrigatório e, mesmo assim, o réu tem direito ao silêncio. Essa fase, porém, ainda era a da investigação. E o problema do senador era a cena pública. Depois de anos

O caminho dos milhões em espécie 221

bradando contra o foro privilegiado e as acusações de corrupção do PT, o parlamentar se recusava a explicar as suspeitas contra a sua pessoa. A primeira convocação para depor fora dezoito meses antes, em janeiro de 2019. E sua reação havia sido solicitar foro especial.

Até então, Flávio agira sob a tutela de Frederick Wassef. Agora, com a troca da banca de defesa, a tática havia mudado. Os novos defensores, Luciana Pires, Rodrigo Roca e Juliana Bierrenbach, aconselhavam Flávio a se mostrar disponível aos promotores. No mundo jurídico, e até na cena pública, um investigado em silêncio soa como réu confesso. Era importante que ele enfrentasse o MP. Existia ainda uma vantagem política: o depoimento, como tudo na investigação, corria sob sigilo. As incoerências de suas histórias para explicar o agigantamento de seu patrimônio, sem lastro em sua renda formal, ficariam apenas entre quatro paredes, ou seja, entre ele e o MP.

"Dra. Luciana e sr. Flávio, muito obrigada pela diligência. Vou alertá-los que é resguardado ao sr. Flávio, a dra. Luciana deve ter lhe passado, o direito ao silêncio em relação às perguntas que lhe serão feitas a partir de agora. Alguma dúvida?", iniciou Patrícia Villela, para o registro formal.

"Não, doutora. De forma alguma. No que eu puder ser útil para esclarecer as dúvidas, quaisquer dúvidas, estou à disposição", respondeu Flávio, tentando parecer solícito.

"Vou começar pedindo que o senhor faça um breve histórico sobre o seu ingresso na Alerj e todos os cargos que ocupou na casa. Lideranças, comissões."

"Bom, fui eleito com 21 anos de idade para o meu primeiro mandato e com 31 mil votos…"

Ao se candidatar em 2002, Flávio estava no segundo ano de direito da Universidade Candido Mendes, na unidade do centro do Rio, e ainda cursaria outros três para se formar, em 2006. No currículo, tinha apenas um estágio em eletrônica no IME (Instituto Militar de Engenharia), ao longo de 1999, e um voluntariado junto à Defensoria Pública do Rio, trabalho que fez duas vezes por semana entre 2001 e 2002.

A experiência de Flávio, antes do parlamento, pode fazer parecer que ele chegou com uma bagagem um tanto rasa para um cargo no legislativo estadual fluminense. A régua dele, porém, era em família, e o irmão Carlos, até mais novo do que ele, conquistou uma vaga como vereador do Rio, em 2000, com menos idade e ainda dividindo o tempo de campanha com apostilas de vestibular. Do currículo público, Flávio costuma deixar de fora que, enquanto cursava direito e estagiava na Defensoria, ele ocupou um cargo na liderança do PPB, na Câmara dos Deputados, em dezembro de 2000.[1] Um suposto trabalho à distância numa época em que a internet não era popular, disseminada e acessível como hoje. À época o PPB era o partido de seu pai, e o mesmo cargo já havia sido de Cristina, então sua madrasta. Ela abandonou a função para se tornar chefe de gabinete de Carlos Bolsonaro na Câmara Municipal do Rio. No papel, Flávio ficou com o posto e o salário, que era de 4,7 mil reais, na época, hoje cerca de 18 mil reais. Lá, permaneceu nomeado por quase dois anos, sendo exonerado só em junho de 2002, pouco antes da eleição.

Além do breve currículo, Flávio também chegou ao Palácio Tiradentes, sede da Alerj, quase sem patrimônio. Ao protocolar a papelada para disputar o pleito, ele entregou ao Tri-

O caminho dos milhões em espécie

bunal Regional Eleitoral (TRE-RJ) sua declaração de imposto de renda. No ano anterior à eleição, seu único emprego fora justamente na Câmara dos Deputados, aquele que ele nem contava que havia tido e que lhe rendera ao longo daquele ano um total de 56 548,63 reais. Na lista de bens, um Gol 1.0 turbo, ano 2001, que valia 25,5 mil reais. Ainda morava com a mãe, no apartamento na Vila Isabel, aquele quitado com dinheiro vivo.

De 2001 para 2020, as coisas mudaram muito. A vida de todos na família Bolsonaro era outra, mas a de Flávio especialmente tinha passado por uma enorme transformação. Depois de quatro mandatos na Alerj, ele tinha conquistado uma cadeira no Senado pelo RJ e a lista de bens também era outra, incluindo carros, um apartamento e uma sala comercial na Barra da Tijuca, além de 50% de uma franquia da loja de chocolates Kopenhagen e algumas aplicações. Um total de mais de 4 milhões de reais até o início de 2020.

Ali, DIANTE DOS PROMOTORES, Flávio tentou explicar sua trajetória, lembrar de funcionários e contratações, bens adquiridos e vendidos, relações com policiais investigados por diferentes crimes, inclusive acusados de integrar grupos milicianos. Conforme o depoimento avançava, porém, ele começou a ter sucessivos lapsos de memória. Dizia não recordar muita coisa, ou mesmo declarava, hesitante, ignorar outras tantas. Não lembrava de negociações, pagamentos, detalhes de sua loja e até dos nomes das pessoas que escolheu para ocupar o cargo mais importante de seu mandato, a chefia de gabinete.

"Quais foram os seus chefes de gabinete? O que o levou a nomeá-los e a exonerá-los?", perguntou Patrícia Villela.

"São cargos em confiança. Logo no início do mandato... formação de equipe, eu não lembro agora de cabeça quais foram os que passaram na chefia de gabinete minha. Mas sempre com critérios ali de competência, proximidade e entendimento de legislação militar. Sempre foi esse critério que a gente adotou lá por causa do público-alvo. O último foi o coronel Braga, da FAB, que trabalhou na assessoria parlamentar da Aeronáutica por algum tempo no Congresso Nacional e ele veio a ser meu chefe de gabinete."

"O senhor lembra de alguém mais além dele?"

"Como houve no começo uma dificuldade de achar uma pessoa que se encaixasse na função, passaram quase vinte anos do primeiro mandato. Foi em 2002 o primeiro mandato. Não. Que eu me lembre... não lembro de nomes assim..."

A pergunta tinha uma razão. O MP já havia apurado que na gestão da primeira chefe de gabinete de Flávio Bolsonaro, Mariana Mota, ocorreram depósitos de outros assessores de modo bastante semelhante ao que constava na conta de Queiroz, além de outras negociações nebulosas. Mota pagava, por exemplo, as despesas de aluguel de um primo de Flávio, Leonardo Rodrigues de Jesus, o Léo Índio, que seria seu assessor. Também soou bastante inusitado que ele tivesse esquecido o nome dela, já que vez ou outra ele e o pai ainda a encontravam em eventos e até chegaram a posar para fotos. Mas a promotora não insistiu.

Em seguida, o promotor Luís Fernando Ferreira Gomes assumiu a condução das perguntas e quis saber de Queiroz. O senador repetiu a história de que o policial e o pai se conheceram no Exército e que mais tarde Jair o indicou para trabalhar

O caminho dos milhões em espécie 225

com o filho, até por questões de segurança: em julho de 2006, Flávio havia sofrido um assalto à mão armada na Tijuca e tivera um carro roubado.

O senador prosseguiu falando de seu gabinete na Alerj. Disse que não havia lugar para todo mundo trabalhar. "Nenhum parlamentar coloca vinte pessoas no gabinete, não tem nem espaço físico", alegou. Só que ele não era obrigado a contratar tanta gente, poderia ter economizado dinheiro público. Quando os questionamentos chegaram às nomeações de parentes, Flávio começou a tentar emplacar suas histórias.

Contou que quando era "permitido", nomeou o avô, João Braga, ainda no início do primeiro mandato. A verdade é que desde 1988, não seria permitido nomear parentes em cargos comissionados devido à necessidade de impessoalidade no serviço público, como consta da Constituição de 1988, artigo 37. Se o STF depois resolveu vetar expressamente, em 2008, é porque um grupo de parlamentares se aproveitava da situação, dissimulando a ideia de uma zona cinzenta porque não estava escrito de modo terminante que a prática era proibida. Mas o princípio que impedia sempre esteve na Carta Magna e ela orienta toda a legalidade da ordem jurídica no Brasil.

E, na primeira parte do depoimento, Flávio se estendeu, dizendo que delegava controles e responsabilidades a seus assessores. Dentro da Alerj, o controle era do coronel Braga, seu atual chefe de gabinete, e as equipes de rua seriam da responsabilidade de Queiroz. Admitiu que nomeou parentes do amigo do pai porque confiava plenamente em Queiroz. Os dois conviviam mais que com as respectivas famílias, disse.

Pouco a pouco, o promotor Ferreira Gomes foi conduzindo as perguntas para tópicos relacionados às nomeações de funcionários-fantasmas, que todo mês devolviam 80% a 90% de seus salários em dinheiro vivo, valores que na sequência serviam para comprar, efetuar pagamentos e o que mais fosse.

"O senhor sabia se alguns dos seus assessores de fato não prestavam serviço público, o que se chama de funcionário-fantasma? Chegou a ter alguma suspeita?"

"Todo mundo trabalhava no gabinete. Se eu soubesse que não trabalhasse eu seria o primeiro a exonerar."

"Ok. O senhor pediu para fornecer alguns nomes. Vou falar aleatoriamente porque são muitos." E o promotor foi citando um a um os nomes dos funcionários que constavam na lista de repasses a Queiroz desde o relatório do Coaf.

Uma análise das contas bancárias do grupo, um total de dez pessoas, mostrou que esse núcleo chegou a repassar mais de 2 milhões de reais a Queiroz. A cada nome, Flávio tinha uma resposta. Um deles estaria na Europa no período da nomeação para gozar férias não vencidas. Coisa de 248 dias. Os demais assessores suspeitos de serem "fantasmas" atuariam numa espécie de "trabalho de rua" para colher demandas da população. Uma havia indicado uma praça para reforma, outra fazia militância de base com famílias de policiais. No final, o investigador perguntou sobre uma ex-vizinha de Queiroz, do tempo em que ele morou em Oswaldo Cruz, na Zona Norte: "O senhor se recorda de Luiza Souza Paes?".

"Também me recordo. É filha de um amigo do Queiroz, também nessa região."

"O senhor se recorda o que ela fazia no seu gabinete? Se ela comparecia ao seu gabinete?"

"Eu via com pouca frequência no gabinete. Às vezes comparecia, mas era mais uma pessoa que o Queiroz fazia a supervisão do trabalho. Equipe de rua praticamente."

O caminho dos milhões em espécie

"O senhor sabe se ela ocupou outros cargos na Alerj?"

"Acho que ela trabalhou um tempo na tv Alerj, se não me engano."

Depois das primeiras perguntas gerais, o promotor passou a se aprofundar na versão de Fabrício Queiroz sobre o grupo de assessores. Flávio sabia da existência de algum funcionário dito extraoficial? Sabia da existência dos repasses e depósitos do staff de Flávio para Queiroz ou para ele, Flávio? Os promotores já sabiam que não existia nenhum repasse direto para Flávio, mas tinham encontrado um depósito de 25 mil reais, em dinheiro vivo, em agosto de 2011, de Queiroz para Fernanda, mulher do senador.

"Além desses assessores formalmente nomeados existia alguma espécie de assessor extraoficial trabalhando para o senhor direta ou indiretamente?"

"Que eu saiba não, eu jamais permitiria."

"A sua advogada deve ter esclarecido que essa foi uma das alegações do investigado Fabrício Queiroz. Então não é verdade essa alegação?"

"Pode ser verdade, mas se eu soubesse eu não permitiria."

"E o senhor sabia se o sr. Fabrício Queiroz recebia dinheiro de algum assessor?"

"Óbvio que não, se eu soubesse, mais uma vez, eu seria o primeiro a tomar providências."

"O senhor ou alguém da sua família recebeu dinheiro do investigado Fabrício Queiroz ou de algum outro servidor da Alerj?"

"Não. Eu nunca recebi dinheiro de ninguém do meu gabinete."

"E nem ninguém da sua família?"

"Que eu saiba também não."

"Nem mediante transferências bancárias?"

"Que eu saiba não."

"O senhor fazia pessoalmente suas transações bancárias ou delegava para alguém?"

"Muitas das vezes eu mesmo fazia o pagamento, às vezes usando o cartão, às vezes em espécie. Às vezes pedia pra algum secretário meu pagar, ou podia ser o Queiroz esporadicamente. [...] Quando pedia pra alguém pagar, eu mesmo dava o dinheiro pra pessoa pagar minhas contas, em espécie. Quando eu ia pagar, ou era espécie ou passava cartão."

"De onde saía esse dinheiro em espécie? O sr. sacava da sua conta?"

"Sacava da minha conta ou pegava também dinheiro em espécie lá na minha lojinha que eu tenho. Recebi dinheiro em espécie por ocasião da venda de um imóvel, isso tá declarado na escritura, em Laranjeiras. A origem era essa, do dinheiro que eu pagava em espécie."

Assim, de modo sutil, o promotor introduziu o tópico das vultosas quantias de dinheiro vivo na rotina de Flávio. As perguntas e respostas ocorriam praticamente sem nenhum atrito, mas era patente o nervosismo do senador. A promotoria parecia ter optado por deixar as mentiras e contradições fluírem com naturalidade, sem necessariamente emparedar o investigado. Perguntaram também sobre o costume de Flávio pedir a Queiroz para quitar suas contas. Existiam imagens do policial pagando dois boletos de Flávio, em espécie. O senador disse ignorar quantas vezes aquilo havia ocorrido e que era só "para conta pequena". Os boletos que o MP já tinha flagrado, para custeio da escola das filhas de Flávio, eram no valor de 6,9 mil reais.

O caminho dos milhões em espécie

Mais alguns minutos e o promotor voltou a insistir nos pagamentos em dinheiro. O próprio Flávio se adiantou em explicar um controverso episódio em 2017. Imagine-se a cena: um deputado estadual, sozinho na frente de um caixa eletrônico. Aí ele puxa um envelope e deposita 2 mil reais. Depois outro, mais um e assim por diante. Quarenta e oito vezes. Dava um total de 96 mil reais. A cena ficou tão simbólica que até virou fantasia de Carnaval em 2019. Segundo o senador, esse dinheiro se originou da venda de um apartamento. O comprador até confirmou que havia pagado parte da dívida, 100 mil reais, em espécie, mas não em cédulas dispostas em envelopes de 2 mil reais.

"O senhor se recorda se suas contas-correntes costumavam receber outros depósitos de forma fracionada?"

"Não. Pelo que eu me lembre, todos esses depósitos fui eu que fiz. Principalmente, depois que eu vendi o apartamento. Até uma garantia da origem lícita é que eu não tinha medo de botar na minha conta. Eu fazia fracionado desse jeito porque, às vezes, o cartão ia virar negativo. Tinha que colocar um complementozinho ali. Fazia dessa forma para ter mais privacidade ao invés de ir lá na boca do caixa e enfrentar fila. Botava ali o limite no caixa eletrônico sem problema nenhum para não ficar negativado."

"Mas o senhor não tinha assessores que podiam fazer? Porque o Fabrício Queiroz fazia."

"É que assim…"

"Então todos os depósitos na sua conta foram feitos pelo senhor?"

"Que eu me lembre, sim."

As perguntas eram feitas ora por Ferreira Gomes, ora pelo outro promotor, Eduardo Santos de Carvalho. Como Flávio mencionou os pagamentos em dinheiro vivo, Carvalho quis saber se ele guardava dinheiro em casa: "O senhor mencionou pagamentos em espécie. O senhor costuma guardar dinheiro em espécie em casa?".

"Guardo para despesas pequenas pessoais, só, dr. Eduardo. Vou chutar aqui. Devo ter 8 mil reais em casa, de vez em quando. Não vou juntando dinheiro em casa, não."

"Tá. Abaixo de 10 mil reais?"

"Ah, é", respondeu Flávio.

Já mais próximo do fim, o roteiro de perguntas foi direcionado para as negociações de imóveis. Entre 2005 e 2020, ele havia negociado dezenove imóveis em aquisições que lhe renderam um lucro de 3 milhões de reais.

Os promotores já sabiam que as contas dele e da mulher haviam sido irrigadas com depósitos de procedência desconhecida e em dinheiro vivo. Em geral, envelopes de 5 mil reais depositados pouco antes do dia de quitar o boleto do financiamento. Mas não fizeram a pergunta diretamente. Nos autos, porém, eles já tinham mapeado 141 depósitos suspeitos entre 12 de junho de 2014 e 9 de agosto de 2018. Um total de 275,5 mil reais.

O promotor perguntou sobre a compra do apartamento em que o casal morou até mudar para Brasília, um imóvel adquirido por 2,55 milhões de reais em 2017. Valor quitado por meio de cheques, transferências e um financiamento bancário. Mas nessa negociação também havia um pagamento de 30 mil reais em espécie, feito diretamente por Flávio ao proprietário.

"O proprietário afirmou que o senhor pagou 30 mil reais em espécie. O senhor confirma e se recorda a razão desse pagamento?"

O caminho dos milhões em espécie

"Foi. Era coisa que ele queria negociar comigo. Queria deixar cortina, lustre, não sei o quê. Tirou mais 30 mil reais."

"Mas não lembra especificamente quais eram os móveis?"

"Era coisa banal. […] Um imóvel que valia 2,5 milhões e o cara cobrando 30 mil reais, para manter o negócio, cedi para o cara."

"O senhor se recorda por que não fez essa transferência por TED? […]"

"Eu tinha uma coisinha guardada em casa. Preferi fazer desse jeito."

"Uma coisinha? Trinta mil reais? Era mais?"

"Mas é só isso que ele declarou aí."

"Tinha mais dinheiro em casa nessa época?"

"Olha, provavelmente não. Eram aqueles 30 mil reais. Eu não guardava tanto dinheiro em casa. Mas era o que eu tinha ali em mãos e acertei desse jeito com ele."

A resposta um pouco debochada apontou a discrepância. Como Flávio já tinha tropeçado na própria narrativa, o promotor resolveu tentar outra ponta solta que envolvia o dinheiro recebido por Fernanda, mulher de Flávio, do policial: "Uma declaração do senhor que me deixou em dúvida. O senhor disse que nem o senhor nem seus familiares teriam recebido dinheiro do sr. Fabrício Queiroz ou de outros assessores. Mas foi localizada pelo menos uma transferência, aliás, um depósito de 25 mil reais, identificado como portador dos recursos o sr. Fabrício Queiroz. O senhor sabe a origem desse dinheiro e a razão desse depósito?".

"Não sei a origem do dinheiro. Mas dá uma checada direitinho que eu tenho quase certeza que não deve ter nada a ver com Queiroz. Queiroz nunca depositou dinheiro na conta da minha esposa, pelo que eu saiba."

"Tá encerrado esse tópico", finalizou o promotor.

Flávio também se enrolou bastante quando foi questionado sobre a compra que fez de duas quitinetes em Copacabana, em 2012. O vendedor depositou cheques de Flávio e outros 638 mil reais em espécie. Tudo ao mesmo tempo e no dia em que foi feita a escritura de venda. Só que esse era outro branco na memória de Flávio: "Que eu me recorde não", afirmou. "Se eu não me engano, foi por transferência bancária desse sinal. Cheques. E no dia, eu paguei as duas salas junto com a minha esposa. Foi no próprio cartório. Paguei e, segundo a própria escritura, já entrei com a chave."

Os promotores já sabiam que o comprador anotara um encontro na agência do HSBC para fechar o negócio. Mas esse foi outro momento em que a memória de Flávio falhou. Os investigadores aparentemente deixaram que ele fosse evasivo, de propósito.

ADIANTE, Flávio envolveu o pai, os irmãos e outros funcionários em negociações suspeitas e, por consequência, na investigação em si. Todos faziam parte do Negócio do Jair. A partir de 2007, o grande negociador dos imóveis da família passava a ser o primogênito. Jair trocou uma casa por outra quando casou com Michelle. Depois parou de fazer negócios e passou a ajudar Flávio em suas aquisições. O primeiro negócio de Flávio com a ajuda de Jair foi a aquisição de doze salas comerciais na Barra da Tijuca, em 2008.

"As corretoras imobiliárias, foram duas Cyrella e TG Brooksfield, informaram que os pagamentos do financiamento dessas salas foram financiados pelas próprias corretoras. Parte

O caminho dos milhões em espécie 233

deles (pagamentos) foi feita com dinheiro em espécie, mais especificamente no ano de 2008, 86779,43 reais. Outra parte foi feita com cheques, especificamente 8,8 mil reais, e outros pagamentos foram feitos por boletos bancários. Inicialmente o senhor se recorda de quem eram os cheques utilizados nesses pagamentos?"

"Os cheques eram meus", respondeu Flávio.

"Eram seus? Tá. E os depósitos em espécie?"

"Eu saí pedindo emprestado para o meu irmão, para o meu pai, eles me emprestaram esse dinheiro. Tá tudo declarado no meu Imposto de Renda, que foi comprado dessa forma. Depois eu fui pagando a eles esses empréstimos. Acho que o Jorge, que era chefe de gabinete do meu pai, também me ajudou."

"O senhor mencionou que efetuou empréstimos, que estão inclusive declarados na sua declaração de Imposto de Renda. E depois nos anos seguintes, tem as declarações dos pagamentos desses empréstimos, da devolução. Essas transações foram feitas sempre em dinheiro ou era transferência bancária?"

"Não. Era em espécie, em dinheiro."

Ao revisar as declarações do Imposto de Renda, o mp constatou que Flávio não tinha como justificar, com o dinheiro que entrava em suas contas, as dívidas que acumulava entre gastos e aquisições de imóveis, ano após ano. Tampouco havia saques de sua conta nas datas de pagamentos de despesas com dinheiro vivo. Nem na conta de sua mulher — que inclusive ficou mais de quatro anos sem fazer um único saque, de 2010 a 2014.

Mas o mais importante era como tudo estava interligado. Nessa lista confusa de entradas e saídas, existiam os empréstimos em dinheiro vivo da família e de funcionários de Jair Bolsonaro. O senador dizia que pedira dinheiro emprestado a várias pessoas para custear a compra das salas comerciais. Nos documentos, constam empréstimos de Jair (55 mil reais), Carlos (35 mil reais), Léo Índio (60 mil reais) e Jorge Francisco (80 mil reais), que era chefe de gabinete de Bolsonaro na Câmara e trabalhou com a família por vinte anos. De todos, o que menos parecia ter condição de fazer aquele empréstimo era Léo, assessor do primo na Alerj. Em 2007, o salário dele era de 3,1 mil reais líquidos.

No entanto, em 2010, quando Flávio revendeu as salas e até obteve certo lucro, ele contraiu outros empréstimos. Pegou mais 70 mil reais com Jorge e outros 100 mil reais com Wolmar Villar Júnior, funcionário do gabinete de Bolsonaro na Câmara e agora assessor especial da Presidência da República. Wolmar é um dos mais antigos no staff de Bolsonaro, está com o clã desde 1992. Sua mulher, Miqueline Sousa Matheus, também tinha um cargo no gabinete da Câmara, entre 2005 e 2018. Mesmo assim, na época do empréstimo, o casal se inscreveu no programa de habitação Morar Bem, do Distrito Federal, espécie de braço estadual do Programa Minha Casa Minha Vida, do governo federal. Eles não conseguiam comprar uma casa própria com uma renda de cerca de 8 mil reais, em 2011, mas teriam 100 mil reais em dinheiro vivo para um empréstimo.

Ao mesmo tempo, ainda em 2010, Flávio informou que fez uma doação de 733 mil reais para sua mãe, em espécie. De acordo com os documentos, entre 2009 e 2013 ele teria quitado, também em dinheiro, os empréstimos feitos com a família e os funcionários do pai.

O caminho dos milhões em espécie 235

Algum tempo depois, quando o depoimento e os detalhes do imposto de renda vieram à tona, Flávio não quis explicar nada. Aliás, nunca mais. Nem ele, nem a mãe. E essas eram apenas parte das questões sensíveis que envolviam a família. Em agosto de 2020, o repórter Fabio Serapião tinha conseguido cópia da quebra de sigilo bancário de Fabrício Queiroz e Márcia Aguiar. Ali, o jornalista verificou que das contas do casal saíram 27 cheques no total de 89 mil reais para a primeira-dama Michelle Bolsonaro. Os novos dados colocavam sob suspeita a versão de Jair para um dito empréstimo dele para Queiroz. Em dezembro de 2018, para tentar acalmar o escândalo, Bolsonaro justificara o primeiro conjunto de cheques como o pagamento de uma dívida de 40 mil reais. Agora, sabia-se que esses depósitos ocorreram por anos, de 2011 a 2016. Se Queiroz pegou esse valor emprestado, por que iria devolver mais do que o dobro?

Aquela crise em torno de Queiroz e envolvendo a primeira-dama causou estresse no casamento. Havia algum tempo Michelle culpava o marido e se ressentia por aquela exposição. Nenhum dos dois falou publicamente sobre a descoberta dos novos cheques e questionar Bolsonaro sobre esse assunto se tornou um risco. Depois da prisão de Queiroz, por quase dois meses ele foi blindado pela equipe e evitou entrevistas. Aproximou-se mais dos partidos do centrão para tentar estabilizar seu mandato, temendo um afastamento.

Mas, num domingo, no fim de agosto de 2020, o presidente voltou a fazer mais um de seus passeios, dessa vez perto da Catedral de Brasília. Durante a caminhada, tumultuada devido ao público e ao staff de seguranças, gerou mais uma das inúmeras aglomerações que provocou ao longo da pandemia.

Ali, durante o trajeto, um repórter do jornal *O Globo* aproveitou a chance e perguntou sobre os cheques. A resposta veio com uma ameaça: "Minha vontade é encher sua boca com uma porrada, tá?".

A defesa de Flávio atuou como pôde para engendrar estratégias de anular a investigação e combater os vazamentos dos dados do procedimento. Como a denúncia não era protocolada pelo MP, o clã ficava possesso ao ver reportagens sobre seus dados financeiros. Assim, os advogados fizeram denúncias no Conselho Superior do Ministério Público acusando os promotores pelo repasse de dados, escreveram artigos atacando a imprensa e, em determinado momento, entraram com uma ação pedindo censura contra a TV Globo. Conseguiram uma decisão, inconstitucional, proibindo a empresa de publicar reportagens sobre o caso de Flávio. No pedido de censura, existiam insinuações de que os jornalistas estavam fazendo crime de receptação ao receber dados sigilosos. O episódio foi usado como uma espécie de recado para os demais repórteres.

Interpretações bastante equivocadas. O dever de sigilo cabe às partes de um processo, jamais a um jornalista com acesso a informações de interesse público. O dever de sigilo do repórter é com a fonte, é um direito constitucional. Que a defesa de Flávio espernease porque aquilo era prejudicial a seu cliente, em meio à tensão do período que antecedeu a denúncia, era até compreensível. Inaceitável era ver uma decisão judicial autorizar a censura generalizada. Isso depois de inúmeras decisões da Suprema Corte do país firmando a jurisprudência do acesso à informação e do fim da censura.

Aquela trava vinha porque a defesa tinha entendido que a lista de perguntas feitas a Flávio no depoimento era, na reali-

O caminho dos milhões em espécie

dade, também um roteiro do que estaria na denúncia contra ele. E era impossível para os advogados impedir, naquele momento, que a denúncia fosse apresentada. O volume das provas era bastante contundente, e colossal. A única coisa que ainda não existia nos autos era uma confissão.

O Supremo Tribunal Federal ganhou um novo ministro no dia 5 de novembro de 2020. Depois de um mês da indicação, o desembargador do TRF-1 (Tribunal Regional Federal da 1ª Região) Kassio Nunes Marques tomou posse da cadeira que pertencia ao ministro Celso de Mello, então decano do Supremo.

Nunes Marques, como prefere ser chamado, tinha se tornado magistrado em 2011, em uma das vagas destinadas à advocacia — o quinto constitucional. Natural de Teresina, no Piauí, ele iniciou a carreira no Judiciário após ter sido o mais votado para desembargador na lista tríplice da OAB (Ordem dos Advogados do Brasil). Na época, fora nomeado pela presidenta Dilma Rousseff. Esse histórico não impediu que ele fosse escolhido pelo presidente Jair Bolsonaro, que costuma renegar qualquer servidor relacionado com os governos petistas.

Ao chegar ao STF, ele trazia um longo currículo. Cursou direito na Universidade Federal do Piauí, depois fez mestrado na Universidade Autónoma de Lisboa, em Portugal. Ainda fez um doutorado na Universidade de Salamanca na Espanha e um pós-doutorado em direitos humanos na mesma instituição. No currículo, ele ainda declarava: "Pós-doutor em Direito Constitucional" pela Universidade de Messina, Itália, e um "Posgrado em Contratación Pública", da Universidade de La Coruña, na

Espanha. No entanto, não demorou para a imprensa descobrir que o curso na Itália não passava de um ciclo de seminários, e o "posgrado" espanhol foi um curso de extensão de cinco dias. E, como se não bastasse, reportagens da revista *Crusoé* e do jornal *O Globo* identificaram que três trechos da dissertação de Nunes Marques eram iguais a artigos de outro advogado.

Mas a partir do momento em que a escolha de Jair Bolsonaro por Nunes Marques começou a circular, nada parecia deter a nomeação. Seu nome já havia sido ventilado anteriormente para vagas no STJ, mas de repente foi elevado a candidato ao Supremo. Poucos sabiam, mas o magistrado vinha costurando apoios de diferentes lugares. Tinha o sinal positivo de Davi Alcolumbre, então presidente do Senado, e do senador Ciro Nogueira, presidente do PP, um partido da base de Bolsonaro. Também transitava com facilidade entre outros partidos. E antes de ser ungido, ou melhor, nomeado, foi apresentado aos ministros do STF Gilmar Mendes e Dias Toffoli, em um sinal de deferência.

Esses movimentos do eleito desagradaram a base bolsonarista, especialmente nas redes sociais. Mas, no íntimo, o clã sabia que o momento exigia alguém que eles acreditassem que seria totalmente leal. Wassef, mesmo afastado, orquestrava essas escolhas e, junto a Flávio Bolsonaro, tinha convencido o presidente a adiar a escolha do "ministro terrivelmente evangélico" e optar por Nunes Marques.

Quando o novo ministro passou na sabatina do Senado, em outubro de 2020, ninguém sabia desse detalhe. Ele teve 57 votos favoráveis e foi aprovado. Nas palavras do presidente, ele se tornou "os 10%" de Bolsonaro dentro da Corte. Uma afirmação que se tornaria cristalina a partir dos votos do ministro no ano seguinte e decisiva para a vida de Flávio Bolsonaro.

O *caminho dos milhões em espécie*

Mas no dia em que Nunes Marques assumiu a cadeira de Celso de Mello, os Bolsonaro mal comemoraram, pois estavam preocupados com outra coisa. A denúncia do MP do Rio acusando Flávio viera à tona no dia anterior, 4 de novembro de 2020. E, sim, as perguntas feitas ao senador tinham tudo a ver com o conteúdo do documento de quase trezentas páginas.

Flávio foi acusado de liderar uma organização criminosa e desviar 6,1 milhões de reais da Alerj. Queiroz, apontado como um dos operadores, movimentou 2,1 milhões de reais do total do dinheiro desviado. Mas o atual chefe de gabinete, o discreto coronel Miguel Braga Grillo, também foi denunciado como operador, já que era por ele que passava toda a administração do gabinete, incluindo as folhas de ponto dos assessores que recebiam sem trabalhar. Ao todo, dezessete denunciados. Do lado de Queiroz, Márcia, Nathália e Evelyn, a mulher e duas filhas do policial. No de Flávio, Fernanda, sua mulher. Nos demais, outros assessores que fizeram repasses a Queiroz e o corretor americano que depositou 638 mil reais em espécie após vender dois imóveis ao filho de Bolsonaro.

O MP fluminense fugia de tudo que chegasse muito perto de Jair Bolsonaro. Eles não tinham jurisdição para atuar, mas também não agiam para repassar os dados a quem tinha, a PGR. Cheques de 89 mil reais para Michelle, 733 mil reais na conta de Rogéria? Essa informação passou batida nas acusações da denúncia. Os parentes de Cristina, o núcleo de Resende do esquema do clã, seguiram sob investigação em um caso desmembrado.

Existia, porém, uma novidade bastante importante, uma confissão — e ela vinha de um caminho improvável, da estatística Luiza Souza Paes. Amedrontada com a possibilidade de ser presa após ter tido duas operações de busca e apreensão na sua casa, a jovem havia procurado o MP em setembro de 2020 para fazer uma colaboração espontânea. Tinha perdido o emprego e estava com dificuldades para arrumar outro. Ao menos, foi isso que ela relatou aos procuradores do caso.

No depoimento, Luiza contou como foi parar no gabinete de Flávio. Em 2011, quando ainda cursava a faculdade, seu pai, Fausto, estava tentando um emprego junto ao gabinete de Flávio. Queiroz não conseguiu uma vaga para ele, mas disse que podia ver um estágio para Luiza. Só que quando a jovem chegou para tomar posse, o emprego não era um estágio, mas um cargo no gabinete de Flávio. Ela quis saber quais seriam suas tarefas e lhe disseram que não precisava se preocupar. Quando surgisse algo, ela seria procurada. Sua única tarefa era sacar todo mês o salário que vinha da Alerj e depositar para Queiroz na boca do caixa, sem identificar. Ela ficava com setecentos reais. O resto, 2,8 mil em média, ia para a conta ou para as mãos de Queiroz. E ela também tinha obrigação de entregar parte dos vencimentos de férias, 13º, vale-alimentação e até da restituição do Imposto de Renda.

Luiza admitiu que, no período em que esteve como assessora, devolveu cerca de 155 mil reais para o policial. Confessou que nunca deu expediente e, portanto, era uma funcionária-fantasma. E tudo isso ocorreu não apenas quando ela estava no gabinete. No período em que esteve lotada na TV Alerj, ela também tinha que entregar o dinheiro a Queiroz. Ou seja, a rachadinha saía do gabinete de Flávio e continuava em cargos de confiança em outras áreas da Casa. Mas o dinheiro voltava para o gabinete por meio de Queiroz. Luiza confirmou ainda que ela não era a única naquela situação. Outras pessoas, como

O caminho dos milhões em espécie   241

a personal trainer Nathália, filha de Queiroz, participavam de esquema semelhante.

Luiza também forneceu os documentos de sua conta que mostravam os saques e depósitos. Entregou outros dados, como as localizações de seu celular em dezembro de 2018, e falou das tentativas que a defesa de Flávio fez para atrapalhar as investigações. Contou ter sido orientada por Luis Gustavo Botto Maia, em dezembro daquele ano, a não prestar depoimento. No dia marcado para ela ir depor, foi chamada para conversar com Frederick Wassef num hotel na Barra da Tijuca, no Rio de Janeiro. Foi lá que ela conheceu o advogado a quem depois passou a chamar de "maluco" e "louco de pedra".

O depoimento de Luiza corroborava as investigações e funcionava como a última peça do quebra-cabeça que tinha sido montado desde a entrega dos valores até a lavagem do dinheiro. Com a colaboração, a jovem se comprometeu a restituir o dinheiro que ficou com ela ilegalmente e o MP pediu, na denúncia, que ela tivesse redução de pena. A estatística foi denunciada por peculato e organização criminosa. Entre os investigadores, porém, havia expectativa de que outros se apresentassem para falar do envolvimento de Flávio. Todos os acusados permaneceram em liberdade para responder ao processo. Só Márcia e Queiroz continuavam em prisão domiciliar.

Alguns meses se passaram e ficou claro que, ao longo do ano de 2021, se os investigadores, que atuaram no caso desde o início de 2019, pretendiam avançar, as decisões do STJ e as inúmeras mudanças no comando do MP fluminense não iriam permitir. Enquanto a imprensa trabalhava em diversas matérias para explicar o conteúdo da enorme denúncia contra ele, o senador se metia em mais uma negociação nebulosa. A mais dispendiosa de sua vida. Em 23 de novembro de 2020, ele pagou um sinal de 200 mil reais para adquirir uma mansão com valor total de 5,7 milhões de reais no Lago Sul, em Brasília. Um imóvel de 1,1 mil metros quadrados de área construída, num terreno com mais do que o dobro desse espaço. Quatro suítes, closet, salas de estar e de jantar com pé-direito duplo, escritório, home theater, espaço gourmet com ampla varanda, brinquedoteca, piscina e tudo mais que o primogênito achou que tinha direito. Coincidência ou não, o valor da aquisição era quase igual ao que o MP exigia que o novo proprietário devolvesse aos cofres públicos e próximo do total desviado por ele da Alerj.

15. O clã contra-ataca

STJ anula provas e trocas no MP-RJ paralisam caso; viúva de Nóbrega tenta delação. Carlos e Cristina viram alvo

31 DE DEZEMBRO DE 2020

Faltavam poucas horas para o réveillon de 2021. Era quinta-feira, dia da live semanal de Jair. Ele curtia dias de descanso no forte dos Andradas, no Guarujá. A live é um momento em que ele defende o governo e convida ministros para posar ao seu lado, mas, sobretudo, faz uma espécie de talk show com comentários sobre o Brasil e o mundo. O cenário tenta forjar uma conversa informal e direta com as pessoas que acompanham suas redes.

Em geral, as lives são feitas na biblioteca do Alvorada, mas aquela foi filmada no Guarujá, depois de dias em que Bolsonaro alternou passeios, promoveu aglomerações em plena pandemia, participou de um jogo amistoso no estádio do Santos Futebol Clube. Na transmissão, ele vestia uma camiseta com a mensagem: "Lei do mandante: eu apoio". Referência a um projeto de lei de interesse dos clubes de futebol para negociar seus jogos sem interferência do adversário visitante. Um tema que possui seu nicho de interesse, mas que, obviamente, estava longe das prioridades do Brasil naquele dia.

Nem a pandemia havia segurado Jair em Brasília. O mundo corria atrás de vacinas, mas ele não. Da Europa chegavam notícias de novos lockdowns e medidas de restrição devido às variantes do vírus que estavam infectando até quem já havia se contaminado. Os dados eram assustadores.

Dias antes, o presidente disse que os laboratórios é que tinham de correr atrás de um mercado como o Brasil, com 210 milhões de habitantes. Na cabeça dele, era necessário pechinchar o máximo pelo custo unitário da vacina. Nem lhe ocorria que todos os países do globo estavam atrás do produto e que a segunda onda da covid seria mortal para os brasileiros. Seis meses depois, o país iria registrar 500 mil mortos pela doença.

No início da live, ele mencionou a compra de vacinas como um expediente trivial. Citou dados da vacinação mundo afora. Disse que o governo estava esperando que as empresas apresentassem documentação à Anvisa para liberar as doses. Insistiu de maneira equivocada que seria responsabilizado em caso de efeitos colaterais da Pfizer e que "depois iam ver" quem precisaria da vacina, insinuando que nem todos teriam que se imunizar. E anunciou que ele próprio não pretendia se vacinar, pois já tinha se curado da covid e adquirira os anticorpos, ainda que especialistas em todo o mundo alertassem sobre o risco de nova infecção naqueles que já haviam contraído a doença.

Passara pouco mais de meia hora quando ele se pôs a reclamar da imprensa. Pegou os óculos na mesa e leu um papel que segurava com a mão esquerda. Citou uma reportagem da *Folha de S.Paulo* mencionando que ele fora nomeado "personalidade do ano" pela ong Organized Crime and Corruption Reporting Project (occrp), consórcio internacional de jornalistas investigativos.

Bolsonaro parecia ter roteirizado o momento. Citou a matéria e depois começou a lembrar da delação do doleiro Dario

O clã contra-ataca 245

Messer e a menção que ele fez a uma suposta entrega de pacotes de até 300 mil dólares na Globo, que seriam para os irmãos Marinho. Messer não apresentou provas. Mas o que Bolsonaro realmente queria dizer vinha na sequência: "Vocês tão há dois anos falando do Queiroz. Ele tá em prisão domiciliar, nem prestou depoimento ainda. Está em discussão na Justiça, mas fica sangrando. Quase todo dia toca nesse assunto. Se ele errou, pague pelo seu crime", reclamou, estendendo a mão sobre a mesa. Em seguida, veio o ataque. Bolsonaro olhou para frente e, sem consultar os papéis, disse: "Agora o MP do Rio, presta bem atenção aqui", afirmou e respirou por um segundo. "Imagine se um dos filhos de autoridades do MP do Rio fosse acusado de tráfico internacional de drogas: o que aconteceria, MP do Rio de Janeiro? Vocês aprofundariam a investigação ou mandariam o filho dessa autoridade para fora do Brasil e procurariam uma maneira de arquivar esse inquérito?".

Ele seguiu falando e gesticulando em círculos, com a mão direita: "Isso é um caso hipotético, vamos deixar bem claro. Se fosse um filho de vocês que tá na cúpula do MP do estado do Rio de Janeiro acusado de tráfico internacional de drogas, acusado pela Polícia Civil, esse caso seria apurado, deixando bem claro, caso hipotético, esse caso seria apurado, ou o filho de um de vocês providenciaria mandar pra fora do Brasil pra esfriar o caso e providenciaria arquivar esse processo? [...] Fica aí com a palavra as autoridades do MP do Rio. Como vocês procederiam nesse caso hipotético?", mencionou Bolsonaro, após muita ênfase ao citar, várias vezes, a palavra "hipotético".

É claro que era um recado. Tudo soava como uma grande e perigosa ironia e se tornou o episódio derradeiro na crise entre a família Bolsonaro e o procurador-geral de Justiça fluminense,

Eduardo Gussem. Dois meses antes, a equipe direta dele, o Grupo de Atribuição Originária, entregara a denúncia que acusava Flávio de liderar uma organização criminosa que desviou 6,1 milhões de reais dos cofres da Alerj. Gussem, porém, era o titular da investigação, e em 2018 também fora da equipe dele a responsabilidade de instaurar o procedimento que abriu o caso. Só que por seis meses a investigação não andou. Engatinhou quando a imprensa descobriu o relatório sobre Queiroz. Mesmo assim, apesar de sempre demonstrar certa hesitação perante o caso, Gussem foi visto como inimigo do clã.

Quem convivia com o procurador contava que ele não queria ser visto como os colegas da Lava Jato, sobretudo os do MPF de Curitiba. Ao mesmo tempo, Gussem lutava contra uma imagem de leniente do MP-RJ, em especial por conta dos crimes do ex-governador Sérgio Cabral, que passaram em branco no MP fluminense antes de seu comando na PGJ.

Essa situação deixava Gussem dividido, daí sua preocupação excessiva com a imagem. Apesar de delegar os casos de sua atribuição direta a uma equipe da Procuradoria, ele seguia com controle total. Ninguém podia agir sem avisá-lo ou sem seu consentimento. Inclusive nos grupos de atuação especializada, onde ele nem era o titular das investigações. Gussem sempre acompanhou os movimentos de casos tidos como midiáticos. Mas o principal sintoma de suas preocupações com a imagem era a escolhida para chefiar sua equipe de Comunicação: a promotora Gabriela Serra, sua mulher. Ela coordenava todo o atendimento à imprensa no MP, sobretudo as demandas que diziam respeito a Gussem, seu marido.

O procurador não queria que o vissem como um perseguidor da família Bolsonaro, mas o MP tampouco dava satisfações

O clã contra-ataca 247

à sociedade sobre os avanços da investigação. O procurador não se importava que o trabalho do MP fosse considerado moroso. E, publicamente, outros casos sob sigilo do MP tinham um tratamento diferente. Quando, por exemplo, sua equipe prendeu Marcelo Crivella, então prefeito do Rio, em dezembro de 2020, os procuradores concederam entrevista coletiva explicando os motivos da ação. Em 19 de outubro, a mesma equipe de procuradores liderada por Gussem denunciou Flávio Bolsonaro ao TJ e nada foi comunicado. A informação só foi divulgada às 00h06 de 4 de novembro de 2020, duas semanas depois do protocolo da denúncia, quando o mundo inteiro acompanhava a apuração dos votos de Joe Biden e Donald Trump na eleição presidencial dos Estados Unidos.

Mesmo com esse comportamento titubeante, sem jamais ter feito uma avaliação pública das provas do caso de Flávio, o procurador não tinha a consideração de Bolsonaro, a quem interessam apenas os aliados. Era visto como um inimigo, e a referência ao filho de um integrante do MP acusado de tráfico de drogas era um recado. Uma tentativa de constrangê-lo, reavivando um episódio em que amigos de um dos filhos do procurador foram flagrados com drogas. Havia algum tempo que se cochichava essa história nos corredores do MP, sobretudo entre inimigos políticos do procurador. Quando surgiu, distorcida, na live do presidente, a instituição reagiu dizendo que Jair devia formalizar uma denúncia, se tivesse elementos para isso. Mas ele não voltou a tocar no assunto.

O EPISÓDIO DA LIVE foi o fim de um morde-assopra. Em 2020, Bolsonaro acionou alguns interlocutores pedindo que convidassem Gussem para uma conversa no Planalto. O assunto? Flávio. O procurador resistia. A agenda, porém, foi cumprida. Antes da denúncia, Marfan Martins Vieira, subprocurador-geral de Justiça de Relações Institucionais e Defesa de Prerrogativas do MP-RJ, se encontrou com o capitão e ouviu um longo rosário de reclamações sobre vazamentos da investigação.

Mais tarde, as 290 páginas da denúncia contra Flávio azedaram o clima de vez. Naquele momento, a instituição aguardava que o governador em exercício do Rio, Cláudio Castro, nomeasse o mais votado da eleição interna para ocupar a chefia do MP fluminense. Havia o temor de que ele não cumprisse a Constituição estadual, que obriga que o nome escolhido saia de uma lista tríplice. Tal nomeação difere da escolha do PGR, que não exige, por lei, uma lista. E Castro vinha enviando recados por meio de entrevistas, como quando em 16 de dezembro de 2020 ele disse à rádio CBN que, antes de escolher, pretendia ouvir os candidatos: "Estou avaliando se vou chamar os cinco. Se houver alguma desistência… Se alguém renunciar, pode ser que algum deles entre na lista".

Castro se referia a um dos derrotados da eleição que tinha a simpatia dos Bolsonaro. Ele mirava a quarta posição: o procurador Marcelo da Rocha Monteiro, que obtivera 143 votos. Mas Luciano Mattos, o vencedor, conseguira 546 votos, quase quatro vezes mais. E seus adversários haviam se comprometido a endossar a escolha do mais votado, tradição desde 2006. O único disposto a rompê-la era Monteiro.

Mattos chegou à vitória na cúpula do MP apadrinhado pelo ex-procurador-geral Marfan Martins Vieira, que já havia dirigido a instituição por quatro mandatos e tinha apoiado justamente a eleição de Gussem. Mas, no período da eleição, Mattos

O clã contra-ataca 249

ficou sem seu pilar principal: Vieira, que contraiu covid no fim de outubro de 2020, teve de ir à UTI. Tudo em meio à campanha e à eleição no MP.

Vieira só deixou o hospital no fim de dezembro. Mas desde que saíra do coma, voltara a acompanhar cada passo dos desdobramentos da situação. Em casa, depois de quase dois meses de internação, ele precisava tratar das sequelas da doença e necessitava de cadeira de rodas para se locomover. Mesmo assim, em 4 de janeiro de 2021 ele foi ao Palácio Guanabara entregar a lista ao governador. Da conversa, sabe-se um breve resumo. Castro queixou-se de Gussem na condução da instituição. Mencionou excessos contra a classe política e vazamentos de dados das investigações.

Havia algum tempo, comentava-se no mundo político que Castro mal dormia devido às apurações que envolviam desvios de dinheiro público no período em que ele era responsável pela Fundação Leão XIII, investigações que já tinham gerado operações, prisões e até colaborações premiadas. Em 2020, chegaram a vazar imagens de Castro com uma mochila depois de encontrar uma pessoa que mais tarde faria um acordo de delação. Segundo o colaborador, o político levou 100 mil reais em cash depois da reunião. O governador sempre negou o episódio e se queixou da exposição. Mas, nesse dia, a conversa entre Vieira e Castro não teria esmiuçado esses detalhes nem mencionado a situação do senador Flávio Bolsonaro. Esses tópicos sensíveis estavam nas entrelinhas.

E o encontro foi frutífero. Dois dias depois, em 6 de janeiro de 2021, Castro nomeou Luciano Mattos procurador-geral de Justiça fluminense. Na sexta-feira seguinte, 15 de janeiro, Mattos tomou posse. A surpresa, porém, veio na sequência.

Eduardo Gussem não deixou apenas o comando do MP, mas pediu a aposentadoria. Aos 56 anos.

A notícia voou pelos grupos de WhatsApp de membros da promotoria e logo vazou na imprensa. Ele nega que tenha se aposentado devido ao episódio da live do presidente, mas também recusa qualquer entrevista sobre assuntos envolvendo o MP ou sua gestão. Diz que irá escrever um livro daqui a uns cinco anos.

Mais tarde, esses episódios e outros subsequentes terminaram por favorecer o clã Bolsonaro.

EM 30 DE DEZEMBRO de 2020, Eduardo Gussem assinou uma resolução proibindo, até segunda ordem, atos administrativos nos grupos de atuação especializada do MP-RJ. Todos os promotores foram exonerados. Seria um procedimento de praxe, pela troca na cúpula da instituição, que poderia promover uma alteração em cargos de confiança. Tudo seria revogado após a posse da nova administração do MP.

Depois que Luciano Mattos foi garantido no cargo, burburinhos sobre as mudanças vindouras foram ouvidos nos corredores do MP-RJ. O novo PGJ vinha prometendo, desde a campanha, que daria mais força às promotorias. Nos anos anteriores, muitos casos vinham sendo delegados aos grupos de atuação especializada. Havia quem avaliasse que era até uma maneira de alguns promotores terem menos trabalho. Os grupos, porém, cumpriam a tarefa de organizar investigações mais complexas, difíceis de serem cumpridas por uma promotoria sozinha. Nos casos de corrupção e crime organizado, é até um meio de proteção para os titulares desses procedimentos, todos sabem disso. Entre os grupos, o mais ameaçado era o Gaecc. Não porque fosse dispensável, nem porque não

O clã contra-ataca 251

houvesse mais trabalho. O problema eram seus êxitos, como no avanço do caso Flávio Bolsonaro e outros escândalos de corrupção envolvendo o governo do Rio.

Só que havia algum tempo reinava enorme desconfiança interna. Desde fevereiro de 2019, o servidor Ronan Chaves Azevedo e Silva era o titular da gerência de apoio à Procuradoria-Geral de Justiça do MP-RJ que ficava em Brasília. Ele é concursado pela Defensoria Pública fluminense, mas tinha sido requisitado para serviço no MP-RJ em 2017. Depois, cresceu internamente. Na hierarquia, tornou-se um dos assessores diretos de Marfan Martins Vieira. Ronan é filho do general Fernando Azevedo e Silva, na ocasião ministro da Defesa de Jair Bolsonaro. O escritório de Brasília funcionava como base para as ações do Rio que chegavam às cortes superiores. O espaço é pequeno e quando um promotor fluminense precisava trabalhar na capital federal, era preciso dividir até o computador, o que evidentemente causava desconforto nos promotores e procuradores que atuavam em casos que envolviam o clã. Pouco depois da posse de Mattos, foi publicado outro despacho. Para ajuizar ações, os grupos precisavam do aval do PGJ. E muita coisa na área do combate à corrupção ficou parada.

Naquele momento o Gaecc já tinha um documento pronto para pedir uma medida cautelar de quebra de sigilo bancário e fiscal de Carlos Bolsonaro, Ana Cristina Valle e uma série de outros investigados no gabinete dele. Também existiam delações, operações e ações de improbidade à espera do encaminhamento dos promotores. Ignorando o futuro do grupo, o Gaecc comunicou à nova administração da PGJ, já liderada por Mattos, as medidas que precisavam de sequência. Os promotores do grupo, porém, ouviram que era necessário aguardar uma avaliação da nova administração.

Mas o que ocorreu alguns dias depois foi outra coisa: o Gaecc passou a definhar.

Se antes existiam 21 promotores dedicados aos trabalhos do grupo, passados trinta dias da nova administração, apenas um dos antigos integrantes foi renomeado. Sozinho, só lhe restava devolver às promotorias originais os casos que elas haviam encaminhado ao Gaecc. Assim, tanto pelas ações da defesa como pela falta de articulação interna, parecia que se aproximava um cerco sobre a denúncia contra Flávio, pronto para derrubar as provas antes mesmo que o TJ do Rio tivesse a oportunidade de analisar o que havia sido descoberto. No fim de janeiro, a relatora sorteada para análise da denúncia, a desembargadora Maria Augusta Vaz Monteiro de Figueiredo, tinha pedido ao Órgão Especial do Tribunal que marcasse uma sessão para discutir aspectos do caso. Entre eles, se ela seria realmente a relatora, já que Milton Fernandes, outro desembargador, cuidava de alguns habeas corpus relacionados e a denúncia chegou ao seu gabinete por sorteio porque Fernandes estava de férias, na ocasião do protocolo em outubro. Assim, a desembargadora também pretendia que o colegiado se manifestasse se aquele era o foro competente para o caso já que contrariava a jurisprudência do STF.

Nem deu tempo para o julgamento acontecer. Na sequência a defesa de Flávio correu ao STF, e logo obteve uma liminar cassando a análise da discussão inicial da denúncia. O ministro Gilmar Mendes decidiu e informou aos magistrados fluminenses que era necessário aguardar a decisão do Supremo sobre uma reclamação que o MP-RJ havia feito à Corte sobre a decisão do foro. Essa avaliação do STF já demorava seis meses e ainda demoraria outros mais. O ano de 2021 inteiro.

O clã contra-ataca 253

UM CHEIRINHO DE PIZZA também passou a ser sentido em Brasília no fim de 2020. Um sinal surgiu no dia 17 de novembro, quando a 5ª Turma do Superior Tribunal de Justiça se reuniu para julgar alguns recursos de Flávio Bolsonaro. Logo que os habeas corpus começaram a chegar, em março de 2020, dizia-se que o futuro de Flávio no STJ seria duro. Na época da Lava Jato, a 5ª Turma era chamada de "Câmara de Gás" devido às recusas aos pedidos de réus e advogados. Com o sorteio do relator, o cenário para o senador piorou: o ministro Félix Fischer era bastante rígido. Mas em poucos meses tudo mudou. Essa transformação ocorreu especialmente pela atuação do ministro João Otávio de Noronha.

Na época em que os recursos foram protocolados, Noronha presidia o STJ e caiu nas graças de Jair, que a certa altura nem corou ao dizer que, quando o conheceu, sentiu "amor à primeira vista". Isso foi em abril de 2020, momento em que o presidente promovia uma troca de ministros em função da briga e posterior renúncia de Sergio Moro. Na ocasião, Noronha nada tinha a ver com Flávio. Seu primeiro envolvimento com o caso ocorreu no plantão judiciário, em julho, quando concedeu prisão domiciliar a Queiroz e sua mulher, a então foragida Márcia Aguiar. Só que a medida era uma situação temporária e foi logo revogada pelo ministro Fischer, quando os trabalhos da Corte voltaram. A defesa teve que bater à porta de Gilmar Mendes, no STF, para garantir a domiciliar de Queiroz.

Noronha tornou-se, enfim, peça importante na história a partir de 1º de setembro de 2020. Após trocas internas, ele passou a integrar a 5ª Turma. Assim, em 17 de novembro de 2020, era um dos magistrados a analisar os recursos do filho mais velho de Jair Bolsonaro, o homem que lhe confessara "amor à primeira vista". O casamento de Anna Carolina Noronha, filha dele, ocorreu onze dias depois, e contou com as presenças nada constrangidas de Jair Renan e Cristina, que chegou a posar para fotos com o ministro responsável por um caso em que metade da família dela estava metida.

Quando o julgamento dos quatro recursos de Flávio chegou, Fischer, fazendo jus à sua fama, negou tudo que a defesa pedia. Noronha pediu vistas ao processo dizendo que tinha recebido um memorial dos defensores na véspera e queria analisar o conteúdo com cuidado. Fischer não pôde ler o seu voto e o clima ficou um tanto embaraçoso: "É o caso da Alerj, não é isso? O réu, o indiciado, é Bolsonaro, não é?", insistiu Fischer.

Em uma tentativa de contemporizar, Noronha insistiu que o relator votasse quando o julgamento fosse retomado: "Eu estou pedindo vista porque recebi esse memorial ontem à noite. Então, é um caso complexo, de larga repercussão que me cabe examinar como juiz e sendo o julgador que vota imediatamente após vossa excelência. [...] Mandaram memorial ontem. Não tive tempo de examinar".

Após as vistas, logo começaram os rumores a respeito das críticas de Noronha às decisões do juiz Flávio Itabaiana, responsável pelo caso na primeira instância até junho de 2020. A principal era a concisão do magistrado ao escrever a decisão que autorizou a quebra de sigilo (aqueles dois parágrafos em que ele endossava o pedido dos promotores).

O cerco para tentar derrubar a denúncia ia se fechando.

A fim de fundamentar seu voto, Noronha chegou a trabalhar nas férias. Na segunda-feira, 25 de janeiro de 2021, ele pediu ofícios ao TJ do Rio para obter informações atualizadas do caso. Na semana anterior, Flávio Bolsonaro e Frederick Wassef

O clã contra-ataca   255

haviam retomado as aparições públicas. Os dois viajaram de São Paulo para o Rio e foram vistos juntos no aeroporto do Rio de Janeiro no dia 22 de janeiro de 2021.

O questionamento sobre a quebra, cuja legalidade foi mantida tanto na primeira como na segunda instância no Rio, foi levado a Brasília pela advogada Nara Nishizawa, que trabalhava justamente na equipe coordenada por Frederick Wassef. No STJ, porém, apenas seu nome aparecia como advogada de Flávio no recurso.

Foi na terça-feira, 9 de fevereiro, que Noronha liberou os recursos da defesa de Flávio para a retomada do julgamento. Na ocasião, depois de vários meses afastado da defesa de Flávio após a prisão de Queiroz, Wassef reapareceu. Disse que nunca havia deixado a representação e que estava apenas dando continuidade ao seu trabalho. Todos que havíamos visto o senador anunciar publicamente a troca de advogados nos sentimos como se tivéssemos vivido uma realidade paralela. Ele se recusava a admitir que era um retorno aos holofotes. Mas era. Porque dos bastidores ele nunca havia saído.

Noronha anunciou que iria atender a defesa e Fischer pediu novas vistas para analisar o processo. A situação adiou o julgamento por mais duas semanas. Em 23 de fevereiro a análise foi retomada e outra tensão se instalou. Fischer leu seu voto acerca da legalidade da quebra de sigilo e negou o pedido da defesa de Flávio. Noronha iniciou seu voto na sequência. Mas o ministro revisor abordava os quatro recursos da defesa que continham pedidos diferentes e analisavam aspectos distintos. Fischer ficou furioso, pois ele não havia tratado dos demais pedidos: "Em mais de quarenta anos de tribunal, eu nunca vi o relator ficar para depois. Nunca. Em hipótese alguma. Isso não existe".

"Eu não presido a sessão", afirmou Noronha.

"Não é sua vez de votar." O climão se instalou e os ministros decidiram analisar apenas o recurso sobre a legalidade da quebra de sigilo.

Fischer acabou vencido: os outros quatro ministros concordaram com a defesa, a decisão de Itabaiana não havia sido suficientemente fundamentada. Era um duro golpe para os investigadores, porque abria espaço para anular não apenas os dados financeiros, mas outras provas obtidas a partir dessas informações — como documentos e dados de celulares que ajudavam a corroborar a denúncia. Como uma prova ajudou a gerar os pedidos de busca das outras, tudo estava conectado. Era grande a chance de a defesa pedir a nulidade de tudo. Na semana seguinte, outro revés.

Em 3 de março de 2021, a cúpula do MP fluminense extinguiu o Gaecc. Mas a verdade é que ele nunca funcionou na gestão de Luciano Mattos. No anúncio da mudança, informou-se que as funções do grupo passariam para o Grupo de Atuação Especializada no Combate ao Crime Organizado, o Gaeco. Numa análise imediata, fazia sentido. Só que, como o tamanho da equipe conjunta era bastante inferior à soma de pessoas que atuavam nos grupos separadamente, uma equipe menor de pessoas teria que cuidar de um volume maior de trabalho. Ao longo de 2021, nenhuma das investigações dos casos dos deputados da Alerj teve maiores desdobramentos.

Dali a alguns dias, em 16 de março o STJ ainda iria avaliar que Queiroz estava preso havia muito tempo e decidiu conceder a liberdade a ele. Tudo sem que o TJ tivesse tido sequer a possibilidade de avaliar a denúncia apresentada pelos procuradores. Não se passou nem um mês e o policial voltaria a circular e tentaria emplacar uma filha na Casa Civil do governo do Rio. A vida seguia como se nada tivesse acontecido.

Queiroz, porém, não se viu totalmente livre do MP. Em março de 2021, dois promotores tocavam as duas investigações de autos de resistência em que Queiroz havia se envolvido entre 2002 e 2003, mas que em quase vinte anos nunca tinham sido realmente investigadas. Em uma delas, o promotor Claudio Calo, da 24ª Promotoria de Investigação Penal, o mesmo que se declarou impedido no caso da rachadinha por ter encontrado Flávio antes de a investigação vir a público, avaliou que existiam indícios de execução na morte de Anderson Rosa. Queiroz e Nóbrega admitiram ter disparado, na ocasião. Os casos seguem abertos, em apuração, mas também muito perto da data de prescrição. Um deles tem prazo final para conclusão em novembro de 2022 e o outro em maio de 2023.

QUANDO O STJ DECIDIU anular a quebra de sigilo, no fim de fevereiro de 2021, eu já estava no meio da produção de um podcast investigativo sobre toda a história para o portal UOL. Desde meados de 2019 eu sabia que havia um modo de mostrar que tudo aquilo desembocava em Jair: por meio das gravações que estavam de posse de Madalena. Ela, porém, tinha medo das consequências, caso fosse identificada. Ao mesmo tempo, aquele parecia o momento ideal para obter cópia de alguns dados de celulares de diversos investigados. Entre os autos existia um conjunto enorme de mensagens e áudios, sobretudo da família de Queiroz. Em agosto de 2020, eu tinha conseguido acessar parte do conteúdo com o auxílio de uma fonte. No entanto, não ficara com cópia de nada. A outra fonte também tinha medo de retaliações.

Em março de 2021, vários meses já haviam se passado desde os primórdios da investigação. Mas a decisão do STJ instaurara uma calmaria entre os investigados. Pairava a sensação de que o MP-RJ estaria abandonando o caso. Os procuradores até tinham recorrido da decisão do STJ sobre a quebra. A possibilidade de que tudo fosse anulado, inclusive as demais provas obtidas com os dados financeiros, era grande. No futuro, o interesse de tudo aquilo seria apenas jornalístico. Já não serviria como prova no processo.

Além disso, nenhum dos promotores ou procuradores que estiveram à frente do processo por mais de dois anos permaneceu na condução da investigação, que acabou se desdobrando em duas partes. A primeira se referia à lavagem de dinheiro por meio da loja de chocolates de Flávio. O MP afirmou ao TJ do Rio que o sócio da Bolsotini Chocolates e Café, Alexandre Santini, era usado como laranja, tanto que os dados bancários mostraram que Flávio pagou sozinho os 200 mil reais do capital inicial. Além disso, o primogênito declarou à Receita que o negócio valia 50 mil reais, enquanto a compra da loja lhe custara 400 mil reais. E mais: a Bolsotini declarou ter arrecadado 6,5 milhões de reais entre 2015 e 2018, enquanto o shopping onde a loja funcionava auditou um valor de 4,8 milhões de reais em vendas da loja, no mesmo período. A diferença no caixa, 1,7 milhão de reais, foi creditada pelo MP como lavagem de dinheiro.

Essas evidências, somadas à suspeita acerca de Victor Granado Alves, foram destinadas a uma apuração à parte. Os promotores queriam saber do senador quem dera a ele a ideia da compra da franquia — eles não ignoravam que Granado fosse dono de duas lojas de chocolate na cidade, uma das quais ficava ao lado do MPF, no centro do Rio.

Uma segunda parte da investigação que foi desmembrada dizia respeito ao núcleo de Resende, de funcionários-fantasmas e indícios de lavagem de quase 4 milhões de reais. Tudo isso ficou parado, independente das novas informações que surgiam e podiam permitir que o MP fizesse um novo pedido de quebra de sigilo para ter uma vez mais as principais provas que embasaram a denúncia contra Flávio, Queiroz e os demais.

Provas importantes constavam entre os documentos da Operação Gárgula, deflagrada em 22 de março de 2021, a pedido do Gaeco, para investigar a lavagem de dinheiro feita a partir do espólio do capitão Nóbrega. O principal alvo do grupo era a viúva do miliciano, Julia Lotufo, que teve a prisão determinada pela 1ª Vara Criminal Especializada, mas não foi localizada nesse dia. Um ano depois, eu soube que nesse dia ela estava em Brasília e ali começou a procurar novos advogados. Para acusá-la, o MP enviou diversas provas ao juiz. Mas entre os anexos enviados ao TJ, havia também uma gravação em que ela falava do envolvimento de Danielle, a primeira mulher de Nóbrega, no esquema de rachadinha no gabinete de Flávio. Em uma interceptação telefônica,[1] em julho de 2019, Julia disse: "Ela [Danielle] foi nomeada por onze anos. Onze anos levando dinheiro, 10 mil reais por mês para o bolso dela. E agora ela não quer que ninguém fale no nome dela?". Ainda disse: "Ela sabia muito bem qual era o esquema. Ela não aceitou? Agora é as consequências do que ela aceitou".

A gravação, obtida com autorização judicial, podia ser compartilhada com a investigação de Flávio desde que a PGJ assim pedisse, o que não ocorreu em mais de um ano. Mas essa não foi a única prova ignorada pelo MP em 2021 que poderia embasar outro pedido de quebra de sigilo e dar novamente ao MP acesso aos dados financeiros do senador e de Queiroz. Julia daria ao grupo de promotores e procuradores da cúpula do MP mais oportunidades de contar o que sabia além do que foi mencionado no telefone.

Depois de Julia ficar 34 dias foragida, em 26 de abril sua defesa, a cargo do advogado Délio Lins e Silva, conseguiu um habeas corpus para que ela pudesse cumprir a ordem de prisão em casa. Foi só então que ela se apresentou ao TJ do Rio. E pôs em ação a segunda parte das instruções que Nóbrega lhe havia deixado. Ao pensar estratégias de defesa, os advogados sugeriram que ela negociasse uma colaboração premiada a partir das informações que Nóbrega compartilhou com ela nos onze anos em que viveram juntos. Julia concordou.

Na estratégia montada inicialmente, Julia se pôs à disposição para falar do que sabia sobre o envolvimento de Danielle e Vera no esquema da rachadinha. Com isso, o foro do caso iria subir para a PGJ, visto que dizia respeito a Flávio. Além disso, ela decidiu contar o que sabia dos homicídios em que Adriano participara e apontar locais usados pela contravenção e por milicianos como cemitérios clandestinos para a ocultação de cadáveres. E ainda tinha supostas informações sobre a execução da vereadora Marielle Franco.

Assim, depois que ela já estava em prisão domiciliar, o advogado Délio Lins e Silva procurou integrantes da Assessoria

O clã contra-ataca

de Atribuição Originária da Procuradoria-Geral de Justiça do Rio de Janeiro, ou seja, o grupo de promotores e procuradores que auxilia o procurador-geral fluminense Luciano Mattos. Busca vã. O advogado então soube da Coordenadoria de Investigações de Agentes com Foro da Polícia Civil (Ciaf/Pcerj), que trabalha dentro do MP-RJ em apoio exclusivo à Procuradoria-Geral de Justiça, e solicitou à delegada Ana Paula Marques de Faria, chefe da Ciaf, uma reunião para falar de um cliente. Não mencionou quem era.

Alguns dias depois, na reunião com a delegada e sua equipe, o advogado disse que representava a viúva de Adriano da Nóbrega e estava avaliando linhas de defesa para ela. Mencionou a possibilidade de sua cliente fazer um acordo de colaboração que envolvia pessoas com foro. Ela, contudo, temia ser executada e gostaria de responder ao processo fora do Brasil. A delegada explicou que a condução de uma colaboração deveria ser feita junto com o MP e que as tratativas teriam de esperar uma posição da Procuradoria. Os advogados pediam que a próxima reunião, na presença da cliente, fosse no local onde ela cumpre prisão domiciliar, e reiteraram o perigo que ela corria se os inimigos de Nóbrega soubessem de sua intenção de fazer uma colaboração premiada.

A delegada levou o conteúdo dessa conversa ao conhecimento da Procuradoria-Geral do MP-RJ. A cúpula do MP não concordou em encontrar Julia fora do prédio da instituição, mas autorizou a delegada a ir ao local para uma reunião prévia. A cúpula da Polícia Civil também deu sinal verde. O encontro ocorreu em um condomínio de luxo e se estendeu por horas.

Na ocasião, a viúva falou parte do que pretendia contar na delação. Disse que conhecia detalhes sobre os pagamentos que elas recebiam e saques. Segundo Julia, Adriano queria que Danielle tivesse um emprego formal para um dia também poder se aposentar junto ao INSS. Nas palavras dela, o miliciano queria "tirar essa mochila das costas", financeiramente falando. Então, o que vinha da vaga dela no mandato de Flávio funcionava como uma espécie de pensão, ou seja, ela não ficava apenas com uma mesada de cerca de 10% como os demais e havia necessidade de um complemento. Por isso, às vezes, quem inteirava os valores da rachadinha para Queiroz entregar a Flávio era Nóbrega. Isso ocorreria de diferentes maneiras, inclusive por meio das pizzarias que estavam no nome da mãe dele, Vera. Os promotores tinham rastreado nas contas de Queiroz um total de 69,2 mil em transferências ou cheques dos restaurantes e mais 91,7 mil em depósitos não identificados de uma agência na mesma rua desses estabelecimentos. O próprio MP verificou nas quebras de sigilo que Danielle devolveu apenas 19,3% de seu salário para o ex-assessor de Flávio. Diferente de Vera, por exemplo, que, entre depósitos a Queiroz e saques, se desfez de 94,6%.

Julia também sinalizou aos policiais que tinha informações sobre homicídios ligados ao bicheiro Bernardo Bello e outros crimes que envolvem a máfia da contravenção no Rio. Queixou-se que sua prisão foi decretada sem que ninguém do MP tivesse tentado ouvi-la e reiterou sua intenção de colaborar. Ela disse aos policiais que nunca participou dos crimes e sabia muita coisa porque fuçava no celular dele. Nóbrega, segundo ela, era reservado sobre ações do grupo em Rio das Pedras e junto à contravenção. Ao final, marcaram uma segunda conversa nos mesmos moldes com a delegada e a equipe da Ciaf.

Algum tempo depois, a delegada relatou à Procuradoria seu encontro com a viúva de Nóbrega. A equipe do MP avaliou que as informações de Julia sobre a rachadinha eram um testemunho indireto, já que ela não havia participado do esquema nem acompanhara diretamente a entrega de dinheiro. Ela era uma espécie de "colaboradora-testemunha". Por lei, uma delação premiada implica a admissão de crimes e a apresentação de provas para corroborar o depoimento. Julia só podia fazer isso em relação a uma das acusações que lhe foram imputadas sobre lavagem de dinheiro do companheiro. No restante, o que ela sabia era o que Nóbrega lhe contara.

Na semana que iniciou em 17 de maio de 2021, ocorreram novas reuniões com o MP-RJ nas dependências da Ciaf para tratar da colaboração. Em uma delas, participaram Eduardo Giraldes Silva, novo companheiro de Julia, Délio Lins e Silva, a promotora Olimpia Maria Lupi e o procurador Luciano Lessa, chefe do grupo criminal que assessora o PGJ. Depois de muita conversa, o marido e a defesa de Julia foram informados de que a proposta de delação deveria ser apresentada por escrito, mas a promotoria já adiantava que não tinha interesse no que Julia pretendia relatar sobre o gabinete de Flávio porque considerava já ter o suficiente por outros meios de prova. A equipe de procuradores e promotores disse ainda que vislumbrava algum interesse da força-tarefa do caso Marielle no MP, que investiga o assassinato da vereadora em 2018, uma vez que Julia tinha informação sobre milícia e homicídios envolvendo bicheiros. Ao saber do retorno da reunião, Julia disse ao marido que se sentia, em parte, aliviada, pois sabia da pressão que poderia sofrer, especialmente de Wassef.

Assim, o MP não tomou o depoimento que a viúva de Nóbrega estava disposta a conceder e que poderia se tornar um elemento adicional em um possível novo pedido de quebra de sigilo de Flávio. Meses antes seu testemunho talvez acrescentasse pouco à investigação, mas depois que o STJ anulou diversas provas, qualquer nova informação era crucial para dar seguimento no caso. Inclusive porque, com esse relato, muito semelhante ao conteúdo das interceptações telefônicas da própria Julia, o MP já teria elementos para comprovar o que ela estava informando. Não seria um relato sem corroboração.

Mas e o que dizer das informações a respeito da vereadora Marielle Franco e de seu motorista Anderson Gomes? Após a recusa da PGJ, a proposta de delação foi encaminhada até as promotoras Simone Sibilio e Letícia Emile, titulares da força-tarefa que investigava o assassinato de ambos. E lá causou novos atritos em junho de 2021. Instalou-se um clima de desconfiança por elas não terem participado do início das negociações com a viúva. As promotoras ficaram com a sensação de que existia alguma interferência para que Julia não falasse tudo que sabia em um eventual acordo de colaboração. Num primeiro momento, Sibilio e Emile decidiram não ouvi-la; um tempo depois, concordaram e fizeram uma reunião preliminar com ela e sua defesa na sede do MP. A conversa chegou a ter momentos de cordialidade. As promotoras chegaram a perguntar se ela tinha informações sobre pessoas com foro e Julia mencionou que poderia existir algo. No entanto, souberam que, antes daquela conversa, a PGJ tinha dito que não tinha interesse. As investigadoras estranharam, mas tomaram notas. O depoimento da viúva, na visão delas, tinha contradições. No entanto, não descartaram dar continuidade às tratativas.

Só que, de uma hora para outra e sem que elas soubessem, a PGJ do MP decidiu que quem iria conduzir as negociações da colaboração seria o promotor Luís Augusto Soares de Andrade, que acompanhava a instrução criminal do processo da viúva de Nóbrega na 1ª Vara Criminal Especializada. Luciano Mattos também decidiu que a Ciaf iria dar auxílio nas tratativas da delação da viúva e, por isso, ampliou as atribuições do órgão policial dentro do MP, que até então só atuava em casos com foro em auxílio à PGJ. O aditivo foi assinado em 23 de junho de 2021.

Depois de todo o vaivém, Julia já estava com outro advogado, o ex-senador Demóstenes Torres. Acompanhada dele, em 8 de julho de 2021, a viúva gravou o depoimento para a delação. Falou dos assassinatos do Escritório do Crime e mencionou que o haras de Nóbrega, além de uma área em Campinho, na Zona Oeste do Rio, era usada como cemitério clandestino para desova de cadáveres. Devido aos problemas na primeira fase das negociações pela delação, Julia decidiu não falar dos pagamentos de Nóbrega a Queiroz e do que sabia sobre Vera e Danielle no gabinete de Flávio Bolsonaro.

Ao mesmo tempo, Sibilio e Emile tomaram conhecimento de que a delação tinha prosseguido e estava sendo conduzida por outro promotor sem que elas tivessem sido sequer comunicadas. O episódio foi a gota d'água no ambiente de desconfiança interno e fez com que as promotoras deixassem a força-tarefa que apura o assassinato da vereadora Marielle. Na renúncia, elas entregaram um relatório à PGJ e retomaram suas funções anteriores. Nunca falaram publicamente do episódio, mas a crise acabou conhecida nos corredores da instituição e ganhou os jornais.

Contudo, após o depoimento e a crise com as promotoras, a homologação do acordo entrou em novo limbo no MP. A defesa informou que Julia havia lembrado de fatos que diziam respeito a uma pessoa com foro junto ao STJ e no fim de julho de 2021 a colaboração chegou a ir para a PGR, devido à menção a um desembargador. Em 2017, disse Julia, Nóbrega levantou 1 milhão de reais para comprar a soltura de um comparsa junto ao desembargador Guaraci de Campos Vianna, do Tribunal de Justiça do Rio. Quando a citação veio à tona, Vianna negou irregularidades, mas já tinha sido afastado do cargo por venda de sentenças, e é investigado pelo CNJ. A viúva também citou como informante do grupo de Nóbrega o então promotor Homero das Neves Freitas Filho, que participou da primeira fase da investigação, bastante criticada, do assassinato de Marielle Franco. Freitas Filho, hoje está aposentado do serviço público. Dias depois da gravação do depoimento de Julia, Homero fez contato com Demóstenes Torres. Telefonou algumas vezes e enviou mensagens se apresentando como "ex-colega do MP-RJ", sem que o advogado de Julia tenha retornado para saber das intenções daquele diálogo. Devido à menção na proposta de acordo, Torres chegou a comunicar o Judiciário sobre o contato do ex-promotor.

Após analisar o caso, a PGR decidiu declinar da delação para a Justiça fluminense novamente. Avaliou que já tinha os elementos que a viúva pretendia relatar. Após a devolução, o promotor da 1ª Vara Criminal Especializada do TJ-RJ que condu-

O clã contra-ataca

zira o depoimento para a delação, e seu colega, decidiram pedir à PGJ que encaminhasse as tratativas ao Gaeco, responsável por anteriormente ter denunciado e pedido a prisão de Julia. Com isso, eles declinavam das negociações para a homologação da delação.

Em 3 de novembro de 2021, o coordenador do Gaeco, promotor Bruno Gangoni, emitiu um parecer indeferindo a colaboração de Julia por "absoluta ausência de utilidade" — as informações "já são de conhecimento do Gaeco ou são destituídas de elementos de corroboração". Disse ainda que Julia tentou "impressionar" os primeiros negociadores. Em um dos trechos mais duros, o promotor escreveu: "A análise cuidadosa de toda a tramitação do presente procedimento preparatório deixa transparecer a inequívoca intenção da requerente de trazer para a mesa de negociação promotores de Justiça e delegados de polícia cuja atuação ordinária não guarde relação direta com a investigação da miríade de crimes perpetrados pelas milícias da Zona Oeste da cidade e sua intrínseca relação com a criminalidade que orbita a glamourizada contravenção do 'jogo do bicho', provavelmente por acreditar que tais negociadores seriam mais facilmente impressionados por seus superficiais relatos do submundo do crime organizado". A petição com a negativa da delação ainda contém a assinatura de Roberta Laplace e Fabiano Cossermelli Oliveira, subcoordenadores do Gaeco.

Assim, no início de 2022 a colaboração foi rejeitada. Quem analisar os detalhes da decisão do Gaeco poderá se perguntar sobre um trecho que diz: "Julia afirma desconhecer qualquer fato relacionado ao presidente Jair Bolsonaro", mas o Gaeco não poderia investigar Jair Bolsonaro, pois não possui atribuição para isso. Se a viúva fosse mencionar o presidente, a questão deveria ter sido registrada e prosseguido em Brasília, na PGR. E não há, na decisão do MP, menção a Flávio. Também pensei se seu depoimento não poderia ser tomado como testemunha para alguns casos. Na própria denúncia de Flávio Bolsonaro consta uma colaboração desse tipo. A ex-assessora Luiza Souza Paes fez um depoimento para obter benefícios de redução de pena. O MP já tinha diversas provas dos crimes em que ela estava envolvida, mas acordou para obter o depoimento e mais uma prova para somar à acusação. Verdade que Luiza participara ativamente, enquanto Julia iria relatar dados que soube por Adriano ou por conviver com ele.

Mesmo assim fiquei intrigada com o modo como ocorreu a recusa, sobretudo por que, em mais de um ano, não se investigou se havia corpos enterrados no antigo haras de Nóbrega. Com a negativa, tudo, até os corpos de vítimas da máfia da contravenção e da milícia, enterrados em covas clandestinas, correm risco de acabar no esquecimento. Também me surpreendeu muito a recusa no acordo ao saber que, originalmente, Julia tinha intenção de falar dos dados que sabia a respeito do gabinete de Flávio. O depoimento dela poderia ajudar em um novo pedido de quebra de sigilo do caso Flávio, crucial para a retomada das investigações da rachadinha depois que o STJ anulou a decisão que permitiu o acesso aos dados financeiros. Sem poder utilizar as informações bancárias e fiscais, os procuradores não têm como prosseguir com as acusações de que Flávio desviou 6,1 milhões dos cofres públicos. Por isso, qualquer prova ou indício para embasar um novo pedido que faça

O clã contra-ataca 269

o Judiciário autorizar é essencial. Tentei entrevistar o procurador-geral, Luciano Mattos, diversas vezes. Mas ele afirmou que não podia falar devido ao sigilo dos casos.

Até maio de 2022, a Procuradoria-Geral do Rio não fez novo pedido de quebra de sigilo de Flávio Bolsonaro para mais uma vez coletar as principais provas que embasaram a denúncia criminal feita em 2020. Já no caso cível contra o senador, quem tentou foi a 3ª Promotoria de Tutela Coletiva da Capital, comandada pelo promotor Eduardo Santos de Carvalho. Ex-integrante do Gaecc, ele chegou a fazer um novo pedido para quebrar os sigilos de Flávio e dos demais investigados em setembro de 2021. O objetivo era instruir o caso de improbidade administrativa que já tramitava por ali, antes mesmo de ele retornar à promotoria após a extinção do Gaecc. No entanto, a juíza Neusa Regina Leite, da 14ª Vara de Fazenda Pública, negou o pedido, dando a entender que, mesmo sem os dados, o mp já tinha o suficiente para ajuizar uma ação de improbidade.

É provável que as cenas dos próximos capítulos do clã Bolsonaro ainda reservem espaço para as informações que Julia sabe. Em 28 de abril de 2022, tentei acompanhar o depoimento que Julia prestou na 1ª Vara Criminal Especializada. Era o interrogatório dela para concluir o processo pelo qual foi acusada de lavar dinheiro e integrar o grupo criminoso do ex-companheiro. Como o juiz Bruno Ruliére decretou sigilo, não fui autorizada a acompanhar. Mas depois apurei uma boa parte das coisas que a viúva falou na audiência.

Julia contou no TJ que chegou a trabalhar na Alerj, entre 2016 e 2017. Tinha um cargo como assistente na Subsecretaria-geral de Recursos Humanos da Casa. Por isso, recebia um salário de 3,4 mil. A nomeação, na ocasião, foi assinada por Jorge Picciani, ex-presidente da Alerj, preso na Operação Cadeia Velha, braço da Lava Jato no Rio de Janeiro. Na versão de Julia, mesmo como "mulher do capitão Adriano" ela trabalhava, fazia questão de ter o seu próprio dinheiro e não se envolvia nos negócios do ex-companheiro. Julia também deu a entender que se sentia perseguida já que seu processo era moldado, em grande parte, pela acusação de lavagem de dinheiro por meio de um restaurante que não chegou a ser aberto e do qual ela foi sócia junto com Nóbrega, dois de seus irmãos e o pai de sua filha, Rodrigo Bittencourt.

Nóbrega deu início às tratativas do Lucho Comércio de Bebidas LTDA em 14 de maio de 2019 e lá investiu cerca de 200 mil, valor obtido por meio dos crimes da milícia em Rio das Pedras e da máfia da contravenção. A ideia original era expandir o restaurante pela capital e usá-lo para lavar o dinheiro sujo de Nóbrega. Só que ele morreu em fevereiro de 2020 e os planos não saíram do papel. No TJ, Julia fez questão de ressaltar sua distância dos negócios de Adriano e também de mencionar como o MP passou longe dos negócios em que Vera, mãe de Nóbrega, aparecia como titular, mas com ajuda dele. Segundo Julia, também foi a sogra quem ficou com a "herança" do miliciano.

Na cabeça de Julia soa como uma grande injustiça que ela tenha ficado sob prisão domiciliar e monitorada por meio de tornozeleira eletrônica enquanto Vera, que possui desde 2011 um restaurante com Nóbrega, permaneça sem nenhum questionamento do MP. Julia costuma recordar as "coincidências" nos empreendimentos de Vera com o grupo criminoso do filho, em Rio das Pedras. Os dados são, inclusive, públicos. Em agosto de 2019, uma reportagem do jornalista Hudson Corrêa revelou que no mesmo endereço de uma das pizzarias de Vera, o Boteco e Brasa, no Rio Comprido, funciona um outro CNPJ.[2] Ele verificou a coincidência ao obter a nota fiscal do estabelecimento. Com o documento, notou que os donos do segundo CNPJ eram Júlio Cesar Serra e Daniel Alves de Souza, ambos denunciados na Operação Intocáveis junto com Adriano por formação de organização criminosa. Segundo a promotoria, Júlio atuava no controle da movimentação financeira do grupo e Daniel era gerente da milícia na Muzema, comunidade na Zona Oeste do Rio de Janeiro. Ambos foram, depois, condenados pelo TJ-RJ.[3]

Uma investigação sobre os negócios de Vera, na realidade, já existiu e estava no meio da apuração sobre como o senador Flávio Bolsonaro obtinha grande parte dos salários dos funcionários de seu gabinete. Mas o STJ anulou o acesso aos dados financeiros de Flávio e, por consequência, aos da mãe de Nóbrega e dos demais investigados. Resta saber se o MP vai tentar de novo e se terá êxito sem o depoimento recusado de Julia.

MAS, SE NO PRIMEIRO SEMESTRE DE 2021 havia resistência das autoridades, a guarda dos envolvidos ficou mais baixa à medida que o assunto causava menos temor e pressão. Se o MP não avançaria, nada impedia que nós, da imprensa, continuássemos investigando. E, depois de tudo que eu havia apurado e investigado desde 2018, sentia que um aspecto central ainda não ficara claro o suficiente: o papel de Jair Bolsonaro no cerne da história. Tão importante quanto as provas reunidas para denunciar Flávio pela prática ilegal da rachadinha e a lavagem de dinheiro foi constatar como diversos detalhes mostravam um aspecto de que Bolsonaro falava com frequência: seu gabinete e os dos três filhos eram uma coisa só.

Papéis, gravações, histórias do clã — tudo revelava uma faceta proibida que o presidente queria ocultar. Era preciso apenas organizar e explicar os fatos que vieram à tona. Em fevereiro de 2021, avaliei que era o momento de mais uma vez tentar a autorização para liberar as gravações da família Queiroz. Tive uma primeira conversa com minha fonte ainda em fevereiro, e depois falamos praticamente todos os dias durante o mês de março e o início de abril para marcar um encontro para a entrega de uma cópia das gravações. Não foi uma operação simples, mas deu certo. Para extrair os dados, o MP utiliza um software israelense chamado Celebritte. O material fica todo arquivado em um hardware e devido à quantidade de itens — mensagens, áudios, vídeos etc. —, o programa funciona muito devagar. Na primeira vez em que fiz cópias do arquivo e passei o material para um pen drive, os arquivos corromperam. Nem sei o motivo. Tive que repetir toda a operação e testei um a um para garantir que tinha dado certo. Fiquei quase seis horas fazendo isso. Cheguei em casa no fim daquele dia quase como se tivesse uma fortuna na bolsa, morrendo de medo de ser assaltada no caminho.

Com as gravações em mãos, pedi uma conversa com Madalena e relatei tanto o projeto do podcast como a liberação dos áudios. Só que para contar a história inteira era necessário o conjunto de gravações de Andrea Siqueira Valle, em posse

O clã contra-ataca 273

de Madalena. Prometi que a íntegra permaneceria em sigilo e apenas os trechos de interesse público seriam publicados. Madalena ouviu, pensou e concordou.

Nós avançando numa ponta e o Judiciário fazendo o caminho inverso na outra. Em maio de 2021, surgiram os primeiros sinais de que o tão aguardado julgamento do STF, para definir o juiz do senador Flávio, seria realmente favorável ao clã Bolsonaro. Em primeiro lugar, o ministro Kassio Nunes Marques concedeu um voto, em maio de 2021, no qual dizia que parlamentares não deveriam perder o foro especial ao trocar de Casa Legislativa. Era um caso de um senador que fora deputado federal, tudo no âmbito do STF, situação diferente do caso de Flávio, que tinha deixado um mandato de deputado estadual para ir ao Senado. Mesmo assim, era um indicativo do voto que Nunes Marques daria poucos meses depois. Na sequência, o ministro Marco Aurélio Mello anunciou sua aposentadoria para julho de 2021, o que modificou a composição da 2ª Turma, responsável por essa análise.

Em 5 de julho, estreamos o teaser do podcast *A vida secreta de Jair*, mostrando os indícios do envolvimento direto de Bolsonaro no esquema da entrega de salários nos gabinetes. No conjunto de gravações, aparecia a fisiculturista Andrea Siqueira Valle dando a temperatura exata de como funcionavam as coisas nos bastidores. As reclamações que ela própria fazia por ficar com 10% do salário, os detalhes de quem recebia das mãos dela o dinheiro e ainda o episódio em que o irmão, André, se recusou a devolver "o dinheiro certo que tinha que devolver".

Naquela mesma semana, o plenário do STF julgava o trancamento de uma investigação pedida pelo advogado Ricardo

Bretanha, para apurar os fatos que envolviam os cheques depositados por Queiroz para Michelle Bolsonaro. A PGR, como em quase tudo relacionado ao clã Bolsonaro, solicitou o trancamento.

O podcast, porém, chegou a Bolsonaro, que tomou conhecimento de tudo e se fechou no palácio. O primeiro reflexo do clã foi, por meio de nota, atacar a fonte. Cobrar detalhes sobre quando as gravações foram feitas e a íntegra dos áudios divulgados. Coisas que eu não podia detalhar para proteger Madalena. No restante da semana, enquanto o material repercutia, o clã agia nos bastidores mas mantinha-se calado em público.

A reação só veio na sexta-feira, 9 de julho, às 18h34, por meio de uma mensagem ameaçadora do advogado Frederick Wassef para o meu celular. Ela dizia o seguinte: "Queria te entrevistar. Voce e socialista?? Comunista???? Soldada da esquerda brava??? E daquelas comunistas gauchas guerreira??? Voce acredita mesmo que este sistema politico e bom para a sociedade e as pessoas???? Por que voce nao vai realizar seu sonho comunista em Cuba, Venezuela, Argentina ou Coreia do Norte??? Por que nao se muda para a grande China comunista e va tentar exercer sua profissao por la???? Faca la o que voce faz aqui no seu trabalho, para ver o que o maravilhoso sistema politico que voce tanto ama faria com voce. La na China voce desapareceria e nao iriam nem encontrar o seu corpo". Ainda fui chamada de "inimiga da pátria e do Brasil" e ele fez comentários sobre o que pensava da minha sexualidade.

Posteriormente, representei o caso no MP-SP junto com cópias registradas em cartório das mensagens enviadas por ele. Também movi, aconselhada por organizações de liberdade de imprensa, um processo cível por danos morais devido ao episódio. Em junho de 2022, na primeira instância, o juiz Fábio Coimbra Junqueira, da 6ª Vara Cível do Tribunal de Justiça de São Paulo, condenou Wassef por danos morais em 10 mil reais devido ao trecho em que ele tece comentários de cunho sexual. No entanto, o magistrado me condenou também em 10 mil reais por divulgar a mensagem intimidatória de Wassef, avaliando que ela seria "particular" e não reconheceu a ameaça. A Associação Brasileira de Jornalismo Investigativo, a Federação Nacional dos Jornalistas, a Associação Brasileira de Imprensa e o Comitê de Proteção aos Jornalistas, sediado em Nova York, repudiaram a decisão. "Grave violação ao exercício do jornalismo, abrindo precedente perigoso para as liberdades de expressão e de imprensa no Brasil", escreveu a Abraji. "Esta decisão estabelece um precedente perigoso para a imprensa brasileira, desencorajando jornalistas a denunciar ameaças e alimentando o crescente abuso on-line contra mulheres jornalistas no Brasil", avaliou em Nova York a coordenadora do programa para a América Latina e Caribe do CPJ, Natalie Southwick.

Eu recorri da decisão ao TJ-SP. Pouco antes de saber da sentença, em maio de 2022, Marcelo Nogueira me contou o que Wassef fazia na semana em que me ameaçou, cerca de um ano antes.

Na manhã do dia 5 de julho de 2021, dia da estreia da teaser do podcast, Cristina viu as reportagens e ouviu os áudios da irmã. Desesperada, fez com que na mesma hora Jair Renan acionasse o pai e Wassef. Exigia ajuda e providências de apoio no caso.

Cristina estava morando em Brasília desde fevereiro de 2021. Tinha se mudado com o propósito de ajudar o filho a cuidar dos negócios. Pouco antes da chegada da mãe, Jair Renan, na cola dos irmãos, já estava sendo investigado pela PF e MPF. Era apontado por tráfico de influência: ele arrumava encontros com ministros e funcionários do governo a empresários que externavam sua gratidão sem lhe cobrar por serviços prestados. Quem conhece o rapaz garante que ele não tem tanta perspicácia para, sozinho, se articular tanto.

Cristina chegou com ganas de disputar uma vaga de deputada distrital em Brasília e arrumou um emprego como assessora da deputada Celina Leão (PP-DF). E se pôs a agendar encontros para moldar esses planos para as eleições de 2022, mesmo que atualmente Cristina tenha nacionalidade norueguesa, o que pode barrá-la. A lei brasileira só permite que brasileiros, e para alguns cargos, portugueses, concorram a cargos eletivos do país. Mas esse problema só o círculo íntimo dela sabe. No DF, Cristina deixou para trás os parentes que viviam lhe pedindo para resolver a situação da defesa deles nos casos de Flávio e de Carlos. Acreditou que os problemas diminuíram devido às decisões no STJ. E aí vieram à tona as gravações de Andrea.

Naquela segunda-feira, Wassef orientou Cristina a levar o irmão para Brasília para evitar a imprensa. Depois, André chegou a postar fotos tocando violão na mansão. A mesma orientação chegou a Adriana Teixeira, ex-sócia de Cristina, que morava no Rio. Ainda na noite de 5 de julho de 2021, os dois chegaram à casa da ex-mulher de Bolsonaro no Lago Sul. O advogado também se reuniu com Cristina naquela mesma noite. André ficou pouco mais de uma semana com a irmã esperando a poeira baixar. Já Adriana Teixeira foi embora no dia seguinte.

O clã contra-ataca 277

Ela se queixava de dívidas de quando as duas mantinham uma empresa de seguros que funcionava no mesmo local do antigo escritório de advocacia de Cristina, ainda na época do casamento da ex-sócia com Jair. Reivindicava dinheiro para pagar dívidas trabalhistas. Cristina costumava dizer em casa, especialmente a Marcelo, que a ex-sócia cobrava pelo silêncio dos bastidores do esquema. E não era de agora que as duas vinham se estranhando. Ainda em fevereiro, Cristina entregou 10 mil reais em dinheiro vivo a Adriana. Segundo Marcelo, Renan obteve 20 mil junto a Wassef e Flávio. As duas se encontraram na rodoviária de Resende para a entrega do montante e depois Cristina guardou a outra metade. Adriana disse que foi um empréstimo, Cristina, o pagamento de um silêncio.

Por isso, quando os áudios de Andrea vieram à tona, Wassef temeu que a imprensa chegasse a Adriana. Foi isso que o fez orientar Cristina a levar Adriana para Brasília. Ele sempre lida com as crises da mesma maneira: tirando as pessoas de circulação dos lugares onde elas são conhecidas. Adriana disse que foi a Brasília na expectativa de um emprego, mas, quando viu que isso não iria ocorrer, voltou ao Rio. Alguns dias depois, trocou mensagens com Marcelo Nogueira, o antigo funcionário de Cristina. Adriana tinha ouvido falar que pessoas ligadas a Flávio estavam atrás dela. Foi então que descobriu que Marcelo Nogueira e a advogada tinham rompido e que ele havia pedido demissão do emprego justo naquela semana em que os áudios foram ao ar. Marcelo tinha deixado a vida em Resende a pedido da ex-patroa e, segundo ele, Cristina estava se recusando a pagar o salário combinado. Os dois discutiram feio e ele prometeu denunciá-la no Ministério Público do Trabalho.

Passados alguns dias, em 23 de agosto, Adriana perguntou a Nogueira quem estava atrás dela, e ele respondeu em uma mensagem de texto: "Foi o Flávio. Ele queria que eu tentasse saber com você o que tinha de provas contra eles e se além dos 20k que a Cristina falou que você estava pedindo e que ele mandou te dar, se você teria a intenção de pedir mais. Mas falei que não iria me meter nisso". A resposta dela foi indignada: "Gente, eu não pedi nada".

Na semana seguinte, Adriana ia descobrir que ela, Cristina e Carlos Bolsonaro estavam com o sigilo bancário e fiscal quebrados por decisão da Vara Criminal Especializada no Combate do Crime Organizado do TJ do Rio. Era o resultado da medida cautelar que o Gaecc tinha feito no fim de 2020 e não pôde apresentar devido às mudanças na cúpula do MP. Mas, quando o caso voltou à 3ª Promotoria de Investigação Penal, a petição foi apresentada ao Judiciário e o pedido foi autorizado. No documento, um enredo muito parecido com a história de Flávio Bolsonaro. Núcleos de funcionários-fantasmas, lavagem de dinheiro com imóveis e empresas. Era como se o filme se repetisse. Dessa vez, com Carlos e a inclusão de uma protagonista da vida de Jair Bolsonaro: Cristina.

Não adiantava fugir. De todos os lados, a história voltava. Poucos dias depois da notícia sobre a quebra de sigilo, Marcelo Nogueira resolveu romper o silêncio em várias entrevistas sobre o período em que conviveu com o clã. Primeiro, para o jornalista Guilherme Amado, do Metrópoles. Ele admitiu que entregava para Cristina 80% do salário que recebia como assessor de Flávio. Falou que ela havia usado laranjas para comprar a mansão de 3,2 milhões de reais onde está vivendo no Lago Sul, em Brasília, e a denunciou por trabalho escravo.

O *clã contra-ataca* 279

As reportagens saíram e Cristina passou a dizer aos mais próximos que Marcelo tinha tentado chantageá-la pedindo 200 mil reais. Na versão de Nogueira, a mensagem com o valor fez parte do contexto da briga dos dois. Ele pretendia fazer um acordo pelo tempo de trabalho como doméstico, pois nunca acreditou que ela fosse lhe pagar alguma coisa. Mas insiste que tudo que relatou de fato aconteceu. Marcelo ainda questiona o fato de que Cristina jamais o acusou na polícia ou tomou providências contra ele após as entrevistas porque sabe que é verdade e que ele até pode provar.

O clã, bastante tenso com o tanto que Nogueira falou, ficou só observando. Preocupado, o ex-funcionário se resguardou montando uma rede com diversas pessoas de confiança a quem entregou documentos sobre Cristina e uma lista de contatos. Outra vez aparecia uma testemunha que podia ajudar o MP do Rio a refazer as provas do caso de Flávio. Mas Nogueira não foi chamado para depor até julho de 2022.

O Judiciário continuava aqui e ali dando decisões favoráveis a Flávio, que iam tirando as bases legais do caso. Em novembro, o STJ reviu parte do julgamento de março e, de uma vez, decidiu anular todas as decisões de Itabaiana. Com isso, anulava todas as provas obtidas a partir das buscas autorizadas pelo juiz. Era a revisão de uma decisão que tinha sido totalmente diferente meses antes, quando a maioria dos ministros entendeu que o foro de Flávio tinha mudado depois das decisões, e a jurisprudência vigente na época das cautelares que Itabaiana assinou fazia dele o juiz competente do caso.

Mas o STJ mudou de posição após um julgamento do STF reconhecer por oito votos a três a manutenção do foro na Corte no caso de um deputado federal que se tornou senador, situação de Márcio Bittar (MDB-AC), em maio de 2021. Na ocasião, alguns ministros restringiram a manutenção a parlamentares federais. O ministro Kassio Nunes Marques foi mais abrangente. Em seu voto, disse que o foro deveria ser mantido a todos os parlamentares que tiveram sucessivos mandatos "sendo irrelevante para tal que ele tenha mudado de Casa Legislativa". Essa era justamente a tese da defesa de Flávio Bolsonaro, uma vez que ele saiu da Alerj para o Senado, e um indicativo de que o ministro Nunes Marques votaria a favor. Assim, a defesa argumentou outra vez que, reconhecido o foro especial, o juiz não era competente. Anulam-se as decisões e, portanto, as provas. A argumentação jurídica do STF serviu para a mudança no STJ e foi aplicada para anular as provas.

Em novembro de 2021, o STF finalmente pautou a reclamação do MP-RJ sobre o foro competente e concedeu foro especial a Flávio, além de criticar o MP por ter perdido o prazo para o recurso. O relator foi o ministro Gilmar Mendes, mas Nunes Marques era, nesse julgamento, presidente da 2ª Turma, e também foi decisivo para o êxito do clã Bolsonaro. Com as decisões do STF e do STJ, a investigação voltou à estaca zero. Não chegou a ser totalmente anulada, mas ficou com o revés de exigir que se produzisse de novo todas as provas financeiras que mostraram o caminho do dinheiro dos assessores até Flávio. Procurei o ministro Nunes Marques algumas vezes para falar de sua relação com Bolsonaro e Wassef, mas ele não quis conceder entrevista. Ao ser questionado sobre encontros com Wassef e Bolsonaro, em dezembro de 2018, Nunes Marques me respondeu apenas que conheceu Jair em Brasília. Não quis detalhar.

O *clã contra-ataca* 281

No SEGUNDO SEMESTRE DE 2021, Fabrício Queiroz já vinha circulando aqui e ali, retomando contatos e a vida social de antes, sonhando em reassumir sua posição junto ao clã. Mas foi no 7 de setembro que ele botou a cara na rua. Saiu cedo com o filho em direção a Copacabana, para participar dos protestos de ataque ao STF. Seria um teste para o ex-policial, que, cansado de ser coadjuvante, já planejava disputar uma vaga no Parlamento em 2022. E, no meio dos bolsonaristas, andou como se jamais tivesse sido acusado de operar um esquema criminoso. Inclusive bateu continência para uma imagem de Roberto Jefferson, dirigente do PTB preso pouco antes por ordem do STF, acusado de atacar a Corte. E, se Queiroz se sentia livre para ir às ruas, quem não achou seguro acompanhar o protesto in loco, num trabalho tantas vezes trivial, fui eu. Naquele dia, os ânimos exaltados dos manifestantes e a preocupação de ser identificada me fizeram dar expediente de casa.

Os passos seguintes de Queiroz foram algumas viagens a Brasília para negociar sua candidatura. Em novembro ele deu a primeira entrevista. Ao SBT, é claro. Mais uma vez disse ter se escondido por medo de ameaças de morte. Negou crimes, mas sempre que precisava esclarecer alguma coisa dizia que o processo corria em sigilo. Falou que tinha um sonho: reaproximar-se de Jair Bolsonaro.

Sabe-se que Flávio e Queiroz haviam voltado a se falar com frequência, nos bastidores. Inclusive por motivos, digamos, profissionais: Queiroz estaria entrando em contato com ex-assessores da Alerj para "mantê-los na linha". Depois das entrevistas de Nogueira, Queiroz o procurou por semanas, e tanto fez que conseguiu seu telefone. Ligou e quis saber quais eram as intenções do ex-funcionário de Cristina e Jair. Sua questão era apenas com a ex-patroa, disse Nogueira, pelo tempo em que se sentiu explorado. Queiroz não o incomodou mais. Mas o policial voltaria a procurar outros assessores.

Depois que o STJ anulou as quebras de sigilo, a decisão deu margem para que se contestasse grande parte das provas coletadas na investigação. Porém ainda existia um elemento bastante perigoso: a colaboração espontânea de Luiza Paes junto ao MP. Em dezembro Queiroz e Flávio discutiram a situação em uma chamada de vídeo. É como o senador se sente mais seguro para falar de coisas sigilosas. Flávio pediu a Queiroz que cuidasse do assunto, encontrasse um modo de Luiza voltar atrás. Em fevereiro de 2022, eu soube dessa chamada e dos planos de Queiroz para se candidatar a deputado federal pelo Rio.

Resolvi procurar Queiroz e Flávio para saber se eles admitiam que haviam voltado a se falar. Ambos confirmaram. Quando perguntei a Queiroz a que partido pretendia se filiar, ele me escreveu uma mensagem no WhatsApp dizendo que tinha prometido à família que nunca falaria comigo devido às minhas reportagens desde 2019. Apesar da promessa, ele ainda disse: "Você é terrível, Ju. Boa jornalista. Faz bem seu trabalho". A mensagem irônica me soou como uma admissão tácita de tudo que foi reportado até aquele momento. Depois, ele recusou os pedidos de entrevista para este livro.

Fiz contato com o advogado Caio Conti Padilha, advogado de Luiza, para saber se ela concordaria em falar do episódio. Ele disse que não. "Sobre qualquer fato relacionado à minha cliente Luiza Souza Paes eu só me manifesto nos autos dos processos e dos procedimentos investigatórios, que tramitam em sigilo, e, por isso, não posso comentar."

O clã contra-ataca

A liberdade com que Queiroz e Flávio voltaram a atuar está relacionada ao atual estágio das investigações do caso. Depois que o STJ anulou as principais provas, sobretudo os dados financeiros, o MP não tinha outra escolha a não ser pedir o arquivamento da denúncia que já tinha sido apresentada em outubro de 2020 e estava repleta daquelas informações. Esse movimento foi necessário até para que novos atos possam ser feitos no procedimento que apura o caso. Assim, em 16 de maio de 2022, o Órgão Especial do TJ-RJ arquivou a denúncia e a PGJ fluminense ficou com o caminho livre para retomar as investigações e um eventual novo pedido de quebra de sigilo de Flávio, Queiroz e dos demais envolvidos. Embora, nos bastidores, o que comentaram comigo é que as chances de isso ocorrer antes do resultado das eleições, em 2022, são mínimas.

Mesmo assim, o presidente já expressou algumas vezes a preocupação com o que pode lhe acontecer depois do fim do mandato caso não seja reeleito. Tanto que tenta se cercar de todas as maneiras, proibindo acesso até a informações básicas da transparência como a de quem o visita no Planalto ou na Alvorada. Dados que eram públicos em governos anteriores agora possuem cem anos de sigilo.

Jair Bolsonaro e seus filhos temem que as pessoas conheçam quem eles realmente são, sua vida e seus empreendimentos secretos. Mas a história proibida da família Bolsonaro não será apagada. Mesmo depois de quatro anos investigando a história do "Negócio do Jair", sei que ainda há muito para ser revelado. O passado assombra o futuro do presidente e do clã Bolsonaro.

Agradecimentos

Este livro é resultado de uma investigação de anos e não seria possível se Mauro Gaspar e Ricardo Teperman, da Zahar e da Companhia das Letras, não tivessem confiado tanto em mim e trabalhado exaustivamente nos últimos meses. Agradeço a oportunidade e a dedicação dos dois. Estendo meu obrigada às equipes de preparação de texto, revisão, checagem e diagramação da editora que fizeram um cuidadoso trabalho.

Fiz um trabalho de diversas reportagens ao longo desses anos, mas tive a companhia de vários queridos e competentes colegas jornalistas para concluir algumas das principais matérias que publiquei desde 2018. As informações deste livro também são oriundas da qualidade do trabalho de Juliana Castro, Rayanderson Guerra, Marlen Couto, Bernardo Mello, Bela Megale, Chico Otavio, Aguirre Talento, Igor Mello e Eduardo Militão. Registro um agradecimento especial a Pedro Capetti e a João Paulo Saconi por tantos trabalhos que fizemos juntos, mas também pelo apoio essencial para a conclusão deste livro.

Nesse período, também foi fundamental o apoio de Ana Clara Costa, Pedro Dias Leite, Daniela Pinheiro, Plínio Fraga, Marcelo Coppola, Flávio Costa, Juliana Carpanez, Alexandre Gimenez e Murilo Garavello. Na produção deste livro, ainda contei com valiosas sugestões dos amigos Nonato Viegas, Leandro Resende, Fabio Serapião, Andréia Sadi, Chico Alves, Ítalo Nogueira e Tattiana Teixeira.

Gostaria de nomear uma série de fontes entrevistadas ao longo dos anos, mas devido à sensibilidade e à proteção do sigilo da fonte não posso agradecê-las nominalmente. De todo modo, registro aqui toda a minha gratidão a essa confiança. Não seria possível concluir este livro sem a contribuição de tantos. Vocês sabem quem são.

Agradeço muito a uma competente equipe de advogados que atua em ações para proteger a minha integridade física e a minha honra.

Meu reconhecimento à atuação de Sheila Carvalho, Flávio Siqueira, Ágatha de Miranda e Nataly Marcolino. Também registro como foi importante receber a assistência de Renata Neder, do Comitê de Proteção aos Jornalistas, de Arthur Romeu e André Marsiglia, da Repórteres Sem Fronteiras, e de Cristina Zahar, Angelina Nunes, Tatiana Farah e Patrícia Campos Mello, da Associação Brasileira de Jornalismo Investigativo.

Por fim, agradeço a Ana Carolina Antão, Beatriz Tavares e Graziele Frederico por tanto carinho nos últimos meses e também a Cezar, Eloir, Carolina, Luiz Felipe, Maurício, Sandra, Maurício D. e Raquel, sem vocês eu não teria chegado até aqui.

Notas

1. "A verdade vos libertará" [pp. 11-23]

1. "Palácio do Planalto registrou 460 casos de coronavírus entre servidores". Poder360, 10 abr. 2021. Disponível em: <https://www.poder360.com.br/governo/palacio-do-planalto-registrou-460-casos-de-coronavirus-entre-servidores/>. Acesso em: 26 maio 2022.

2. Vida secreta [pp. 24-38]

1. Eduardo Bresciani, Miguel Caballero e Paulo Celso Pereira, "Bolsonaro empregou ex-mulher e parentes dela no Legislativo". *O Globo*, 3 dez. 2017. Disponível em: <https://oglobo.globo.com/politica/bolsonaro-empregou-ex-mulher-parentes-dela-no-legislativo-22143135>. Acesso em: 28 maio 2022.
2. Entrevista a Juliana Dal Piva gravada com fonte sigilosa.

3. Um vereador "contra" os fantasmas da Câmara do Rio
[pp. 39-44]

1. Florência Costa, "Figueiredo e Newton Cruz felicitam Bolsonaro". *Jornal do Brasil*, 29 nov. 1988. Disponível em: <http://memoria.bn.br/DocReader/030015_10/249269>. Acesso em: 28 maio 2022.
2. Ibid.
3. "Ocupação e nova briga na Câmara". *O Globo*, 29 mar. 1990. Disponível em: <https://acervo.oglobo.globo.com/consulta-ao-acervo/?navegacaoPorData=199019900329>. Acesso em: 28 maio 2022.
4. "Informe JB". *Jornal do Brasil*, 31 jan. 1991. Disponível em: <http://memoria.bn.br/DocReader/030015_11/33263>. Acesso em: 28 maio 2022.

288   *O Negócio do Jair*

5. Luiz Maklouf Carvalho, *O cadete e o capitão: A vida de Jair Bolsonaro no quartel*. São Paulo: Todavia, 2019.
6. Ranier Bragon, Camila Mattoso e Italo Nogueira, "Patrimônio de Jair Bolsonaro e filhos se multiplica na política". *Folha de S.Paulo*, 7 jan. 2018. Disponível em: <https://www1.folha.uol.com.br/poder/2018/01/1948526-patrimonio-de-jair-bolsonaro-e-filhos-se-multiplica-na-politica.shtml>. Acesso em: 28 maio 2022.
7. Luciana Nunes Leal, "Vereadores nomeiam parentes". *Jornal do Brasil*, 18 mar. 1989. Disponível em: <http://memoria.bn.br/DocReader/030015_10/257941>. Acesso em: 28 maio 2022.

4. As origens do Negócio [pp. 45-52]

1. "Exército despeja Bolsonaro". *Jornal do Brasil*, 5 jan. 1989. Disponível em: <http://memoria.bn.br/DocReader/030015_10/252451>. Acesso em: 28 maio 2022.
2. Serviço Nacional de Informações, Prontuário n. 097160-08, nov. 1989. Arquivo Nacional.
3. "Atraso na apuração gera suspeita de fraude". *O Globo*, 11 out. 1992. Disponível em: <https://acervo.oglobo.globo.com/consulta-ao-acervo/?navegacaoPorData=19901992011>. Acesso em: 28 maio 2022.
4. Letícia Helena, "Sobrenomes famosos garantem votos". *O Globo*, 10 out. 1992. Disponível em: <https://acervo.oglobo.globo.com/consulta-ao-acervo/?navegacaoPorData=19901992010>. Acesso em: 28 maio 2022.
5. Jussara Soares e Gustavo Maia, "Quem é Waldir Ferraz, o aliado mais antigo de Bolsonaro". *Época*, 23 maio 2019. Disponível em: <https://oglobo.globo.com/epoca/quem-waldir-ferraz-aliado-mais-antigo-de-bolsonaro-23687113>. Acesso em: 28 maio 2022.
6. Ela foi nomeada chefe de gabinete de Rogéria em 1993 e constou na função até 1995. Já Bárbara foi nomeada no gabinete de Bolsonaro na Câmara dos Deputados entre 2005 e 2016.
7. Entrevista a Cláudia Carneiro, "Eu defendo a tortura". *IstoÉ Gente*, 14 fev. 2000. Disponível em: <https://web.archive.org/web/20001010045227/http://www.terra.com.br:80/istoegente/28/reportagens/entrev_jair.htm>. Acesso em: 28 maio 2020.
8. "Ex-mulher acusa Bolsonaro de espancar assessor". *Tribuna da Imprensa*, 27 set. 2000. Disponível em: <http://memoria.bn.br/do-

Notas 289

creader/DocReader.aspx?bib=154083_06&pagfis=4427>. Acesso em: 28 maio 2022.

9. Este e os demais valores atualizados foram corrigidos pelo IPCA (Índice Nacional de Preços ao Consumidor Amplo) de 2022.

5. O casamento com uma antiga miss [pp. 53-64]

1. Rubens Valente e Marina Dias, "Ex-mulher afirmou ter sofrido ameaça de morte de Bolsonaro, diz Itamaraty". *Folha de S.Paulo*, 26 set. 2018. Disponível em: <https://www1.folha.uol.com.br/poder/2018/09/ex-mulher-afirmou-ter-sofrido-ameaca-de-morte-de-bolsonaro-diz-itamaraty.shtml>. Acesso em: 22 maio 2022.

2. "Ex-mulher acusou Bolsonaro de furtar cofre com R$ 1,6 milhão". *Veja*, 28 set. 2018. Disponível em: <https://veja.abril.com.br/politica/bolsonaro-e-o-furto-do-cofre/>. Acesso em: 22 maio 2022.

3. Fernando Pinto, "A guerra civil de Bolsonaro". *Manchete*, 2 maio 1992. Disponível em: <http://memoria.bn.br/DocReader/004120/273697>. Acesso em: 28 maio 2022.

4. Disponível em: <https://fotos.estadao.com.br/galerias/acervo,manifestacao-de-esposa-de-militares-em-1992,38297>. Acesso em: 28 maio 1992.

5. Teodomiro Braga, "Informe JB". *Jornal do Brasil*, 25 out. 1993. Disponível em: <http://memoria.bn.br/DocReader/030015_11/126212>. Acesso em: 28 maio 2022. Com entrevistas gravadas sigilosamente para a autora.

6. "De Miss a peça-chave da rachadinha: A vida da 2ª mulher de Bolsonaro", UOL, 10 maio 2021. Disponível em: <https://noticias.uol.com.br/politica/ultimas-noticias/2021/05/10/ana-cristina-valle-bolsonaro-miss-rachadinha.htm>. Acesso em: 6 jul. 2022.

7. Entrevistas com Bruno Jensen.

8. Entrevista de Ana Cristina a Juliana Dal Piva.

6. A formação do clã Bolsonaro [pp. 65-86]

1. Juliana Dal Piva e Chico Otavio, "Os negócios de Ana Cristina Valle, ex-mulher de Bolsonaro". *Época*, 17 jul. 2020. Disponível em: <https://oglobo.globo.com/epoca/rio/os-negocios-de-ana-cristina-valle-ex-mulher-de-bolsonaro-24536388>. Acesso em: 28 maio 2022.
2. Paula Autran, "Como tem filho com nome de pai na campanha!". *O Globo*, 11 ago. 2002. Disponível em: <https://acervo.oglobo.globo.com/consulta-ao-acervo/?navegacaoPorData=20002002081>. Acesso em: 28 maio 2022.
3. Ciba, 2020.
4. "Ex-mulher acusa Bolsonaro de espancar assessor". *Tribuna da Imprensa*, 27 set. 2000. Disponível em: <http://memoria.bn.br/docreader/DocReader.aspx?bib=154083_06&pagfis=4427>. Acesso em: 28 maio 2022.
5. Luís Edmundo Araújo, "Tal pai, tal filho". *IstoÉ Gente*, 28 nov. 2000. Disponível em: <https://www.terra.com.br/istoegente/65/reportagem/rep_bolsonaro.htm>. Acesso em: 28 maio 2022.
6. Depoimento de Gilmar Marques.
7. Entrevistas com Marcelo Nogueira.
8. Disponível em: <https://oglobo.globo.com/politica/parentes-de-ex-mulher-de-bolsonaro-retiraram-21-milhoes-em-mais-de-4-mil-saques-de-500-24644035>. Acesso em: 6 jul. 2022.
9. Disponível em: <https://oglobo.globo.com/politica/mp-diz-que-parentes-de-ex-mulher-de-bolsonaro-sacaram-4-milhoes-para-repassar-outros-integrantes-do-esquema-1-24147013>. Acesso em: 6 jul. 2022.
10. Disponível em: <https://noticias.uol.com.br/politica/ultimas-noticias/2021/03/15/anatomia-rachadinha-ana-cristina-valle-jair-bolsonaro.htm>. Acesso em: 6 jul. 2022.
11. Entrevista com Marcelo Nogueira.
12. MP-RJ/operação de busca.
13. Hudson Corrêa, Carolina Morand e Waleska Borges, "Bolsonaro omitiu bens avaliados em R$ 2,6 milhões à Justiça Eleitoral, mostram dados de cartórios". *O Globo*, 28 set. 2018. Disponível em: <https://oglobo.globo.com/politica/bolsonaro-omitiu-bens-avaliados-em-26-milhoes-justica-eleitoral-mostram-dados-de-cartorios-23110637>. Ver também: <https://veja.abril.com.br/politica/capa-veja-ex-mulher-bolsonaro-acusacoes/>. Acessos em: 6 jul. 2022.

Notas

14. Juliana Dal Piva, "Ex-cunhada implica Jair". UOL, 5 jul. 2021. Disponível em: <https://noticias.uol.com.br/reportagens-especiais/ex-cunhada-implica-jair-bolsonaro/>. Acesso em: 28 maio 2022.

15. Hugo Marques, Nonato Viegas e Thiago Bronzatto, "O outro Bolsonaro". *Veja*, 27 set. 2018. Disponível em: <https://veja.abril.com.br/politica/capa-veja-ex-mulher-bolsonaro-acusacoes/>. Acesso em: 22 maio 2022.

16. Eduardo Militão, Eumano Silva, Lúcio Lambranho e Edson Sardinha, *Nas asas da mamata: A história secreta da farra das passagens aéreas no Congresso Nacional*. São Paulo: Matrix, 2021.

17. Bruno Abbud e Carolina Heringer, "'Ela disse que Bolsonaro estava mancomunado com o Banco do Brasil', conta chaveiro do cofre da ex-mulher do presidenciável". *Época*, 28 set. 2018. Disponível em: <https://oglobo.globo.com/epoca/ela-disse-que-bolsonaro-estava-mancomunado-com-banco-do-brasil-conta-chaveiro-do-cofre-da-ex--mulher-do-presidenciavel-23112333>. Acesso em: 28 maio 2022.

18. Processo de separação de Ana Cristina Valle e Jair Bolsonaro.

19. Rubens Valente e Marina Dias, "Jair Bolsonaro mobilizou Itamaraty para resolver assunto pessoal em 2011". *Folha de S.Paulo*, 22 set. 2018. Disponível em: <https://www1.folha.uol.com.br/poder/2018/09/jair-bolsonaro-mobilizou-itamaraty-para-resolver-assunto-pessoal-em-2011.shtml>. Acesso em: 29 maio 2022.

7. O braço direito [pp. 87-102]

1. Depoimento de Queiroz ao MPF em 2020.

2. Id.

3. Mahomed Saigg e Ana Carolina Raimundi, "MP vê falhas na investigação de morte envolvendo Queiroz, e viúva diz que ele era 'temido': 'Fez muita mãe chorar'. G1 Rio de Janeiro, 13 jul. 2020. Disponível em: <https://g1.globo.com/rj/rio-de-janeiro/noticia/2020/07/13/mp-ve-falhas-na-investigacao-de-morte-envolvendo-queiroz-e-viu-va-diz-que-ele-era-temido-fez-muita-mae-chorar.ghtml>. Acesso em: 29 maio 2022.

4. Entrevista com Renata Nascimento.

5. Processo, depoimento de Marcelo Paixão.

6. Mahomed Saigg e Ana Carolina Raimundi, op. cit. Disponível em: <https://g1.globo.com/rj/rio-de-janeiro/noticia/2020/07/13/mp-ve-fa-

lhas-na-investigacao-de-morte-envolvendo-queiroz-e-viuva-diz-que-ele-era-temido-fez-muita-mae-chorar.ghtml>. Acesso em: 6 jul. 2022.

7. O MP-RJ só voltaria a investigar os casos a partir de 2020, após reportagens da imprensa. Os promotores passaram a verificar vários erros na condução dos inquéritos policiais e pediram uma série de oitivas e perícias. Mas os casos seguem sem solução, prestes a prescrever.

8. Conforme matéria da *Crusoé*, disponível em: <https://crusoe.uol.com.br/edicoes/129/o-agente-queiroz/>. Acesso em: 6 jul. 2022.

9. Luigi Mazza, "Flávio, os condenados e os condecorados". *piauí*, 22. fev. 2019. Disponível em: <https://piaui.folha.uol.com.br/flavio-os-condenados-e-os-condecorados/>. Acesso em: 29 maio 2022. Complemento de apuração com pesquisa de Juliana Dal Piva.

10. Discurso do deputado Jair Bolsonaro (PP-RJ), 27 out. 2015. Câmara dos Deputados. Disponível em: <https://www.camara.leg.br/internet/sitaqweb/TextoHTML.asp?etapa=3&nuSessao=291.3.52.O&nuQuarto=30&nuOrador=2&nuInsercao=0&dtHorarioQuarto=09:58&sgFaseSessao=BC%20%20%20%20%20%20%20%20&Data=27/10/2005-&txApelido=JAIR%20BOLSONARO&txFaseSessao=Breves%20Comunica%C3%A7%C3%B5es%20%20%20%20%20%20%20%20%20%20%20%20&dtHoraQuarto=09:58&txEtapa=Com%20reda%C3%A7%-C3%A30%20final>. Acesso em: 29 maio 2022.

8. Um fugitivo [pp. 103-20]

1. Depoimento de Flávio ao MPF.
2. Diálogo relatado por Paulo Marinho.
3. "Testemunhas apontam que Wassef e Queiroz estiveram juntos em hotel de Atibaia em dezembro de 2018". *O Globo*, 25 jun. 2020. Disponível em: <https://oglobo.globo.com/politica/testemunhas-apontam-que-wassef-queiroz-estiveram-juntos-em-hotel-de-atibaia-em-dezembro-de-2018-24500441>. Acesso em: 29 maio 2022.

9. O advogado em off [pp. 121-39]

1. Luísa Martins, "Flávio já teria garantido quatro votos no Supremo, diz advogado". *Valor Econômico*, 2 out. 2019. Disponível em: <https:

Notas 293

//valor.globo.com/politica/noticia/2019/10/02/flavio-ja-teria-garan-tido-quatro-votos-no-supremo-diz-advogado.ghtml>. Acesso em: 29 maio 2022.

2. Bruno Abbud, "Decisão a favor de Flávio no STF fez família Bolsonaro chorar, diz advogado". *Época*, 25 jul. 2019. Disponível em: <https://oglobo.globo.com/epoca/brasil/decisao-favor-de-flavio-no-stf-fez-familia-bolsonaro-chorar-diz-advogado-23831697>. Acesso em: 29 maio 2022.

3. Para mais detalhes, ver o livro de Ivan Mizanzuk, *O caso Evandro: Sete acusados, duas polícias, o corpo e uma trama diabólica* (Rio de Janeiro: HarperCollins, 2021).

4. "Polícia pede prisão de líder da seita satânica". *O Estado de S. Paulo*, 25 jul. 1992. Disponível em: <https://acervo.estadao.com.br/pagina/#!/19920725-36074-nac-0019-cid-5-not>. Acesso em: 29 maio 2022.

5. Ranier Bragon, "Bolsonaro defendeu esterilização de pobres para combater miséria e crime". *Folha de S.Paulo*, 11 jun. 2018. Disponível em: <https://www1.folha.uol.com.br/poder/2018/06/bolsonaro-defendeu-esterilizacao-de-pobres-para-combater-miseria-e-crime.shtml>. Acesso em: 29 maio 2022.

6. Rafael Moro Martins, "Em áudio exclusivo, Wassef diz agenciar advogado para Bolsonaro no STF". The Intercept, 29 ago. 2020. Disponível em: <https://theintercept.com/2020/08/29/audio-exclusivo-wassef-agencia-advogado-bolsonaro-busato-supremo/>. Acesso em: 29 maio 2022.

7. Juliana Dal Piva e Aguirre Talento, "Coaf aponta pagamento de R$ 276 mil feito por Wassef a advogado que defendeu Bolsonaro no STF". *O Globo*, 26 ago. 2020. Disponível em: <https://oglobo.globo.com/brasil/coaf-aponta-pagamento-de-276-mil-feito-por-wassef-advogado-que-defendeu-bolsonaro-no-stf-24607396>. Acesso em: 29 maio 2022.

8. Disponível em: <https://veja.abril.com.br/politica/o-sombra-do-presidente/>. Acesso em: 9 ago. 2022.

9. Disponível em: <https://crusoe.uol.com.br/diario/exclusivo-jbs--pagou-r-9-milhoes-a-wassef/>. Ver também: <https://extra.globo.com/noticias/brasil/segundo-lava-jato-advogado-frederick-wassef--teria-recebido-26-milhoes-de-suposto-esquema-ilegal-no-rio-de-janeiro-24662238.html>. Acessos em: 6 jul. 2022.

10. Em janeiro de 2022, o presidente do STJ, Humberto Martins, suspendeu o processo criminal contra a empresária durante o plantão do

Judiciário. Novos episódios devem se desenvolver quando o ministro titular no STJ, Reynaldo Fonseca, reassumir. Mas, nos corredores dos tribunais, há quem acredite que ela poderá não ser julgada por ter conseguido uma absolvição no processo cível do caso.

10. Marionetes do "Anjo" [pp. 140-50]

1. Bruno Abbud, Igor Mello e Vera Araújo, "Flávio Bolsonaro empregou mãe e mulher de chefe do Escritório do Crime em seu gabinete". *O Globo*, 22 jan. 2019. Disponível em: <https://oglobo.globo.com/politica/flavio-bolsonaro-empregou-mae-mulher-de-chefe-do-escritorio-do-crime-em-seu-gabinete-23391490>. Acesso em: 30 maio 2022.

11. Mensagem na madrugada [pp. 151-70]

1. Ana Clara Costa, "Justiça autoriza quebra de sigilo de Flávio Bolsonaro e Queiroz". *O Globo*, 13 maio 2019. Disponível em: <https://oglobo.globo.com/politica/justica-autoriza-quebra-de-sigilo-de-flavio-bolsonaro-queiroz-23662438>. Acesso em: 30 maio 2022.
2. Bruno Abbud, Juliana Dal Piva, "A brecha criada nos rolos da família Bolsonaro". *Época*, 16 maio 2019. Disponível em: <https://oglobo.globo.com/epoca/a-brecha-criada-nos-rolos-da-familia-bolsonaro-23669785>. Acesso em: 29 jun. 2022.
3. Juliana Dal Piva, "Assessores de Flávio Bolsonaro recebiam salário, mas não tinham crachá e ficavam longe da Alerj". *O Globo*, 2 jun. 2019. Disponível em: <https://oglobo.globo.com/politica/assessores-de-flavio-bolsonaro-recebiam-salario-mas-nao-tinham-cracha-ficavam-longe-da-alerj-23711650>. Acesso em: 30 maio 2022.

12. O pedido ao miliciano amigo [pp. 171-81]

1. Ana Luiza Albuquerque, Catia Seabra e Italo Nogueira, "Em áudio, Queiroz diz querer voltar para o PSL e 'lapidar a bagunça' do partido". *Folha de S.Paulo*, 27 out. 2019. Disponível em: <https://www1.folha.uol.com.br/poder/2019/10/em-audio-queiroz-diz-querer-vol-

Notas 295

tar-para-o-psl-e-lapidar-a-bagunca-do-partido.shtml>. Acesso em: 30 maio 2022.

2. Ibid.

3. Disponível em: <https://veja.abril.com.br/politica/viuva-de-adriano-poupa-o-amigo-queiroz-em-sua-proposta-de-delacao/>. Ver também: <https://politica.estadao.com.br/blogs/fausto-macedo/wp-content/uploads/sites/41/2020/06/pedido-mp_190620205404.pdf>. Acessos em: 6 jul. 2022.

4. Chico Otavio e Gustavo Schmitt, "Ex-assessor de Flávio Bolsonaro, Queiroz pagou cirurgia no Einstein com dinheiro vivo". *O Globo*, 24 maio 2019. Disponível em: <https://oglobo.globo.com/politica/ex-assessor-de-flavio-bolsonaro-queiroz-pagou-cirurgia-no-einstein-com-dinheiro-vivo-23690415>. Acesso em: 30 maio 2022.

5. Daniel Pereira, "Viúva de Adriano poupa o 'amigo' Queiroz em sua proposta de delação". *Veja*, 8 ago. 2021. Disponível em: <https://veja.abril.com.br/politica/viuva-de-adriano-poupa-o-amigo-queiroz-em-sua-proposta-de-delacao/>. Acesso em: 30 maio 2022.

6. Entrevista sigilosa gravada a Juliana Dal Piva.

13. O prisioneiro do sítio em Atibaia [pp. 182-219]

1. Agostinho Moraes da Silva, Graziela Faria, Luiza Souza Paes, Márcia Cristina do Nascimento, Sheila Vasconcellos, Flávia Regina Thompson da Silva, Jorge Luis de Souza e Alessandra Marins.

2. Italo Nogueira, "Planalto ofereceu cargos pela morte de ex-PM ligado aos Bolsonaros, disse irmã". *Folha de S.Paulo*, 6 abr. 2022. Disponível em: <https://www1.folha.uol.com.br/poder/2022/04/planalto-ofereceu-cargos-pela-morte-de-ex-pm-ligado-aos-bolsonaros-disse-irma-ouca.shtml>. Acesso em: 30 maio 2022.

3. Diálogos relatados por alguém que estava lá.

4. A denúncia contra os militares envolvidos no caso foi aceita pela Justiça Federal em primeira instância, mas depois foi trancada nos tribunais superiores.

5. A Lava Jato fez uma operação em setembro de 2020, mas o STF anulou as buscas.

6. Disponível em: <https://www1.folha.uol.com.br/poder/2020/12/alvo-de-flavio-bolsonaro-e-exonerado-na-receita-em-meio-a-pressao-para-anular-provas-de-rachadinha.shtml>. Acesso em: 6 jul. 2022.

7. Disponível em: <https://veja.abril.com.br/coluna/radar-economico/secretario-da-receita-cai-depois-de-embate-com-flavio-bolsonaro/>. Acesso em: 6 jul. 2022.

14. O caminho dos milhões em espécie [pp. 220-42]

1. Matheus Magenta, "Como Flávio Bolsonaro ocupou um cargo na Câmara dos Deputados enquanto fazia faculdade e estágio no Rio". BBC News Brasil, 23 jan. 2019. Disponível em: <https://www.bbc.com/portuguese/brasil-46828487>. Acesso em: 30 maio 2022.

15. O clã contra-ataca [pp. 243-83]

1. Italo Nogueira, "Flávio Bolsonaro tinha funcionária fantasma, disse viúva de ex-PM". *Folha de S.Paulo*, 8 abr. 2022. Disponível em: <https://www1.folha.uol.com.br/poder/2022/04/viuva-de-ex-pm-afirma-em-gravacao-que-flavio-bolsonaro-tinha-funcionaria-fantasma-ouca.shtml>. Acesso em: 30 maio 2022.
2. Disponível em: <https://crusoe.uol.com.br/edicoes/68/onde-o-rachid-e-a-milicia-se-encontram/>. Acesso em: 6 jul. 2022.
3. Disponível em: <http://www.mprj.mp.br/home/-/detalhe-noticia/visualizar/110210>. Acesso em: 6 jul. 2022.

Cronologia

1977
Jair Bolsonaro conclui o curso de formação de oficiais da Academia Militar das Agulhas Negras (Aman).

1978
7 jul.: Bolsonaro se casa com Rogéria Nantes.

1986
3 set.: *Veja* publica o artigo de Bolsonaro intitulado "O salário está baixo".

1987
28 out.: *Veja* publica reportagem sobre a "Operação Beco Sem Saída", plano de Bolsonaro e outro colega para implantar bombas em unidades militares.

1988
16 jun.: Superior Tribunal Militar absolve Jair Bolsonaro após a condenação do Conselho de Justificação do Exército. Bolsonaro é reformado como capitão do Exército.

1989
jan.: Estreia na política como vereador na Câmara Municipal do Rio de Janeiro.

1991
1 fev.: Toma posse no primeiro mandato como deputado federal pelo Rio de Janeiro.

1992
27 abr.: Conhece Ana Cristina Valle.

1993
1 jan.: Rogéria Bolsonaro torna-se vereadora da Câmara Municipal do Rio.

1997
jul.: Separa-se de Rogéria Bolsonaro.

1998
10 abr.: Nascimento de Jair Renan Valle Bolsonaro.

2001
1 jan.: Carlos Bolsonaro toma posse como vereador e Cristina vira chefe de gabinete.

2003
fev.: Flávio Bolsonaro toma posse como deputado estadual na Alerj.
nov.: Moções de homenagem de Carlos e Flávio a Adriano da Nóbrega e outros policiais. No mesmo mês, o policial é preso em flagrante por homicídio.

2005
23 ago.: Flávio pede a medalha Tiradentes para Adriano da Nóbrega.

2007
jul.: Jair Bolsonaro separa-se de Ana Cristina Valle.
28 nov.: Jair Bolsonaro casa-se com Michelle Bolsonaro.

2009
Cristina vai viver na Noruega.

2010
18 out.: Nascimento de Laura Bolsonaro, quinta filha de Jair.

2011
26 jul.: Crise entre Cristina e Jair Bolsonaro sobre a guarda de Jair Renan.

2013
21 mar.: Casamento religioso de Jair e Michelle Bolsonaro.

2014
5 out.: Jair Bolsonaro é eleito deputado federal pela sétima vez, e começa a mencionar que tem intenção de ser candidato à Presidência.

2018
7 out.: Flávio Bolsonaro é eleito senador da República.
16 out.: Fabricio Queiroz é exonerado.
28 out.: Jair Bolsonaro é eleito presidente do Brasil.
6 dez.: reportagem do *Estadão* revela relatório sobre Fabrício Queiroz e o ex-assessor some.
26 dez.: Queiroz concede entrevista para o SBT em que se diz inocente.

Cronologia 299

2019

1 jan.: Jair Bolsonaro toma posse como presidente do Brasil.

17 jan.: Flávio Bolsonaro pede suspensão das investigações sobre caso Queiroz pela primeira vez para questionar foro.

22 jan.: MP-RJ inicia Operação Intocáveis para prender Adriano da Nóbrega, mas ele foge. Caso revela que Flávio empregou ex-mulher e mãe do miliciano.

1 fev.: STF envia caso para primeira instância.

24 abr.: MP pede e juiz Flávio Itabaiana autoriza quebra de sigilo de Flávio, Queiroz e demais investigados.

20 jun.: Reportagem de *Época* revela origens do esquema no gabinete de Carlos Bolsonaro e papel de Ana Cristina Valle.

16 jul.: MP-RJ instaura investigação sobre Carlos Bolsonaro. Na mesma data, STF atende pedido de Wassef para paralisar investigações de Flávio.

4 ago.: Reportagem do *Globo* revela 102 parentes.

24 out.: Áudio revelado pelo *Globo* mostra o ex-assessor falando de cargos no Congresso Nacional.

dez.: Fim do julgamento do STF sobre o Coaf que considerou legal o compartilhamento de dados do órgão com o MP.

18 dez.: Busca e apreensão em endereços de Fabrício Queiroz e parentes de Ana Cristina Valle.

19 dez.: Paulo Klein deixa defesa de Queiroz.

2020

4 fev.: Segunda instância confirma legalidade das quebras de sigilo de Flávio, Queiroz e demais investigados.

9 fev.: Adriano da Nóbrega é morto na Bahia.

mar.: Pandemia de covid-19.

18 jun.: Prisão de Fabrício Queiroz e novas buscas. Márcia Aguiar foragida.

21 jun.: Flávio anuncia saída de Wassef da defesa. Assumem Luciana Pires e Rodrigo Roca.

25 jun.: TJ concede foro especial a Flávio.

9 jul.: Queiroz e Márcia conseguem decisão de João Otávio Noronha para prisão domiciliar.

25 ago.: Advogadas de Flávio Bolsonaro se reúnem com presidente para discutir caso com chefes da Abin e GSI.

19 out.: MP denuncia Flávio Bolsonaro, Queiroz e demais por desvio de 6,1 milhões.

13 dez.: Eleição do MP-RJ escolhe Luciano Mattos como PGJ.

2021

6 jan.: Luciano Mattos é nomeado procurador-geral do MP-RJ.

23 fev.: 5ª Turma do STJ anula quebras de sigilo de Flávio, Queiroz e demais investigados.

3 mar.: Fim do Gaecc no MP-RJ.

16 mar.: 5ª Turma do STJ põe Fabrício Queiroz e Márcia Aguiar em liberdade.

22 mar.: Operação Gárgula tenta prender Julia Lotufo, viúva de Adriano da Nóbrega, que permanece foragida.

26 abr.: Julia Lotufo obtém prisão domiciliar e passa a negociar uma delação premiada com o MP-RJ.

maio: MP-RJ nega interesse na delação de Julia sobre gabinete de Flávio.

24 maio: a 1ª Vara Criminal Especializada do RJ quebra sigilo de Carlos Bolsonaro, Ana Cristina Valle e investigados após pedido da 3ª Promotoria de Investigação Penal do MP-RJ.

3 jun.: Queiroz admite que pretende ser candidato a deputado em 2022.

5 jul.: STF inicia julgamento virtual sobre abertura de investigação dos cheques de Queiroz para Michelle Bolsonaro. Mais tarde, STF arquiva caso.

6 jul.: Estreia do podcast *A vida secreta de Jair*.

8 jul.: Julia Lotufo grava delação premiada. Promotoras deixam caso Marielle devido à interferência no caso.

24 set.: 3ª Promotoria de Tutela Coletiva pede quebra de sigilo de Flávio, Queiroz e investigados.

3 nov.: MP emite parecer recusando delação de Julia Lotufo.

9 nov.: STJ anula mais provas do caso Flávio.

30 nov.: STF concede foro a Flávio Bolsonaro.

2022

mar.: Cristina Valle anuncia pré-candidatura a deputada no DF.

16 maio: Denúncia contra Flávio e Queiroz é arquivada no TJ-RJ. Investigações reiniciam.

Índice remissivo

Abbud, Bruno, 127

Academia Militar das Agulhas Negras (Aman), 59

Agência Brasileira de Inteligência (Abin), 218

Aguiar, Márcia Oliveira de, 121-2, 140-50, 174, 176-8, 184, 210, 239; acusa Queiroz de violência doméstica, 142-3; como cabeleireira enquanto registrada na Alerj, 143; celular apreendido pelo MP, 181, 185; prisão domiciliar, 217, 241, 253; sigilo bancário quebrado, 235

Alcolumbre, Davi, 238

Alencar, Marcello, 91

Alerj, 21, 152, 222, 256

Alfer Jr., Wladimir, 117

Alves de Souza, Daniel, 271

Amado, Antônio, 192, 205

Amado, Guilherme, 218, 278

Ambrósio, Diego, 183

Amorim, Rodrigo, 87, 146

Andrade, Valentina de, 128

Angel, Stuart, 17

Aras, Augusto, 170

Arruda, José Roberto, 138

Assessoria de Atribuição Originária da PGJ-RJ, 260-1

Associação Brasileira de Imprensa (ABI), 275

Associação Brasileira de Jornalismo Investigativo (Abraji), 275

Atibaia, SP, 119, 150, 171

Augusto Heleno (Ribeiro Pereira), 204

Azevedo e Silva, Fernando, 251

Azevedo e Silva, Ronan Chaves, 251

Báglio, José, 209

Bandeirantes (TV), 63

Basso, Antonio, 138

Bebianno, Gustavo, 107, 110, 134

Belham, José Nogueira, 213

Bello, Bernardo, 179, 198, 262

Bergamo, Mônica, 211

Bezerra Coelho, Fernando, 11

Bierrenbach, Juliana, 193, 205, 214, 218, 221

Bispo, Adélio, 149, 194

Bittar, Márcio, 280

Bittencourt, Rodrigo, 270

Bolsonaro, Carlos: desavenças com Paulo Marinho e Gustavo Bebianno, 107; eleito vereador no RJ, 68; funcionários-fantasmas no gabinete de, 69, 163; investigação de rachadinha no gabinete de, 199; quebra de sigilos de, 278; repúdio a Bebianno, 136; uso do Twitter na comunicação do presidente, 173; visita de Guilherme Hudson a, 200

Bolsonaro, Eduardo, 12, 168; arquivamento de processo na PGR contra, 170; cursa direito da UFRJ, 168

301

Bolsonaro, família: distribuição de votos nas zonas eleitorais (1998-2014), 100-1; pagamento de imóveis em dinheiro vivo, 51, 66, 74, 169, 203, 232-3

Bolsonaro, Fernanda, 107, 190, 227, 239

Bolsonaro, Flávio, 12, 254; acusações contra, 13; adquire mansão em Brasília (2020), 242; anulação de provas pelo STJ, 258, 264; caso Queiroz, 20; crescimento do patrimônio, 86; denúncia contra, 239; depõe no MP-RJ, 220-33; eleito deputado estadual, 69; emprego no PP, 222; esquema revelado pelo MP, 189; foro especial concedido a, 280; funcionários-fantasmas no gabinete de, 224; indicação de Nunes Marques para o STF, 238; investigação sobre, 14; loja de chocolates de, 258; questão do foro especial, 155, 212; rachadinha na Alerj, 32, 37-8; recorre a Paulo Marinho para sua defesa, 107-8; relatório da Coaf e, 29-30; STF decide juiz para o caso de, 273; tentativa de censura de jornais e TVS, 236; transações imobiliárias suspeitas de, 189-90; Wassef como advogado de, 111

Bolsonaro, Jair, 45; absolvido pelo Superior Tribunal Militar (1988), 47; acordo de divórcio com Cristina, 82; agressão a Randolfe Rodrigues, 18; ajuda à família Siqueira Valle, 65; ameaças em programa de TV (1999), 63; ape-

lidos para os familiares de Cristina, 72; artigo na *Veja* (1986), 90; assume o relacionamento com Ana Cristina, 59; ataque ao Judiciário (1992), 48; bravatas como vereador, 42; candidato à presidência (2018), 54; casamento com Michelle, 79; cem anos de sigilo para visitantes do Planalto, 283; como chefe do esquema, 272; conflito com Ana Cristina pela guarda do filho, 84; contrata Andrea Siqueira Valle para seu gabinete, 65; crise com Michelle devido ao caso Queiroz, 235; defesa de Adriano da Nóbrega na Câmara dos Deputados, 97, 99; demite André Siqueira Valle por não cumprir acordo, 75; desempenho como parlamentar, 49; despejado da Vila Militar, 45; discurso em manifestação de mulheres de militares (1992), 57; estilo de enfrentamento como vereador, 41; explicação para cheques de Queiroz, 31-2; gestação de Jair Renan e, 61; nomeação de familiares na Câmara dos Deputados, 43; nomeia Wassef advogado de Flávio, 111; omissão de bens ao TSE, 74; plano de soltar bombas na Vila Militar, 46; polêmicas como militar, 40; posse como vereador (1988), 39; preocupação com a possibilidade de prisão após o mandato, 283; presidente da República, 11; primeiro funcionário-fantasma, 43; primeiro imóvel comprado, 62;

Índice remissivo

processo por injúria a Maria do Rosário, 133; processo por racismo, 134; reconhecimento da paternidade de Jair Renan, 62; relação de bens no início da carreira política, 42; relacionamento com Michelle, 76; separação de Rogéria, 50; separação tumultuada de Ana Cristina, 54, 76, 79-80, 82; veta uso de máscaras no palácio, 12

Bolsonaro, Jair Renan, 19, 53, 61, 78, 82, 201, 203-4, 254; convivência difícil com Michelle, 83, 203; investigado por tráfico de influência, 276; morando com o pai, 83

Bolsonaro, Michelle, 20, 239; casamento com Jair, 79; cheques de Queiroz para, 235, 274; começa relacionamento com Jair, 76, 78; convivência difícil com Jair Renan, 83, 203; crise no casamento devido ao caso Queiroz, 235

Bolsonaro, Rogéria, 43, 45, 47, 49-50, 58, 62, 67-8, 239; abandono da vida pública, 51; eleita vereadora no Rio de Janeiro, 47; separação de Jair, 50

Boner, Bruna, 137

Boner, Maria Cristina, 122, 132, 137, 139, 195

Botelho, Cristiano Paes Leme, 219

Botto Maia, Luis Gustavo, 113, 150, 171, 179-80, 185, 241

Braga, João, 43, 49, 225

Braga, Miguel, 109, 224-5, 239

Bretanha, Ricardo, 273-4

Busato Filho, Arnaldo Faivro, 133

Cabral, Sérgio, 211, 214, 246

Calo, Claudio, 156, 257

Câmara Municipal do Rio de Janeiro, 39

Câmera Aberta (programa de TV), 63

Campos, Cidinha, 213

Capetti, Pedro, 163

Capiberibe, João, 18

Cardoso, Fernando Henrique, 63

Cardoso, Magnum, 199-200

Carneiro, Cláudia, 61

Carvalho, Eduardo Santos de, 220, 229, 269

Castro, Cláudio, 248-9

Castro, Juliana, 162-4

Catta Preta, Paulo Emílio, 195, 197-8; ligação com Wassef, 195

Cavalieri, Suimei Meira, 205

Centro de Informações de Segurança da Aeronáutica (Cisa), 17

Cepeda, Renan, 45

Cerqueira, Angela Melo, 144

Cerqueira, Nilton, 18, 42, 213

Cerqueira, Rodrigo, 207

Chico Otavio, 16, 170, 175

Ciaf (Coordenadoria de Investigações de Agentes com Foro da Polícia Civil), 261, 265

Ciba, Ítalo, 67

Cid, Roberto, 41

cloroquina, 12

Coaf (Conselho de Controle de Atividades Financeiras), 29

Collor de Mello, Fernando, 57-8

Comissão Nacional da Verdade (CNV), 17

Comitê de Proteção aos Jornalistas (CPJ), 275

Conselho Nacional de Justiça (CNJ), 208

Coordenadoria de Investigações de Agentes com Foro da Polícia Civil *ver* Ciaf
Coronavac, vacina, 11
Corrêa, Hudson, 271
Costa, Ana Clara, 157
Couto, Marlen, 163
covid-19, pandemia de, 11-2
Crivella, Marcelo, 247
Crusoé, revista, 238
Cruz, Newton, 18, 42

Deus, a grande farsa (Andrade), 129
Diário Oficial, 72, 88
Dias Toffoli, José Antonio 126-7, 137, 238
Dillard, Glenn, 190
Diniz, Gil, 170
Diniz, Orlando, 214
Direito processual penal (Rangel), 215
ditadura militar, tortura na, 89
DOI-Codi, 17
Dusek, André, 58

eleições presidenciais (2018), 24
Emile, Letícia, 264-5
Época, 127, 157, 195, 206
Escola de Aperfeiçoamento de Oficiais (Esao), 45
Escritório do Crime, 26, 106, 179, 265
Estado de S. Paulo, O, 20, 28, 88, 104, 130
Extra, 206

Faia, Paulo, 85
Federação Nacional dos Jornalistas (Fenaj), 275
Feffer, David, 136
Fernandes, Jorge, 81

Fernandes, Milton, 252
Ferraz, Bárbara de Oliveira, 48
Ferraz, Maristela de Oliveira, 48-9
Ferraz, Waldir (Jacaré), 48-9, 85
Ferreira Gomes, Luís Fernando, 220, 224, 229
Fetranspor (Federação das Empresas de Transportes de Passageiros, RJ), 34
Figueiredo, Fábio de, 91
Figueiredo, João Baptista, 18, 42, 47, 90
Figueiredo, Maria Augusta Vaz Monteiro de, 252
Fischer, Félix, 253, 255-6
Folha de S.Paulo, 19, 36, 211, 244
Folha do Brasil (canal do Facebook), 193
Fragoso, Christiano, 108, 110
Francisco, Jorge Oliveira, 169, 234
Francisco, Marília de Oliveira, 170
Franco, Marielle, 26, 87, 103, 106, 127, 207, 260, 263-6
Freitas Filho, Homero das Neves, 266
funcionários-fantasmas *ver* rachadinha
Fundação Leão XIII, 249
Furna da Onça, operação policial, 34, 110
Fux, Luiz, 155

Gabinete de Segurança Institucional da Presidência (GSI), 13, 218
Gaecc (Grupo de Atuação Especializada de Combate à Corrupção), 154, 156, 187, 193, 250, 256, 278
Gaeco (Grupo de Atuação Especializada de Combate ao Crime Organizado), 256, 259, 267
Guedes, Octavio, 154

Índice remissivo

Gangoni, Bruno, 267
Garcia do Amaral, Adilson, 45
Gárgula, operação policial, 259
Gates, Bill, 138
Gaya, Soraya, 193, 215-6
Geisel, Orlando, 90
Gent, Anne van, 53
Gerbatim, Evelyn Mayara, 144, 174-5
Gerbatim, Márcio, 144
Globalweb Outsourcing, 137-8
Globo, O, 14, 16, 25, 48, 81, 114, 124, 127, 157, 162, 170, 186, 236, 238, 245
Globo (TV), 186, 236
GloboNews (TV), 154
Gomes, Anderson, 103, 264
Gomes, Lourival, 146
Gonçalves, Gilberto, 50
Granado, Victor, 30, 108-10, 113, 146, 150, 192, 211, 258
Grupo Armado de Repressão a Roubos e Assaltos (Garra), 208
Grupo de Atuação Especializada de Combate à Corrupção (Gaecc) *ver* Gaecc
Grupo de Atuação Especializada de Combate ao Crime Organiza-do (Gaeco) *ver* Gaeco
Guerra, Rayanderson, 163
Gussem, José Eduardo, 35, 154, 187, 215, 246, 249-50

Hage, Ralph, 110
Hansen, Jan Raymond, 85, 202
Hospital Israelita Albert Einstein, 117
HSBC, 190
Hudson, Guilherme de Siqueira, 81, 199
Hudson, Guilherme dos Santos, 200

imóveis, pagamento com dinheiro vivo, 51, 66, 74, 169, 203, 232-3
Instituto Butantan, 11
Intercept, The (site), 133
Intocáveis, operação policial, 271
Itabaiana, Décio, 206
Itabaiana, Flávio, 157, 180, 186, 188, 192-3, 205-6, 208, 215, 254, 256, 279
ivermectina, 12

Janot, Rodrigo, 134
Jardim, Lauro, 118
JBS, 117, 136
Jefferson, Roberto, 281
Jesus, Leonardo Rodrigues de (Léo Índio), 224, 234
Jornal do Brasil, 40
Jornal Nacional, 36
Junqueira, Fábio Coimbra, 275

Klein, Paulo, 119, 138, 171, 191, 194; deixa o caso Queiroz, 194; nomeado advogado de Queiroz, 117
Kowalski, Anésia, 129

Laplace, Roberta, 267
Lava Jato RJ, operação policial, 28, 34, 213, 270
Leão, Celina, 276
Lei de Anistia (1979), 213
Lei Rouanet, 15
Leite, Neusa Regina, 269
Lessa, Luciano, 263
Lessa, Ronnie, 207
Lins e Silva, Délio, 260, 263
Lobo, Anneli, 66
Lopes, Luís Otávio, 156
Lorenzoni, Onyx, 33

Lotufo, Julia, 26, 175, 180, 185, 197, 259-60, 263; colaboração indeferida, 267-8; depoimento de, 269; oferta de colaboração premiada de, 260-5; prisão domiciliar de, 270; trabalho na Alerj, 270

Lucas, Jonival, 57

Lupi, Olimpia Maria, 263

LUS (Lineamento Universal Superior), 128-9

Machado de Moura, Max Guilherme, 146

"Madalena", 151-3, 157, 257, 272-4

Magalhães, Raimunda Veras (Vera), 106, 146, 148, 179, 184, 189, 260, 262

Maia, Rodrigo, 173

Manchete (revista), 57

Marchesini, Jair, 63

Maria do Rosário, 133

Marinho, Paulo, 106, 110, 134, 211

Marques, Gilmar, 69

Marques de Faria, Ana Paula, 261

Martins, Humberto, 208

Martins, Luísa, 126

Matheus, Miqueline Sousa, 234

Mattos, Luciano, 248-9, 251, 261, 269; troca os responsáveis no MP-RJ pela apuração do caso Flávio/Queiroz, 265

Meliga, Valdenice de Oliveira, 109

Mello, Marco Aurélio, 155-6, 194, 273

Mello Borges, Pedro Custódio de, 118

Mello Franco, Bernardo, 163

Mendes, Cileide, 148-9

Mendes, Gilmar, 194, 238, 252-3, 280

Mendes, Ivan, 58-60, 204

Messer, Dario, 244-5

Metrópoles, portal de notícias, 278

milícia, 26; ver também Escritório do Crime; Nóbrega, Adriano da; Queiroz, Fabrício

Miller, Marcelo, 117

Ministério da Saúde, 11

Ministério Público (MP-RJ), 21, 154-5, 172, 179, 187, 198, 220, 239, 241, 246, 250, 256, 258; investigação sobre Flávio, 13; mudanças sob Luciano Mattos, 250-2, 278; perde prazo de recurso, 217; provas ignoradas pelo (2021), 260; ver também Gaecc; Gaeco

Mofato, Antônio, 85

Moro, Sergio, 34, 174, 211, 253

Mota, Mariana, 70, 73, 224

Mourão, Hamilton, 89, 204

Muzema, comunidade, RJ, 271

Neves, Aécio, 117

Nicolau, Natália, 207

Nishizawa, Nara, 255

Nóbrega, Adriano da, 16, 26, 95-7, 106, 147, 179, 184, 195-6, 257, 259-63, 265-6, 268, 270; ajuda no sustento de Queiroz e família, 174; homenageado pelos Bolsonaro, 96; morte de, 196-7; relação com Jair, 99; suspeita de execução de, 196-7

Nóbrega, Daniela da, 196

Nóbrega, Danielle Mendonça da, 24-5, 105, 147, 178, 189, 259-60, 262, 265

Nóbrega, Tatiana da, 196

Nogueira, Ciro, 238

Nogueira, Marcelo, 70-3, 76, 96, 182, 201, 203, 275, 277; desenten-

Índice remissivo

dimento com Ana Cristina, 277; rompe o silêncio, 278

Noronha, Anna Carolina, 254

Noronha, João Otávio de, 217, 253-4, 256

Noronha, João Ricardo, 128

Noruega, 202

Nunes Leal, Luciana, 43

Nunes Marques, Kassio, 12, 112, 237, 280

OAB (Ordem dos Advogados do Brasil), 237

Oliveira, Edevaldo de, 112, 119

Oliveira, Fabiano Cossermelli, 267

Organized Crime and Corruption Reporting Project (OCCRP), 244

Padilha, Caio Conti, 282

Paes, Fausto, 113, 116, 240

Paes, Luiza Souza, 113-4, 116, 120, 185, 226, 268, 282; confissão de, 239, 241

Paiva, Rubens, 90, 213

Paixão, Jorge Marcelo da, 92

Partido Democrata Cristão (PDC), 40

Pereira, Ronald, 106

Pfizer, 244

Picciani, Jorge, 270

Pires, Luciana, 193, 205, 212-4, 220-1

Pires Gonçalves, Leônidas, 18, 49

Polícia Civil, 261

Partido Progressista (PP), 222, 238

Procuradoria-Geral da República (PGR), 15, 239, 263; abertura e arquivamento de investigação contra Eduardo, 170; colaboração de Julia Lotufo vai para a, 266; devolve a colaboração de Julia Lotufo para o TJ-RJ, 266

Procuradoria-Geral de Justiça (PGJ-RJ), 35, 260-1, 265; Assessoria de Atribuição Originária da, 260-1

Partido Social Liberal (PSL), 173

Queiroz, Débora Melo de, 103

Queiroz, Élcio, 207

Queiroz, Evelyn, 144, 239; celular apreendido pelo MP, 185

Queiroz, Fabrício, 14, 20, 24-5, 86-102, 225, 240, 257, 262; anulação de provas pelo STJ, 258, 264; apresenta sua versão em entrevista ao SBT, 119; busca e apreensão na casa de familiares, 183; cheques depositados na conta de Michelle, 32, 274; deixa o cargo no gabinete de Flávio, 88; desaparecido após o escândalo, 31, 117, 123; desejo de entrar na política, 173; escondido em apartamento de Wassef no Guarujá, SP, 145; escondido no sítio de Wassef em Atibaia, SP, 150, 171; como funcionário da Alerj, 95; homenageado pelos Bolsonaro, 96; internação no Einstein, 144-5; liberdade concedida a, 256; movimentação após o escândalo, 103-20; movimentação bancária suspeita, 29-30; papel central no esquema, 189; participa de protesto contra o STF (2021), 281; passado de, 89, 91-4; como PM, 91-4, 96, 100; prisão de, 195, 209, 211; prisão domiciliar de, 217, 241, 253; reação à matéria do *Estado*, 88; relação com Adriano da Nóbrega, 96-7; saída de Paulo

Klein do caso, 194; sigilo bancário quebrado, 235; tratamento de câncer em São Paulo, 118

Queiroz, Felipe, 121-3, 141, 146; celular apreendido pelo MP, 185

Queiroz, Melissa, 176

Queiroz, Nathália, 36, 88, 110, 144, 172, 174, 176-7, 210, 239, 241; celular apreendido pelo MP, 185

rachadinha, 33, 43; como funciona, 32; regras do sistema, 73

Ramagem, Alexandre, 218

Ramos, Luiz Eduardo, 11

Rangel, Paulo, 215

Receita Federal, 219

Resende, RJ, 42, 53, 55, 59-60, 66, 73, 82, 101, 160, 164, 180, 182, 199, 203-4, 239, 259, 277

Rigamonti, Ana Flávia, 140

Rio Comprido, RJ, 271

Rio das Pedras, RJ, 16, 26, 106, 118

Riocentro, atentado (1981), 213

Roca, Rodrigo, 213-4, 221

Rocha, Flávio, 136

Rocha Monteiro, Marcelo da, 248

Rodrigues, Randolfe, 18

Romano da Silva, Wellington Sérvulo, 37

Romeu, Inês Etienne, 90

Rousseff, Dilma, 237

Ruliére, Bruno, 269

Saconi, João Paulo, 163

Sadi, Andréia, 131, 196, 212

"salário está baixo, O" (artigo de Jair para a *Veja*, 1986), 46

Santini, Alexandre, 146, 183, 258

Sanzi, Elisa Pinto (Sininho), 206

Sarney, José, 49, 67

SBT (TV), 119

Serapião, Fabio, 20, 28, 30, 105, 235

Serra, Gabriela, 246

Serra, Júlio Cesar, 271

Serviço Nacional de Informações (SNI), 46-7

Sibilio, Simone, 264-5

Silva, Agostinho Moraes da, 172

Silva, Eduardo Giraldes, 263

Silveira, Daniel, 87

Sinovac, laboratório, 11

Siqueira, Francisco, 162

Siqueira Valle, Ana Cristina, 19, 25, 52-3, 164, 189; abertura de escritório de advocacia, 75; acordo de divórcio com Jair, 82; adolescência, 59; como amante de Jair, 58; apelido dado por Jair, 72; assume o relacionamento com Jair, 59; busca e apreensão na casa de familiares e, 182-3; candidata a deputada como Cristina Bolsonaro (2018), 55; carta de despedida para Jair Renan, 78; carta de reconciliação a Jair, 76; casamento e vida nova na Noruega, 202; certeza de impunidade, 199; cobrada pelos familiares por investigação, 200; no comando do gabinete de Carlos, 69, 278; conflito com Jair pela guarda do filho, 84; decisão de manter a gravidez, 61; deixa o emprego no gabinete de Carlos, 81; descoberta da gravidez, 58; desentendimento com Marcelo Nogueira, 279; emprego na Câmara dos Deputados (2021), 276; como gestora financeira da família, 64; intimidade com João Otávio de Noronha, 254; em manifestação por aumento de salários dos militares (1992), 57; oferta de cargos no gabinete a familiares, 65-6; como operadora do esquema de Carlos, 69; passa a morar com Jair, 62; quebra de sigilos de, 278; reação ao podcast *A vida secreta de Jair*, 275; retorno a Resende, 203; roubo do cofre bancário, 79; separação tumultuada de Jair, 54, 79-80, 82; tentativa de se eleger deputada (2018), 203-4

Siqueira Valle, André, 53, 69, 72, 74, 164, 273, 276; demitido por não devolver a parcela combinada, 75

Siqueira Valle, Andrea, 54, 56, 65, 69, 73, 75, 82, 153, 158, 160, 164, 167, 183, 272-3, 276-7

Soares de Andrade, Luís Augusto, 265

Southwick, Natalie, 275

Superior Tribunal de Justiça (STJ), 112, 253, 258; anulação de todas as provas, 268, 279

Superior Tribunal Militar (STM), 47

Supremo Tribunal Federal (STF), 126, 178, 215-6, 237; questão do foro de Flávio, 279; sabatina no Senado para aprovar ministros, 12

Tanner de Lima, Cezar Augusto, 104, 110, 117

TBA Holding, 138

Teixeira, Adriana, 276-7; sigilos quebrados, 278

Teixeira, Andréia, 92

Temer, Michel, 117

Tempestade no Deserto, operação policial, 100

Tereza Cristina (ministra da Agricultura), 11

Teruggi, José, 128, 130

Tribunal de Justiça (TJ-RJ), 200, 205, 216; arquiva a denúncia contra Flávio, 283

Tolledo, Mônica, 205

Torres, Demóstenes, 265

Tostes Neto, José Barroso, 219

Tribunal Penal Internacional, Haia, 213

Tribunal Superior Eleitoral (TSE), 74

TV Alerj, 240

UFRJ, 168

Unidos de Vila Isabel, escola de samba, 179

UOL, 257

Valle Advogados, 75

Valle, Henriqueta, 59, 66, 72, 182, 199, 201

Valle, José Procópio da Silva, 56, 59, 72-3, 160-1, 182, 199

Valle, Marta, 69, 164

Valor Econômico, 126

Vargas, Juliana Siqueira Guimarães, 66

Veja, 46, 90, 124

Vianna, Guaraci de Campos, 266

vida secreta de Jair, A (podcast), 272-3

Vieira, Alessandro, 11

Vieira, Marfan Martins, 248, 251

Villar Júnior, Wolmar, 234

Villela, Patrícia do Couto, 157, 210, 220-1, 224

Wal do Açaí (Walderice Santos da Conceição), 19

Wassef, Frederick, 111, 113, 117, 121-39, 140-1, 172, 175, 191, 193, 212, 241, 254, 264; como advogado de Flávio, 111; como advogado de Maria Cristina Boner, 138; alvo de ação de Juliana Dal Piva no MP-SP, 274; ameaças a Juliana Dal Piva, 274-5; condenado por danos morais contra Juliana Dal Piva, 275; deixa o caso Flávio, 212; encontro com Magnum Cardoso, 201; envolvido com seita satânica, 128-30; indicação de Nunes Marques para o STF, 238; interferências na defesa de Queiroz, 194; ligação com Paulo Emílio Catta Preta, 195; negativas de conhecer ou saber o paradeiro de Queiroz, 184; passado de, 128; primeiro encontro com Jair, 131; reação ao podcast A vida secreta de Jair, 276-7; repercussão à prisão de Queiroz, 211-2; tentativa de tutela sobre Julia Lotufo, 198

Witzel, Wilson, 87, 156, 179, 196, 198, 204, 207-8

Xavier, Fernando, 82

Zóqui, Mateus Henrique, 84

1ª EDIÇÃO [2022] 4 reimpressões

ESTA OBRA FOI COMPOSTA POR MARI TABOADA EM DANTE PRO
E IMPRESSA EM OFSETE PELA LIS GRÁFICA SOBRE PAPEL PÓLEN DA
SUZANO S.A. PARA A EDITORA SCHWARCZ EM JANEIRO DE 2025

A marca FSC® é a garantia de que a madeira utilizada na fabricação do papel deste livro provém de florestas que foram gerenciadas de maneira ambientalmente correta, socialmente justa e economicamente viável, além de outras fontes de origem controlada.